論語

廣解四書之一

儒家的重要目的，
是在爲政以濟斯民，
禮主節，樂主和。
而以「詩」爲發揚性情的重要工具
也能身體力行、因材施教，
確是教育者的模範人物。

朱熹　集著

華夏出版公司本著「弘揚傳統文化，好書永世流傳」的理念，因舊版圖書年代久遠，囿於時空因素，在尚未能聯繫到原著作人並取得同意下，重新出版了這本著作，如有侵權，敬請著作權人或其親友和華夏出版公司聯繫，謝謝您。

凡例

一、總統在整理文化遺產訓詞裏說：『在這些經書裏……當然裏面也有很多不適合於現代需要的章句，我們如要使糟粕盡去……適合於現代的……加以擷取，加以編次，加以解釋，使人簡切易知，都能篤信，都會實行，那才可以讓往聖之學，由闇而彰了。』總統認研究經書，但是不能泥古，這是迎合時代思潮的明智卓見。

二、教育部於四十三年遵照　總統意旨，根據「四書」原書，予以改編，擷取全書精義，減輕讀者負擔，以原書五萬餘字，輯錄三萬三千字，全書係白文，並無註釋，交臺灣書店印行，定名為中國文化基本教材。

三、本書（廣解四書）依據教育部之三萬三千字重加編次，並以語文廣解；其廣解部份，採用粹芬閣四書讀本之釋義，書眉附印大儒朱熹「集註」，定名為「廣解四書」，以作師範及中等以上學校學生必修閱讀書。

四、粹芬閣四書讀本，編制內容，極合時代科學精神，在學術界早有評價，文字明白曉暢，學生閱讀，簡明易解，省教育廳曾於四十一年十月「教國字第四二九八〇號」通令各師範學校及各中等以上學校酌量採用。

五、本書內容係參照教育部所定師範學校及中等以上學校學生；三年內應研習順序排列，以論語於第一學年教學，排列最前；孟子為第二學年教學，排列於次；學庸於第三學年第一學期教學排列於後。

六、本書各部錄自原書，其分量大略如下
①論語錄四分之三，約一萬二千字。
②孟子錄五分之三，約一萬八千字。
③大學全錄，計一千七百餘字。
④中庸錄五分之二，約一千四百字。
全書總計約三萬三千餘字。

七、本書錄自原書各篇之章數，統於每篇之下註明。例如論語學而篇之下有「十六章錄十四章」之字樣，即原書該篇十六章，本書輯錄其中十四章，刪去二章。

論語提要

論語是一部人人必讀的書。中國幾千年來。不論立身處世以及政治社會。皆以儒家的思想為主。而論語便是最精粹最可靠的儒書。即從文字方面說。論語也是極有文學價值的。在寥寥幾個字之中。常常能描繪出一個人的聲音笑貌來。而為其他諸書所不及。這大約由於語助詞用得適當。而語助詞的運用。卻是歷來認為最難的。所以我們要研究儒家的學說。不可不讀論語。要涵泳文學的趣味。更不可不讀論語。

論語是孔門弟子記述孔子及應答弟子時人的書。而弟子們相與談論以及接聞於孔子的也一道記著。向分二十篇。學而第一。為政第二。八佾第三。里仁第四。公冶長第五。雍也第六。述而第七。泰伯第八。子罕第九。鄉黨第十。先進第十一。顏淵第十二。子路第十三。憲問第十四。衛靈公第十五。季氏第十六。陽貨第十七。微子第十八。子張第十九。堯曰第二十。這樣的分法。只就當時所記每篇第一句中的幾個字以為標識而已。並不能表明他的內容。所以近代研究論語的。就有了別種的分類。本書於依照原本排印外。其分類如下。看了這些。就不難知道論語一書所包含的廣大和切要了。

（甲）關於道德的　道德是立身行事的根本。孔子對於儒家的道德思想。發揮得非常深切。讀之極有意味。

（乙）關於修養的　一個人一定要有相當的修養。孔子諄諄告誡子弟的。都可作我人的貴重的教訓。

（丙）關於處世的　人是社會的動物。不能離羣而索居。讀了這些。就不難知道孔子的處世方法。

（丁）關於教學的　孔子是大教育家。他有很高的教育主張。而又能身體力行因材施教。確是教育者的模範人物。

（戊）關於詩及禮樂的　「禮主節。樂主和。」儒家都很重視。而又以「詩」為發揚性情的重要工具。所以他的人生是生動的。富有興趣的。

（己）關於政治的　儒家的重要目的。是在為政以濟斯民。他對於政治的主張。也和他的道德主張相連貫。

其他關於批評人事的。也極深刻有味。至孔子的人格可於孔子的事蹟與生活方面探求出來。此外孔子對於弟子的種種批評與孔子弟子的種種言行。也都一道記述著。而可與孔子的言行相印證相發明。

以上是論語一書的內容。可以說儒家的全體大用都包括在這裏了。

論語向來以朱熹的集注最精粹。現在仍以朱注為本。另外用白話廣為解釋。意義深奧的。更不憚反覆解說。於此更嚴密的注意孔子的時代背景。不附會。不支蔓。不拘守漢宋雜家之說。極合於科學的精神。

現在將本書更簡括的提出幾個特點來。

（一）大儒朱熹的集注　最稱精純。為他家所不及。把他列在書眉。極便參照。

（二）白話廣解　已經一再修訂。曲譬差喻。明白曉暢。粗通文字。即能誦讀。

（三）問題　每篇之末附有問題。讀者得就所提問題加以研究。且得藉以考查自己的成績。

論語目次

論語

學而篇

子曰：『學而時習之，不亦說乎？有朋自遠方來，不亦樂乎？人不知而不慍，不亦君子乎？』

說，同悅。樂，音洛。慍，音運。何晏論語集解『馬（融）曰：「子者，男子之通稱，謂孔子也。」』按春秋時稱卿大夫皆曰『子』曰『夫子』，故馬氏以爲男子之通稱。孔子曾爲魯大夫，故其弟子亦稱之曰『子』，曰『夫子』。私人聚弟子講學，以孔子爲最早；故此後相沿，遂稱師曰夫子。又集解王（肅）曰；『時者，學者以時誦習之。誦習以時，學無廢業，所以爲說懌。』王氏以誦習釋習，似專指讀書而言。朱子集注則曰：『學之爲言效也。人性皆善，而覺有先後；後覺者，必效先覺之所爲，乃可以明善而復其初也。習，鳥數飛也。學之不已，如鳥數飛也。既學而又時時習之，則所學者熟，而中心喜說，其進自不能已矣。』朱子訓『學』爲『效，』『習』爲『學之不已，』則可以兼包『知』（書本）行（行爲）兩方面而言，較王說爲精當。因爲論語所說的『學，』皆是學做人；且偏重於行爲方面的實踐也。時習者，如朱注引謝氏云：『坐如尸，坐時習也；立如齊，立時習也；』無時不習，一也。如『春秋教禮樂，冬夏教詩書』『柔日讀經，剛日讀史；』按時而習，二也。學是知新，習是溫故；學是『日知其所亡，』習是『月無忘其所能。』能如此，則博學篤行，雖愚必明，雖柔必強，所以中心喜悅。顏回好學，雖貧因不改其樂，

朱熹章句

說·悅同·學之爲言效也·人性皆善·而覺有先後·後覺者·必效先覺之所爲·乃可以明善而復其初也·習·鳥數飛也·學之不已·如鳥數飛也·說·喜意也·既學而又時時習之·則所學者熟·而中心喜說·其進自不能已矣·程子曰·習·重習也·時復思繹·浹洽於中·則說也·又曰·學者將以行之也·時習之·則所學者在我·

故說。謝氏曰。時習者。無時而不習。坐如尸。坐時習也。立如齊。立時習也。樂音洛。朋。同類也。自遠方來。則近者可知。程子曰。以善及人。而信從者衆。故可樂。又曰。說在心。樂主發散在外。慍。紆問反。

便是因此。

集解包（咸）曰：『同門曰朋。』按白虎通辟雍篇說師弟子之道有三，一爲朋友之道，卽引本篇此語爲證。孟子子濯孺子曰：『其取友必端矣。』亦謂弟子曰友史記孔子世家云『孔子不仕，退而修詩書禮樂；弟子彌衆，至自遠方。』此云『有朋自遠方來』卽指弟子至自遠方，孟子以『得天下英才而教育之』爲君子三樂之一，與此『朋自遠來不亦樂乎』之意正同。

朱註：『慍，含怒意。君子，成德之名。尹氏曰：「學在己，知不知在人，何慍之有？」程子曰：「雖樂於及人，不見是而無悶，乃所謂君子。」』此皆以『人不知』爲『人不知我』。集解云『凡人有所不知，君子不怒。』焦循論語補疏引魏略記樂詳爲博士，五經並授，其或質難不解，詳無慍色，牽譬引喻，至忘寢食爲證。按『學而時習，』是『學不厭；』『人不知而不慍』是『教不倦。』二者爲孔子一生精神，故列之首章。

慍。含怒意。君子。成德之名。尹氏曰。學在己。知不知在人。何慍之有。程子曰。雖樂於及人。不見是而無悶。乃所謂君子。愚謂及人而樂者。順而易。不知而不慍者。逆而難。故惟成德者能之。然德之所以成。亦由學之正。習之熟。說之深。而不已焉耳。程子曰。樂由說而後得。非樂不足以語君子。

弟。好。皆去聲。鮮。上聲。下同。有子。孔子弟子。名若。善事父母爲孝。善事兄長爲弟。犯上。謂干犯在上之人。鮮。少也。作亂。則爲悖逆爭

有子曰：『其爲人也孝弟，而好犯上者，鮮矣；不好犯上，而好作亂者，未之有也。君子務本，本立而道生。孝弟也者，其爲仁之本與？』

有子名若，孔子弟子。史記仲尼弟子傳裴駰集解引鄭玄云，『魯人。』按論語記孔子弟子皆稱字，

闕之事矣。此言人能孝弟。則其心和順。少好犯上。必不好作亂也。與。平聲。務。專力也。本。猶根也。仁者。愛之理。心之德也。爲仁。猶曰行仁。與者。疑辭。謙退不敢質言也。言君子凡事專用力於根本。根本既立。則其道自生。若上文所謂孝弟。乃是爲仁之本。學者務此。則仁道自此而生也。程子曰。孝弟順德也。故不好犯上。豈復有逆理亂常之事。德有本。本立則其道充大。孝弟行於家。而後仁愛及於物。所謂親親而仁民也。故爲仁以孝弟爲本。論性。則以仁爲孝弟之本。或問孝弟爲仁之本。此是由孝弟可以至仁否。曰。非也。謂行仁自孝弟始。孝弟是仁之一事。謂之行仁之本則可。謂是仁之本則不可。蓋仁是性也。孝弟是用也。性中則有箇仁義禮智四者而已。曷嘗有孝弟來。然仁主於愛。愛莫大於愛親。故曰孝弟也者。其爲仁之本與。

閔損、冉求二人各一稱子，惟有若曾參二人皆稱子；編撰次第，又以有子曾子之言爲第二章第三章，蓋弟子門人尊此二人之故。『弟』今作悌。朱註：『善事父母爲孝，善事兄長爲弟。』『好』去聲。『鮮』上聲，少也。『與』今作歟。『爲仁』猶言行仁。『欲仁』而『志於仁，』『用力於仁』以『求仁』是謂『爲仁』。孟子云：『仁之實，事親是也。』中庸云：『仁者，人也，親親爲大。』故『爲仁』以孝弟爲本。『務本』即致力於孝弟。『本立道生，』謂孝弟之行立，則仁道由此生。孔子之道，以仁爲本。

子曰：『巧言令色，鮮矣仁。』

巧。好。令。善也。好其言。善其色。致飾於外。務以悅人。則人欲肆。而本心之德亡矣。聖人辭不迫切。專言鮮。則絕無可知。學者所當深戒也。程子曰。知巧言令色之非仁。則知仁矣。

鮮，音險。『巧言，』是說話說得好聽，其實都是騙人的話。『令色，』是專用一種媚人的態度，去奉承人家。尚書皐陶謨云：『何畏乎巧言令色？孔壬。』孔壬就是『甚佞』的意思。下雍也篇亦有『仁而不佞』之語。仁者誠實無僞，故適與『佞』相反。

省。悉井反。爲。去聲。傳。平聲。

曾子曰：『吾日三省吾身：爲人謀而不忠乎？與朋友

交而不信乎？傳不習乎？』

史記弟子傳：曾子名參，字子輿，南武城人，孔子弟子。『省，』音醒，察也。這是說每日以三事自己反省。朱注云：『盡己之謂忠；以實之爲信；傳，謂受之於師；習，謂熟之於己。曾子以此三者日省其身，有則改之，無則加勉。其自治誠切如此，可謂得爲學之本矣。』又引尹氏曰：『曾子守約，故動必求諸身。』按鄭玄注云：『魯讀「傳」爲「專，」今從古。』說文解字云：『專，六寸簿也。』猶今之扎記簿，所以記述師言。此別一說。

曾子・孔子弟子・名參・字子輿・盡己之謂忠・以實之謂信・傳・謂受之於師・習・謂熟之於己・曾子以此三者・日省其身・有則改之・無則加勉・其自治誠切如此・可謂得爲學之本矣・而三者之序・則又以忠信爲傳習之本也・尹氏曰・曾子守約・故動必求諸身・謝氏曰・諸子之學・皆出於聖人・其後愈遠而愈失其真・曾子之學・專用心於內・故傳之無弊・觀於子思・孟子可見矣・惜乎其嘉言善行・不盡傳於世也・其幸存而未泯者・學者其可不盡心乎・

子曰：「道千乘之國，敬事而信，節用而愛人，使民以時。」

『道，』去聲，作治字解。乘，亦去聲。千乘之國，指諸侯之國，可以出兵車一乘千的。『敬，』是謹愼鄭重的意思；『事，』指政事。不敬事，則朝令暮改，如何能『信？』『用，』指國家的財用。不節，則國用不足，必致橫征暴斂，如何能『愛人？』古時侯國家有大工程，都叫百姓來充工役。孔子以爲國家要與工程，須等到農事已過，百姓閑暇的時候，纔使他來做工。就是孟子『不違農時』的意思。

道・乘・皆去聲・道・治也・千乘・諸侯之國・其地可出兵車千乘者也・敬者・主一無適之謂・敬事而信者・敬其事而信於民也・時・謂農隙之時・言治國之要・在此五者・亦務本之意也・程子曰此言至淺・然當時諸侯果能此・亦足以治其國矣・聖人言雖至近・上下皆通・此三言者・若推其極・堯舜之治・亦不過此・若常人之言近・則淺近而已矣・楊氏曰・上不敬・則下慢・不信・則下疑・下

慢而疑·事不立矣·敬事而信·以身先之也·易曰·節以制度、不傷財·不害民·蓋侈用則傷財·傷財必至於害民·故愛民必先於節用·然使之不以其時·則力本者·不獲自盡·雖有愛人之心·而人不被其澤矣·然此特論其所存而已·未及其政也·苟無是心·則雖有政·不行焉·胡氏曰·凡此數者·又皆以敬爲主·愚謂五者·反復相因·各有次第·讀者宜細推之·

弟子之弟·上聲·則弟之弟·去聲·謹者·行之有常也·信者·言之有實也·汎·廣也·衆·謂衆人·親·近也·仁·謂仁者·餘力·猶言暇日·以·用也·文·謂詩書六藝之文·程子曰·爲弟子之職·力有餘則學文·不修其職而先文·非爲己之學也·尹氏曰·德行·本也·文藝·末也·窮其本末·知所先後·可以入德矣·洪氏曰·未有餘力而學文·則文滅其質·有餘力而不學文·則質勝而野·愚謂力行而不學文·則無以考聖賢之成法·識事理之當然·而所行或出於私意·非但失之於野而已·

子曰：「弟子入則孝，出則弟*，謹而信，*汎愛衆，而親仁；行有餘力，則以學文。」

「弟子」對兄父而言，指青年爲弟爲子者。故儀禮特牲饋食禮注云：「弟子，後生也。」「出則弟」之「弟」，今作「悌。」孝，專對父母言；弟，則對兄及其他長於我者而言；故曰「入則孝，」專指在家；「出則弟，」兼指對外。又，禮記內則云：「異爲孺子室於宮中。」「入，」指由已室入父母所居之室。又云：「十年，出就外傅。」「出，」指就傅而言。說亦可通。朱注云：「謹者，行之有常也；信者，言之有實也。」是謂「謹而信」句兼言行二方面說。竊疑孝弟指行，謹信指言。必慎言，乃能有信。「謹而信，」就是中庸的「庸言之謹。」「汎，」廣博普遍的意思。廣雅釋詁：「親，近也。」仁，指有仁德之人。朱注：「文指詩書六藝之文。」按「行」字統上孝弟謹信愛衆親仁而言。以餘力學文，可見孔門之學，「行」重於「知。」

子夏·孔子弟子·姓卜·名商·賢人之賢

子夏曰：「賢賢*易色；事父母能竭其力；事君能致其

・而易其好色之心・好善有誠也・致・猶委也・委致其身・謂不有其身也・四者・皆人倫之大者・而行之必盡其誠・學求如是而已・故子夏言有能如是之人・苟非生質之美・必其務學之至・雖或以爲未嘗爲學・我必謂之已學也・

游氏曰・三代之學・皆所以明人倫也・能是四者・則於人倫厚矣・學之爲道・何以加此・子夏以文學名・而其言如此・則古人之所謂學者可知矣・故學而一篇・大抵皆在於務本。吳氏曰・子夏之言・其意善矣・然辭氣之間・抑揚太過・其流之弊・將或至於廢學・必若上章夫子之言・然後爲無弊也・

重・厚重・威・威嚴・固・堅固也・輕乎外者・必不能堅乎內・故不厚重・則無威嚴・而所學亦不堅固也・

人不忠信・則

身；與朋友交，言而有信：雖曰未學，吾必謂之學矣」

子夏姓卜名商，孔子弟子。史記弟子傳集解引鄭玄說是溫人。溫，衞邑，與孔子家語弟子解云：『衞人』者合。孔穎達禮記檀弓疏云是魏人。『賢賢』上一個『賢』字作動詞用，是敬重的意思；下一個『賢』字是名詞，指賢人。朱注云：『賢人之賢，而易其好色之心。』則『易』誤作『亦』，是替換的意思。漢書李尋傳引此語。顏師古注：『易色，輕略於色，不貴之也。』則『易』字作輕易解，當讀去聲。又廣雅釋言：『易，如也。』王念孫疏證云：『論語「賢賢易色」。易者，如也。猶言好德如好色也。』義亦可通。三說雖不同，『賢』字皆泛指賢人。宋翔鳳則謂賢賢易色，即關雎之義，是明夫婦之倫（見樸學齋札記）。如宋氏說，則『賢賢易色』明夫婦之倫；『事父母能其竭力』明父子之倫；『事君能致其身』明君臣之倫；『與朋友交言而有信』明朋友之倫。孟子謂三代之學，『皆所以明人倫』；故末句云：『雖曰未學吾必謂之學矣。』中庸云：『君子之道，造端乎夫婦。』故『賢賢易色』列於首句。

子曰：『君子不重，則不威；學，則不固。主忠信，無友不如己者。過，則勿憚改。』

朱注云：『重，厚重；威，威嚴；固，堅固也。輕乎外者，必不能堅乎內；故不重，則無威嚴，而所學亦不堅固也。』按『不重』，就是輕薄。『威』指威儀。輕薄之人，必無威儀，必不能使人尊敬。故曰『不重則不威。』集解引孔（安國）曰『固，蔽也。』鄭玄曲禮注云『固謂不達於理也。』亦蔽塞之義。下文孔子告子路云『好仁不好學其蔽也愚；好知不好學其蔽也蕩；好信不好學其蔽也賊；好直不好學，其蔽也絞；好勇不好學其蔽也亂；好剛不好學，其蔽也狂。』可見固蔽皆由於不好學。學，則不至有所固蔽了。孔注較朱注爲長。『主忠信』言爲人之道，以忠信爲主。故上文曾子以不忠不信反省其身。集解引鄭（玄）云『主，親也。』則謂『主忠信』爲親近忠信之人，卽上文『親仁』之意，而與下句『無友不如己者』相連。『無』同毋，禁止之詞。朱注云：『友所以輔仁，不如己，則有益而無損。』『憚』是畏難的意思。人非聖人，孰能無過。常人有過，亦未嘗不知愧悔，但往往因苟安畏難之故，而不能卽改。故曰『過則勿憚改。』

是皆無實。爲惡則易。爲善則難。故學者必以是爲主焉。程子曰。人道惟在忠信。不誠則無物。日出入無時。莫知其鄉者。人心也。若無忠信。豈復有物乎。無。毋通。禁止辭也。友所以輔仁。不如己。則無益而有損。勿。亦禁止之辭。憚。畏難也。自治不勇。則惡日長。故有過則當速改，不可畏難而苟安也。程子日。學問之道無他也。知其不善。則速改以從善而已。程子曰。君子自修之道。當如是也。游氏曰。君子之道。以威重爲質。而學以成之。學之道。必以忠信爲主。而以勝己者輔之。然或吝於改過。則終無以入德。而賢者亦未必樂告以善道。故以過勿憚改終焉。

曾子曰『愼終追遠，民德歸厚矣！』

『愼終』說父母的喪事，須辦得謹愼。『追遠』指祭祀祖先，雖時久遠，必須追祭，示不忘本也。喪葬祭祀無非示民不忘本，故能易澆薄之風俗，使民族道德歸於敦厚。這一章是說明儒家所以重喪葬祭祀之旨。墨子嘗譏儒家不信鬼神而隆喪祭之禮，是猶無魚而下網，無客而行客禮。蓋未明此旨耳。

・慎終者。喪盡其禮。追遠者。祭盡其誠。民德歸厚。謂下民化之。其德亦歸於厚。蓋終者。人之所易忽也。而能謹之。遠者。人之所易忘也。而能追之。厚之道也。故以此自爲。則己之德厚。下民化之。則其德亦歸於厚也。

之與之與平聲．下同。子禽．姓陳．名亢．子貢．姓端木．名賜．皆孔子弟子．或曰．亢．子貢弟子．未知孰是已抑．反語辭．溫．和厚也．良．易直也．恭．莊敬也．儉．節制也．讓．謙遜也．五者．夫子之盛德光輝．接於人者也．其諸．語辭也．人．他人也．言夫子未嘗求之．但其德容如是．故時君敬信．自以其政就而問之耳．非若他人必求之而後得也．聖人過化存神之妙．未易窺測．然卽此而觀．則其德盛禮恭．而不願乎外．亦可見矣．學者所當潛心而勉學也．謝氏曰．學者觀於聖人威儀之間．亦可以進德矣．若子貢亦可謂善觀聖人矣．亦可謂善言德行矣．今去聖人千五百年．以此五者．想見其形容．尙能使人興起．而況於親炙之者乎．張敬夫曰．夫子至是邦．必聞其政．而未有能委國而授之以政者．蓋見聖人之儀刑．而樂告之者．秉彝好德之良心也．而私欲害之．是以終不能用耳．

子禽問於子貢曰：『夫子至於是邦也，必聞其政，求之與*？抑與*之與*？』子貢曰：『夫子溫、良、恭、儉、讓以得之。夫子之求之也，其諸異乎人之求之與*？』

子禽姓陳，名亢，孔子弟子。卽史記弟子傳之原亢籍。原氏出於陳，陳原同氏；亢字籍，一字子禽。（見臧庸拜經日記。）按禮記檀弓鄭注為齊人。子貢姓端木，名賜，亦孔子弟子，衞人。『之與』的『與』，『與』都同『歟』。『與之』的『與』，是告語的意思；石經作『予』。此章記子禽看見孔子到一個國家，必定與聞這國家的政治，因問子貢道：『還是夫子自已去求來的呢？還是人君自已情願告訴他的呢？』

『溫』是和氣，『良』是易直，『恭』是莊敬，『儉』是節制，『讓』是謙遜。子貢說：『夫子有此五項美德所以到一個國家得與聞這國家的政治夫子之得與聞政治原不是求；卽說是求，我想也是和他人之求不同罷。』

近．遠．皆去聲．信．約信也

有子曰：『信近於義，言可復也；恭近於禮，遠恥辱也，義者・事之宜也・復・踐言也・恭・致敬也・禮・節文也・因・猶依也・宗・猶主也・言約信而合其宜・則言必可踐矣・致恭而中其節・則能遠恥辱矣・所依者・不失其可親之人・則言可以宗而主之矣・此言人之言行交際・皆當謹之於始・而慮其所終・不然・則因仍苟且之間・將有不勝其自失之悔者矣・

好・去聲・不求安飽者・志有在而不暇及也・敏於事者・勉其所不足・愼於言者・不敢盡其所有餘也・然猶不敢自是・而必就有道之人・以正其是非・則可謂好學矣・凡言道者・皆謂事物當然之理・人之所共由者也・尹氏曰・君子之學・能是四者・可謂篤志力行者矣・然不取正於有道・未免有差・如楊墨學仁義而差者

因不失其親，亦可宗也』

朱注云：『義者，事之宜也。復踐言也。』信而不近於義，則其言必不能踐。即勉強踐之以全其信，亦尾生之信而已。大戴禮記曾子立事云：『久而復之，可以知其信矣。』欲其言之久而可復，必近於義方可。禮記表記云：『恭以遠恥。』恭之所以能遠恥辱者，必近禮方可。下文云『恭而無禮則勞。』恭而背禮，不但過勞，旁人必竊笑他，輕侮他，如何能遠恥辱？詩皇矣毛傳云『因，親也。』『因不失其親，』就是親不失其所當親。上文云『親仁，』則所當親者，即是仁人。『宗』是尊敬的意思。曾子立事云：『觀其所愛親，可以知其人矣。』孟子亦有『端人取友必端』之語。故所親者不失其所當親，則此人也可尊敬了。

子曰：『君子食無求飽，居無求安，敏於事而愼於言，就有道而正焉，可謂好學也已。』

『好』去聲。此章『飽』字，當作饜足肥鮮解。『安』字，當作逸居安樂解。『無求』者，謂不必強求之。顏回一簞食，一瓢飲，在陋巷，不改其樂，即是『君子食無求飽居無求安』的一個實例。君子志道安貧，故不暇及此，『敏』是勤敏，『愼』是謹愼，下文云：『君子欲訥於言而敏於行』意與此同。就有道之人以正其是非，不敢自以爲是，故能如此，可以說是『好學』了。

也・其流至於無父無君・謂之好學可乎・

樂・音洛・好・去聲・諂・卑屈也・驕・矜肆也・常人溺於貧富之中・而不知所以自守・故必有二者之病・無諂無驕・則知自守矣・而未能超乎貧富之外也・凡曰可者・僅可而有所未盡之辭也・樂則心廣體胖・而忘其貧・好禮則安處善・樂循理・亦不自知其富矣・子貢貨殖・蓋先貧後富・而常用力於自守者・故以此爲問・而夫子答之如此・蓋許其所已能・而勉其所未至也・磋・七多反・與・平聲・詩・衛風淇澳之篇・言治骨角者・旣切之而復磋之・治玉石者・旣琢之而復磨之・治之已精・而益求其

子貢曰：『貧而無諂，富而無驕，何如？』子曰：『可也。未若貧而樂，富而好禮者也。』子貢曰：『詩云：「如切如磋，如琢如磨」，其斯之謂與？』子曰：『賜也，始可與言詩已矣！告諸往而知來者。』

『樂，』音洛。古文論語作『貧而樂道。』好，去聲。『謂與』之『與』；今作『歟。』窮人看見富人，往往去諂媚他；富人看見窮人，往往要驕傲他。世俗之人，往往不能免此。故子貢問孔子道：『貧的人不諂，富的人不驕，怎麼樣？』孔子說：『好是好的；但還不及貧的人能悠然自樂，富的人能事事遵禮而行。』子貢聽了此話，知道孔子所說的道理，比自己更高一層，因把詩經衛風淇澳篇『如切如磋，如琢如磨』的兩句話引來比喻。治骨角的匠人，把骨角切成片段，還要把牠磋光；治玉的匠人，把玉雕琢好了，還要把牠磨光；都是精益求精的道理。做人如『貧而無諂，富而無驕，』也算好了；但還得更進一層做到孔子所說的『貧而樂，富而好禮。』孔子見子貢善解詩意，所以也深贊子貢曰：『賜也，始可與言詩已矣！』『往，』是其所已言的；『來，』是其所未言的。這是子貢『聞一以知二』的事實。

精也．子貢自以無諂無驕爲至矣．聞夫子之言．又知義理之無窮．雖有得焉．而未可遽自足也．故引是詩以明之．

往者．其所已言者．來者．其所未言者．

愚按此章問答．其淺深高下．固不待辨說而明矣．然不切則磋無所施．不琢則磨無所措．故學者雖不可安於小成．而不求造道之極致．亦不可騖於虛遠．而不察切己之實病也．

尹氏曰．君子求在我者．故不患人之不己知．不知人．則是非邪正．或不能辨．故以爲患也．

子曰『不患人之不己知，患不知人也。』

古代文法，凡否定語用代詞作止詞，可以放在動詞之前。此云『不己知』即是『不知我』。好名之心，人所同有，自己有才學有道德，就想人家知道我稱贊我。孔子的意思却以爲我雖有才學道德，人家不知我，我於我無損，所以說『不患人之不己知』。人雖不知我，我却不可不知人。例如我知道某人有才學有道德，我就應該敬重他或者請敎他；知道某人是個壞人，我就可以遠避他或者防備他；所以『知人』倒是一件很重要的事情。故曰『患不知人也』。

〔問題〕

(一)論語一書性質如何？何人所撰？

(二)論語第一章的大旨如何？足以表現孔子何種精神？

(三)孔門論『學』『行』重於『知』；試就學而篇中舉例說明之。

(四)『爲仁之本』是什麼？

(五)本篇言治國之道如何？

(六)何謂『賢賢易色』？

(七)何謂『學則不固』？

(八)儒家重喪葬祭祀，其旨何在？

(九)居貧居富，其道如何？

為政篇

子曰：「為政以德，譬如北辰，居其所而眾星共之。」

『為政』是說人君施行政治，孔子重在德治，以身作則，以德感人，是曰『為政以德』。北辰北極，是天之中樞。『共』同拱，北極在其位而不動，許多星都在週圍繞着牠向着牠，人君為政以德則無為而治，天下歸之，其象亦如此。此章可與下文『無為而治者，其舜也與』一章參看。

共．音拱．亦作拱．政之為言正也．所以正人之不正也．德之為言得也．行道而有得於心也．北辰．北極．天之樞也．居其所．不動也．共．向也．言眾星四面旋繞而歸向之也．為政以德．則無為而天下歸之．其象如此．程子曰．為政以德．然後無為．范氏曰．為政以德．則不動而化．不言而信．無為而成．所守者至簡．而能御煩．所處者至靜．而能制動．所務者至寡．而能服眾．

使人．得其情性之正而已．然其言微婉．且或各因一事而發．求其直指全體．則未有若此之明且盡者．故夫子言詩三百篇．而惟此一言．足以盡蓋其義．其示人之意．亦深切矣．程子曰．思無邪者．誠也．范氏曰．學者必務知要．知要則能守約．守約則足以盡博矣．經禮三百．曲禮三千亦可以一言以蔽之曰．毋不敬．

子曰：「道之以政，齊之以刑，民免而無恥。道之以德，齊之以禮，有恥且格。」

『道』同導，謂教導之也。政，政令；刑，刑罰。『齊』謂整飭之使歸一律。以政令教導之，有不從者，以刑罰整飭之，則民但求避免刑罰而無羞恥之心。以德教導之，以禮整飭之，則人民自知罪惡之可恥，而歸於正。格，正也。就是尚書冏命『格其非心』之格。禮記緇衣云『夫教之以德，齊之以禮，則民有格心；教之以政，齊之以刑，則民有遯心。』正與本章所說相同。『道之以政，齊之以刑』是法家的『

道．音導．下同．道．猶引導．謂先之也．政．謂法制禁令也．齊．所以一之也．道之而不從者．有刑以一之也．免而無恥．謂苟免刑罰．而無所羞愧．蓋雖不敢為惡．而為惡之心．

法治』『道之以德，齊之以禮』是儒家的『德治』大戴禮孔子答衛將軍文子云：『以禮齊民譬之於御則轡也以刑齊民譬之於御則鞭也。』法家的政治手腕是鞭策儒家的政治手腕是駕馭。

未嘗忘也・禮・謂制度品節也・格・至也・言躬行以率之・則民固有所觀感而興起矣・而其淺深厚薄之不一者・又有禮以一之・則民恥於不善・而又有以至於善也・一說・格正也・書曰・格其非心・愚謂政者・爲治之具・刑者・輔治之法・德禮・則所以出治之本・而德又禮之本也・此其相爲終始・雖不可以偏廢・然政刑能使民遠罪而已・德禮之效・則有以使民日遷善・而不自知・故治民者不可徒恃其末・又當深探其本也・

子曰：『吾十有五而志於學；三十而立；四十而不惑；五十而知天命；六十而耳順；七十而從心所欲，不踰矩。』

古者十五而入大學・心之所之謂之志・此所謂學・卽大學之道也・志乎此・則念念在此・而爲之不厭矣・有以自立・則守之固・而無所事志矣・於事物之所當然・皆無所疑・則知之明・而無所事守矣・天命・卽天道之流行・而賦於物者・乃事物所以當然之故也・知此・則知極其精・

此章係孔子七十以後自己追述之言，可見聖人成德立身始終本末；學者宜仔細體察之。『吾十有五而志於學』朱注云『古者十五而入大學心之所之謂之志此所謂學卽大學之道也志乎此，則念念在此而爲之不厭矣。』『三十而立，』朱注謂：『有以自立。』「四十而不惑」朱注謂『於事物之所當然皆無所疑』『五十而知天命』朱注謂『天命卽天道之流行而賦於物者乃事物所以當然之故。此猶近人之言天演爲宇宙間一切事物自然變化自然進行之原理。『六十而耳順，』集解引鄭玄說『耳聞其聲而知其微旨。』朱注謂『聲入心通無所違逆』蓋聖人對人只要一聞其言早已明白其言的真僞其人胸中之是非。本書末章云：『不知命無以爲君子也；不知禮無以立也；不知言無以知人也。』此言三十知禮，五十知命六十知言三章可以參看。『七十而從心所欲不踰而不惑又不是言矣。聲入心通。無所違逆。知之之至。不思而得也。

從。如字。

從。隨也。矩。法度之器。所以爲方者也。隨其心之所欲。而自不過於法度。安而行之。不勉而中也。程子曰。孔子生而知之也。言亦由學而至。所以勉進後人也。立。能自立於斯道也。不惑。則無所疑矣。知天命。窮理盡性也。耳順。所聞皆通也。從心所欲不踰矩。則不勉而中矣。又曰。孔子自言其進德之序。如此者。聖人未必然。但爲學者立法。使之盈科而後進。成章而後達耳。胡氏曰。聖人之敎亦多術。然其要。使人不失其本心而已。欲得此心者。惟志乎聖人所示之學。循其序而進焉。至於一疵不存。萬理明盡之後。則其日用之間。本心瑩然。隨所意欲。莫非至理。蓋心卽體。欲卽用。體卽道。用卽義。聲爲律。而身爲度矣。又曰。聖人言此。一以示學者當優游涵泳。不可躐等而進。一以示學者。當日就月將。不可半塗而廢也。愚謂聖人生知安行。固無積累之漸。然其心未嘗自謂已至此也。是其日用之間。必有獨覺其進。而人不及知者。故因其近似以自名。欲學者以是爲則而自勉。非心實自聖。而姑爲是退託也。後凡言謙辭之屬。意皆倣此。

孟懿子　魯大夫。仲孫氏。名何忌。無違。謂不背於理。

樊遲。孔子弟子。名須。御。爲孔子御車也。孟孫。卽仲孫也。夫子以懿子未達而不能問。恐其失指。而以從親之令爲孝。故語樊遲以

矩。』矩，所以爲方法度之器。此指做人之道而言。聖人到了此時，隨便甚麼地方，凡一言一動，一視一聽，不必注意，無不悉合乎道，故朱注以中庸『安而行之，』『不勉而中』釋之。

孟懿子問孝。子曰：『無違。』樊遲御，子告之曰：『孟孫問孝於我，我對曰「無違。」』樊遲曰：『何謂也？』子曰：『生，事之以禮。死，葬之以禮，祭之以禮。』

孟懿子，魯大夫，姓仲孫，名何忌。懿，謚法。樊遲名須，孔子弟子。鄭玄目錄云齊人，孔子家語弟子解及左傳杜預注並云魯人。

此章記孟懿子問孝道於孔子，孔子只告以『無違』二字。於樊遲御車時，再以告之樊遲。樊遲也不懂，所以問曰：『何謂也？』孔子乃具體的對他說：『生，事之以禮。死，葬之以禮，祭之以禮。』『生，事

之以禮』者，『冬溫夏凊，昏定晨省』之屬也；『死，葬之以禮』者，『為之棺椁衣衾而舉之，卜其宅兆而安厝之』之屬也。『祭之以禮』者，『春秋祭祀，以時思之；陳其簠簋而哀戚之』之屬也。均見邢昺疏。

按『冬溫夏凊，』是使親冬得暖，夏得涼；『昏定晨省，』是夜間服事親睡，晨起時問安。棺椁衣衾，宅兆安厝，是葬的事；簠簋哀戚，是祭的事。則所謂『無違』者，是不違禮的意思，皆為事親之禮。

發之．生事．葬祭．事親之始終具矣．禮卽理之節文也．人之事親．自始至終．一於禮而不苟．其尊親也至矣．是時三家僭禮．故夫子以是警之．然語意渾然．又若不專為三家發者．所以為聖人之言也．胡氏日．人之欲孝其親．心雖無窮．而分則有限．得為而不為．與不得為而為之．均於不孝．所謂以禮者．為其所得為者而已矣．

孟武伯問孝。子曰：『父母唯其疾之憂。』

孟武伯，孟懿子之子，仲孫彘也。武是謚。唯，通惟，獨也。朱注云：『言父母愛子之心，無所不至，唯恐其有疾病，常以為憂也。人子體此，而以父母之心為心，則凡所以守其身者，不容不謹矣。』

又一說，謂『其』字，指父母而言。謂人子以憂父母之疾為孝。此說亦可通。但『父母』字當略讀。淮南子說林云：『憂父之疾者子，治之者醫。』高誘注卽引『父母唯其疾之憂』語以證之。孝經孝行章云：『孝子之事親也，病則致其憂。』皆以子憂父母之疾為孝。

武伯．懿子之子．名彘．言父母愛子之心．無所不至．唯恐其有疾病．常以為憂也．人子體此．而以父母之心為心．則凡所以守身者．自不容於不謹矣．豈不可以為孝乎．舊說．人之能使父母．不以其陷於不義為憂．而獨以其疾為憂．乃可謂孝．亦通．

子游問孝。子曰：『今之孝者，是謂能養。至於犬馬，皆能有養，不敬，何以別乎？』

子游，孔子弟子，姓言，名偃。史記弟子傳說是吳人，家語弟子解說是魯人。『養，』謂飲食供奉。做人

養去聲．別彼列反．子游．孔子弟子．姓言．名偃．養．謂飲食供奉也．犬馬待人而食．亦若養然．言人畜犬馬．皆能

有以養之·若能養其親·而敬不至·則無養犬馬者何異·甚言不敬之罪·所以深警之也·胡氏曰·世俗事親·能養足矣·狎恩恃愛·而不知其漸流於不敬·則非小失也·子游聖門高弟·未必至此·聖人直恐其愛踰於敬·故以是深警發之也·

食·音嗣·色難·謂事親之際·惟色爲難也·食·飲也·先生·父兄也·饌·飲食之也·曾·猶嘗也·蓋孝子之有深愛者·必有和氣·有和氣者·必有愉色·有愉色者·必有婉容·故事親之際·惟色爲難耳·服勞奉養·未足爲孝也·舊說·承順父母之色爲難·亦通·

程子曰·告懿子·告衆人者也·告武伯者·以其人多可憂之事·子游能養·而或失於敬·子夏能直義·而或少溫潤之色·各因其材之高下·與其所失而告之·故不同也·

子的養親，更須有恭恭敬敬的心思，纔算是孝。若只知飲食供奉而無恭敬的心思，那末與養犬馬，沒有分別了。朱注即如此解。又一說：犬能守宅，馬能代人任勞，也可算是養人；但犬馬是不知恭敬的。人子養親而不知恭敬，與犬馬養人，沒有分別了。集解引包（咸）說即如此解。

王引之經傳釋詞說「是謂能養」之「是」字，作「祇」解。言今世所謂孝者，祇說能養父母而已。禮記坊記云：「小人皆能養其親，不敬，何以辨？」義與此章同，惟易「犬馬」爲小人。劉寶楠論語正義引公羊傳何休注「大夫有疾稱犬馬」，孟子子思言「今而後知君之犬馬畜伋」，謂犬馬指卑賤之人，若臧獲之類。此又一說。

上面三說都可通。總之，孔子的意思，以爲人子孝親，不僅能養，尤重在能敬。

子夏問孝。子曰：「色難！有事，弟子服其勞；有酒食，先生饌：曾是以爲孝乎？」

食，音俟。饌，音撰。「色難」，謂奉事父母，須和顏悅色，使父母歡喜；這種和顏悅色，是很難的。朱注即如此解。一說「色」是承順父母的顏色，集解引包（咸）說如此。「有事弟子服其勞」，謂家中有事，弟子出其勞力，給父兄去做。「先生」，謂父兄。「饌」猶飲食。「有酒食先生饌」，謂有酒食的時候，請父兄先吃。孔子的意思，說做子弟的，若只代父兄服勞做事，有酒食的時候，請父兄先吃：難道就可稱孝嗎？子弟事父兄，最要緊的，爲和顏悅色，使父兄歡喜。

回・孔子弟子・姓顏・字子淵・不違者・意不相背・有聽受而無問難也・私・謂燕居獨處・非進見請問之時・發・謂發明所言之理・愚聞之師曰・顏子深潛純粹・其於聖人體段已具・其聞夫子之言・默識心融・觸處洞然・自有條理・故終日言・但見其不違如愚人而已・及退省其私・則見其日用動靜語默之間・皆足以發明夫子之道・坦然由之而無疑・然後知其不愚也・

以・爲也・爲善者爲君子・爲惡者爲小人・觀・比視爲詳矣・由・從也・事雖爲善・而意之所從來者・有未善焉・則亦不得爲君子矣・或曰・由・行也・謂所以行其所爲者也・察・則

子曰：「吾與回言終日，不違如愚；退而省其私，亦足以發。回也不愚！」

回姓顏，字子淵，（論語中多將「子」字省去，稱顏淵）孔子弟子，魯人。「不違如愚」者，顏回沒有一句話違反孔子；孔子說如何他也以爲如何，似乎自己一些沒有識見，像呆子一樣。「退而省其私」者，等到他退出去以後，我去考察考察他私下的議論。「亦足以發」者，他私下的議論，識見很高，亦足發明義理的大體。故又說「回也不愚。」

子曰：「視其所以，觀其所由，察其所安，人焉廋哉？人焉廋哉！」

說文云：「視，瞻也。」穀梁傳隱公五年云：「常視曰視，非常曰觀。」爾雅釋詁云：「察，審也。」「視」「觀」「察」雖同是看的意思，而有淺深粗細之不同。朱注云：「以，爲也。」「以」是所做的事；「由」是做這件事的原因理由。「安」是心之所安，意之所樂。先看他所做的事的善惡，更進一步，詳觀他做這件事的因由；再進一步，細察他做了這件事是否安心樂意的。「焉」平聲，何也。「廋」隱匿也。用這三步方法去觀察人，則人之善惡可以完全明瞭了。

又加詳矣·安·所樂也·所由雖善·而心之所樂者·不在於是·則亦僞耳·豈能久而不變哉·

焉·於虔反·廋·所留反·

焉·何也·廋·匿也·重言以深明之·程子曰·在已者·能知言窮理·則能以此察人如聖人也·

溫·尋繹也·故者·舊所聞·新者·今所得·言學能時習舊聞·而每有新得·則所學在我·而其應不窮·故可以爲人師·若夫記問之學·則無得於心·而所知有限·故學記譏其不足以爲人師·正與此意互相發也·

器者·各適其用·而不能相通·成德之士·體無不具·故用無不周·非特爲一材一藝而已·

周氏曰·先行其言者·行之於未言之前·

子曰：『溫故而知新，可以爲師矣！』

朱注云：『溫，尋繹也。故者，舊所聞；新者，今所得。言學能時習舊聞，而每有新得，則所學在我，而其應不窮，故可以爲人師。』按本書首章說『學而時習之。』『學』是知新；『習』是『溫故。』下文子夏曰：『日知其所亡，月無忘其所能。』『知其所亡』是知新；『無忘所能』是溫故。論衡謝短篇云：『知古不知今，謂之陸沉；知今不知古，謂之盲瞽。溫故知新，可以爲師；古今不知，稱師如何？』則以古已有之者爲『故，』今始有之者爲『新。』在今日言之，則我國固有之文化道德爲『故，』世界各國日新月異之事物哲理爲『新。』『溫故，』『知新，』不可偏廢。且善『溫故』者，常能收『知新』之效。天下未知之理，未有之物，皆從已知已有者發明之。能如此，則可以爲人師。

子曰：『君子不器。』

『君子，』指成德之人。此云『君子不器』與禮記學記之『大道不器』正同。下愚之人，不能成器；有一材一藝之人，各有所長，亦各有所短，如器之各適其用；至於成德之人，則體無不該，用無不適，是爲不器之君子。下文記孔子答子貢曰：『汝器也。』瑚璉雖是珍貴之器，但終沒有到『君子不器』的程度。

子貢問君子。子曰：『先行其言而後從之。』

而後從之者・言之於旣行之後・范氏曰・子貢之患・非言之艱・而行之艱・故告之以此・・比・必二反・周・普徧也・比・偏黨也・皆與人親厚之意・但周公而比私耳・君子小人・所為不同・如陰陽晝夜・每每相反・然究其所以分・則在公私之際・毫釐之差耳・故聖人於周比和同驕泰之間・常對舉而互言之・欲學者察乎兩閒・而審其取舍之幾也・不求諸心・故昏而無得・不習其事・故危而不安・程子曰・博學・審問・慎思・明辨・篤行・五者廢其一・非學也・

朱注引周氏曰：『「先行其言」者，行之於未言之前；「而後從之」者，言之於已行之後。』按本書下文云：『其言之不怍，則為之也難。』又云：『古者言之不出，恥躬之不逮也。』大戴記曾子制言云：『君子先行後言。』又曾子立事云：『君子微言而篤行之，行必先人，言必後人。』都可與此章所說互相印證。凡事說時易做時難，事情沒有做，先發議論，這是世人的通病，子貢也未能免此。

子曰：「君子周而不比，小人比而不周。」

朱注云：『周，普遍也；比，偏黨也；皆與人親厚之意。但周公而比私耳。』王引之經義述聞云：『「周」「比」皆訓為親、為密、為合。以義合者周也，以利合者比也。』可見君子小人之分『周』『比』之別，全在公私義利之間。

子曰：「學而不思則罔；思而不學則殆。」

集解包曰：『學不尋思其義，則罔然無所得。』『不學而思，終卒不得，徒使人精神疲殆。』朱注云：『不求諸心，故昏而無得；不習其事，故危而不安。』王引之經義述聞云：『思而不學，則事無徵驗，疑而不能定也。』以上三說解『殆』字各不同，以王說為長。

中庸云：『博學之，審問之，慎思之，明辨之。』學問是『學』，思辨是『思』。本書下文子夏云：『博學而篤志，切問而近思。』博學切問是『學』，篤志近思是『思』。荀子勸學云：『小人之學也，入乎耳，出乎口。』即指『學而不思』。孟子云：『心之官則思，思則得之，不思則不得也。』即謂學而不思迷惘無所得。本書下文子曰：『吾嘗終日不食，終夜不寢，以思，無益，不如學也。』即說徒思之無益。皆女・音汝・由・孔子弟子・姓仲・字子路・子路好勇・蓋有強其所不知以爲知者・故夫子告之曰・我教女以知之之道乎・但所知者・則以爲知・所不知者・則以爲不知・如此・則雖或不能盡知・而無自欺之蔽・亦不害其爲知矣・况由此而求之・又有可知之理乎

子張・孔子弟子・姓顓孫・名師・干・求也・祿・仕者之俸也・

行寡之行・去聲・

呂氏曰・疑者

可與本章參證。漢學家偏重訓詁考據，其弊易流爲『學而不思』；宋學家陸王一派空談心性，其弊易流爲『思而不學』。

子曰：『由，誨女知之乎！知之爲知之，不知爲不知，是知也。』

由，孔子弟子，姓仲字子路。史記弟子傳云卞人。『女』，即汝字。『誨』，是『教誨』。『是知也』之『知』，同智。孔子呼子路之名而告之曰：『我教誨汝汝知之否耶？』『誨汝』二字一讀。朱注云：『夫子告之曰：「我教汝以知之之道乎！」』則以『知之』爲誨之之義矣。案荀子子道所記則此爲子路初見孔子時事。孔子告子路有云：『故君子知之曰知之，不知曰不知，言之要也；能之曰能之，不能曰不能，行之要也。』又儒效篇云：『知之曰知之，不知曰不知，內不自以誣，外不自以欺。』又非十二子篇云：『言而當，知也；默而當，亦知也。』並與此章同義。朱注謂子路好勇，蓋有強不知以爲知者，故夫子告之云云。

子張學干祿。子曰：『多聞闕疑，愼言其餘，則寡尤。多見闕殆，愼行其餘，則寡悔。言寡尤，行寡悔，祿在其中矣！』

子張，孔子弟子，姓顓孫，名師。史記弟子傳云陳人。呂氏春秋尊師篇云魯人。按顓孫氏出陳公子顓所未信・殆者所未安・程子曰・尤・罪自外至者也・悔・理自內出者也・愚謂多聞見者・學之博・闕疑殆者・擇之精・愼言行者・守之約・凡言在其中者・皆不求而自至之辭　言此以救子張之失而進之也・程子曰・修天爵・則人爵至・君子言行能謹・得祿之道也・子張學于祿・故告之以此・使定其心・而不爲利祿動・若顏閔則無此問矣・或疑如此・亦有不得祿者・孔子蓋曰耕也餒在其中・惟理可爲者・爲之而已矣・

孫昭公時顓孫奔魯，見通志氏族略。『干，』求也。『祿，』祿位也。子張想學做官，孔子即和他談祿。朱注引呂氏云：『疑者，所未信；殆者，所未安。』又引程子云：『尤，罪自外至者也；悔，理自內出者也。』又云：『修天爵，則人爵至；君子言行能謹，得祿之道也。子張學干祿，故告之以此，使定其心而不爲利祿所動。若顏閔，則無此問矣。』孔子之意，謂多所聞，於其疑而未信者，則闕而不言；即其餘無可疑者，亦謹慎言之，則言論可以少過尤。多所見，於其疑而未安者，闕之而不行；即其餘無可疑者，亦謹慎行之，則行爲可以少悔恨。如此謹慎言行，則如孟子所說：『修其天爵，而人爵從之，』不待干求而自得，故曰：『祿在其中矣。』

哀公問曰：『何爲則民服？』孔子對曰：『舉直錯*諸枉，則民服；舉枉錯*諸直，則民不服。』

哀公・魯君・名蔣・凡君問・皆稱孔子對曰者・尊君也・錯・捨置也・諸・衆也・程子曰・舉錯得宜。則人心服・謝氏曰・好直而惡枉・天下之至情也・順之則服・逆之則去・必然之理也・然或無道以照之・則以直爲枉・以枉爲直者多矣・是以君子大居敬・而貴窮理也・

哀公，魯國的君主，名蔣，『哀』是死後之謚。『孔子對曰』者，凡對君上的話，都加一『對』字，表示尊敬的意思。『舉，』用也。『直，』正直之人也。『錯，』廢置也。『枉，』邪枉；不正直之人也。此章言要民服從，只要舉用正直之人，廢置邪枉之人；若舉用邪枉之人，廢置正直之人，則民不服。

季康子・魯大夫・季孫氏・名肥・莊・謂容貌端嚴也・臨民以莊・則民敬於己・孝於親・慈於衆・則民忠於己・善者舉之・而不能者教之・則民有所勸而樂於爲善・張敬夫曰・此皆在我所當爲・非爲欲使民敬忠以勸而爲之也・然能如是・則其應・蓋有不期然而然者矣・

定公初年・孔子不仕・故或人疑其不爲政也・書・周書君陳篇・書云孝乎者・言書之言孝如此也・善兄弟曰友・書言君陳・能孝於親・友於兄弟・又能推廣此心・以爲一家之政・孔子引之・言如此・則是亦爲政矣・何必居位・乃爲爲政乎・蓋孔子之

季康子問:『使民敬忠以勸,如之何?』子曰:『臨之以莊則敬。孝慈則忠。舉善而教不能則勸。』

季康子,魯卿季孫氏,名肥,康是謚。

『使民敬忠以勸』者,說使人民能夠恭恭敬敬,忠心服事君上,並且互相勸勉。『以勸』之『以』,連詞。閻若璩四書釋地云:『與也。』王引之經傳釋詞云:『以勸者,而勸也。』『臨,』居上臨下。『莊,』莊重有威嚴也。孔子說:執政者臨民能有莊重威嚴的態度,則人民自然會恭敬;能夠孝順他的父母,慈愛他的人民,則人民自然會忠;能舉用善人,而教化未能爲善的人,則人民自然能互相勸勉。

或謂孔子曰:『子奚不爲政?』子曰:『書云「孝乎惟孝,友于兄弟。」施於有政,是亦爲政。奚其爲爲政?』

朱注據僞古文尚書君陳篇:『惟孝友于兄弟,克施有政,』以爲『孝乎』二字當連上讀,故曰:『「書云孝乎」者,言書之言孝如此也。』『惟孝』以下十字,乃引書語。按古文尚書爲東晉梅賾所獻,乃王肅之僞書,不足據。後漢書郅惲傳鄭敬云:『雖不從政,施之有政,是亦爲政。』則『孝乎惟孝,友于兄弟』二語,乃逸書之文。『施於有政』之下,爲孔子語。『孝乎惟孝』者,是贊孝之詞,其句法與禮記之『禮乎禮,』素問之『形乎形,神乎神』同。『友于兄弟』者,兄友而弟弟也。孝弟所以齊

不仕・有難以語或人者・故託此以告之・要之至理亦不外是・

輗・五兮反・軏音月・

大車・謂平地任載之車・輗・轅端橫木・縛軛以駕牛者・小車・謂田車兵車乘車・軏・轅端上曲・鉤衡以駕馬者・車無此二者・則不可以行・人而無信・亦猶是也

陸氏曰・也・一作乎・

王者易姓受命爲一世・子張問自此以後・十世之事・可前知乎・

馬氏曰・所因・謂三綱五常・所損益・謂文質三統・愚按三綱・謂君爲

家，推之治國，則孝者所以事君，弟者所以事長。（見大學。）『施』者，推而行之之謂。孔子不仕，以孝弟教人。孝弟施於有政，是亦爲政矣，何必以居位爲『爲政』呢？

子曰：『人而無信，不知其可也。大車無輗，*小車無軏，*其何以行之哉？』

『信』字有二義：說話必須真實；說了話，必須能踐言。人而無信，則他人對之，毫無信用，如何能行？故以車爲喻，說人而無信，如大車無輗，小車無軏，不能行也。

輗音倪，軏音月。大車是載重之車，駕牛；小車是乘人之車，駕馬。車前有『轅』，就是車杠。轅的前端連着一根橫木，叫做『衡』。『衡』下縛『軛』，『軛』則爲曲形，以駕於牛馬之項。轅端持衡之關鍵，則大車名『輗』，小車名『軏』。蓋轅端與衡均鑿圓孔，以輗軏直貫而束之，則衡軛可以活動，可以轉折，而車不致左右傾側。詳見劉寶楠論語正義引凌渙古今車制圖考。

子張問：『十世可知也？』子曰：『殷因於夏禮，所損益可知也。周因於殷禮，所損益可知也。其或繼周者，雖百世可知也。』

『世』，謂易姓之世，『十世』就是十代。古時候所謂『禮』，包一切典章、制度、政令、儀式以及社會上之習俗而言。『因』是沿襲，『損』是減除，『益』是增加。子張問孔子道：『十世以後的事情，臣綱・父爲子綱・夫爲妻綱・五常・謂仁義禮智信・文質・謂夏尙忠・商尙質・周尙文・三統・謂夏正建寅・爲人統・商正建丑・爲地統・周正建子・爲天統・三綱五常・禮之大體・三代相繼・皆因之而不能變・其所損益・不過文章制度・小過不及之間・而其已然之迹・今皆可見・則自今以往・或有繼周而王者・雖百世之遠・所因所革・亦不過此・豈但十世而已乎・聖人所以知來者蓋如此・非若後世讖緯術數之學也・胡氏曰・子張之問・蓋欲知來・而聖人言其旣往者以明之也・夫自修身・以至於爲天下・不可一日而無禮・天敘天秩・人所共由・禮之本也・商不能改乎夏・周不能改乎商・所謂天地之常經也・若乃制度文爲・或太過則當損・或不足則當益・益之損之・與時宜之・而所因者不壞・是古今之通義也・因往推來・雖百世之遠・不過如此而已矣・

可預知嗎？』孔子答以殷繼夏，周繼殷，大部分的禮是沿襲前代的；其所損所益，亦可考見。將來繼周而興者，其於周禮，亦必有所因襲損益，不難推想，雖百世亦可測知，何況十世呢？歷史是人類社會的演化，其間自有因果關係可尋，故察往可以知來。

陳禮東塾類稿則謂子張所問，乃十世以後可知十世以前之事否。因孔子言夏殷之禮，杞宋已不足徵，則十世以後，恐更不可知。孔子答以殷禮因夏，周禮因殷，其所損益，猶可考見，其後繼周者，雖歷百世，仍可考知。至今周禮尙存，即夏殷之禮，亦尙有可考者，則以載籍已備，故百世可知也。此說亦通。

非其鬼・謂非其所當祭之鬼・諂・求媚也・知而不爲・是無勇也・

子曰：『非其鬼而祭之，諂也。見義不爲，無勇也。』

人死稱『鬼』。『非其鬼』，是說不是自已祖先的鬼。『諂』，求媚也。『義』就是應該做的事情。『無勇』是沒有勇氣。『非其鬼而祭之』是不當祭而祭，『見義不爲』是當爲而不爲。上二句是賓，下二句是主。

〔問題〕（一）本篇那幾章是論『德治』的？其說如何？

（二）孔子自述修養之進程如何？

（三）孔子答人問『孝』，何以各有不同？試列舉其說。

（四）孔子觀人之法如何？

（五）何謂『溫故而知新』？
（六）『學』與『思』何以乃能偏廢？
（七）本篇孔子論君子之說如何？
（八）本篇孔子論『言』『行』之說如何？

子曰：『人而不仁，如禮何？人而不仁，如樂何？』

禮記儒行云：『禮節者，仁之貌也；歌樂者，仁之和也。』故『人而不仁，』必不能行禮樂。所以孔子說，『如禮何？』『如樂何？』『如』，奈也。就是說『人而不仁，奈此禮樂何？』孔子的感嘆，亦為季氏等而發。季氏等以諸侯大夫，僭用天子的禮樂，把禮樂的根本意義，根本精神，都失去了！

游氏曰・人而不仁・則人心亡矣・其如禮樂何哉・言雖欲用之・而禮樂不為之用也・程子曰・仁者・天下之正理・失正理・則無序而不和・李氏曰・禮樂待人而後行・苟非其人・則雖玉帛交錯・鐘鼓鏗鏘・亦將如之何哉・然記者序此於八佾雍徹之後・疑其為僭禮樂者發也・

林放問禮之本。子曰：『大哉問！禮，與其奢也，寧儉；喪，與其易也，寧戚。』

集解鄭玄曰：『林放魯人。』是否孔子弟子，放是名，或是字，諸註皆未言。林放問『禮之本，』是問禮的本原，是怎樣一個意義。『子曰：「大哉問」』者，孔子見一般人之行禮，都不過是糊裏糊塗，跟着大家去做，從來未有研究到禮的本原意義者；今見林放此問能從大處着想，故贊美之，曰『大哉問。』奢是侈陳種種排場；儉是減省，連應該備的東西也不備；二者皆不合禮，但與其過奢，寧可過儉。

集解包曰：『易，和易也。』朱注『易，治也，……言喪禮節文習熟，而無哀痛慘怛之實也。戚則一於哀而文不足耳。』禮記檀弓子路曰：『吾聞諸夫子，喪禮，與其哀不足而禮有餘也，不若禮不足而哀有

林放・魯人・見世之為禮者・專事繁文・而疑其本之不在是也・故以為問・孔子以時方逐末・而放獨有志於本・故大其問・蓋得其本・則禮之全體・無不在其中矣・易・去聲・易・治也・孟子曰・易其田疇・在喪禮則

餘也』與此同義。人子居喪，『易』與『戚』都是不合的。但與其徒重節文，而無哀痛之實，寧可哀戚而禮文不備。孔子的意思是說種種儀式並不是『禮之本』；『禮之本』在質不在文。

節文者熟。而無哀痛慘怛之實者也。戚則一於哀而文不足耳。禮貴得中。奢易。則過於文。儉戚。則不及而質。二者皆未合禮。然凡物之理。必先有質而後有文。則質乃禮之本也。范氏曰。夫祭。與其敬不足而禮有餘也。不若禮不足而敬有餘也。喪。與其哀不足而禮有餘也。不若禮不足而哀有餘也。禮失之奢。喪失之易。皆不能反本而隨其末故也。禮奢而備。不若儉而不備之愈也。喪易而文。不若戚而不文之愈也。儉者物之質。戚者心之誠。故爲禮之本。楊氏曰。禮始諸飲食。故汙尊而抔飲。爲之簠簋籩豆罍爵之飾。所以文之也。則其本儉而已。喪不可以徑情而直行。爲之衰麻哭踊之數。所以節之也。則其本戚而已。周衰。世方以文滅質。而林放獨能問禮之本。故夫子大之。而告之以此。

子曰：「君子無所爭。必也射乎？揖讓而升，下而飲，其爭也君子！」

君子重禮讓，故無所爭。『射』是比試武藝。比試必想得勝；所以君子只有在比射的時候，不能無爭。古禮射箭的時候，人須走到堂上去射。上去的時候，還要對同隊比試的人謙遜一回，作一個揖。這就是『揖讓而升』。箭射過以後，仍作一個揖，走出堂來，等到大家都射過下來，勝負已決，負者乃飲罰酒。這就是『下而飲』。君子在和人競爭的時候，還是這樣雍容有禮，所以說『其爭也君子！』

飲。去聲。揖讓而升者。大射之禮。耦進三揖。而後升堂也。下而飲。謂射畢揖降。以俟衆耦皆降。勝者乃揖。不勝者升。取觶立飲也。言君子恭遜。不與人爭。惟於射而後有爭。然其爭也。雍容揖遜乃如此。則其爭也君子。而非若小人之爭矣。

子曰：「夏禮吾能言之，杞不足徵也；殷禮吾能言之，宋不足徵也。文獻不足故也。足則吾能徵之矣。」

杞。夏之後。宋。殷之後。徵。證也。文。典籍也。獻。賢也。言二代之禮。我能言之

・而二國不足取以爲證・以其文獻不足故也・文獻若足・則我能取之・以證吾言矣・

杞，音起。周武王爲天子後，封夏朝的後代爲杞國，封殷朝的後代爲宋國。上篇云：『殷因於夏禮，所損益可知也；周因於殷禮，所損益可知也。』故此於夏殷之禮，俱曰『吾能言之』。徵，驗也，證也。言杞宋二國均不足以爲證驗。文，指典册。集解引鄭云：『獻，猶賢也。』爾雅釋言云：『獻，聖也。』此言杞宋二國典册既亡佚，又無秉禮之遺賢，故不足爲徵驗。如文獻猶足以資考證，則我能徵之矣。此章與禮記中庸禮運二篇所載，大旨相同。

大・音泰・鄹・側留反・大廟・魯周公廟・此蓋孔子始仕之時・入而助祭也・鄹・魯邑名・孔子父叔梁紇嘗爲其邑大夫・孔子自少以知禮聞・故或人因此譏之・孔子言是禮者・敬謹之至・乃所以爲禮也・

子入太廟，每事問。或曰：『孰謂鄹人之子知禮乎？入太廟，每事問。』子聞之，曰：『是禮也？』

太廟，魯國祀周公之廟。鄹，是魯國的一個縣名，孔子父叔梁紇所治。『鄹人之子』，謂孔子也。孔子入太廟，每件事情，都去問人，所以或人笑孔子道：『那個說鄹人之子知禮呢？』孔子答道：『這些是禮嗎？』蓋以當時祭祀諸典均不合禮，故反詰之。按集解及朱注均謂孔子知而復問，是謹慎之至，故謂『每事問』，卽是『禮』。今從莊述祖（別記）、俞樾（古書疑義舉例）說。

尹氏曰・禮者敬而已矣・雖知亦問・謹之至也・其爲敬莫大於此・謂之不知禮者・豈足以知孔子哉・

告・古篤反・餼・許氣反・去・起呂反・告朔之禮・古者天子常以季冬頒來歲十二月之朔於諸侯

子貢欲去告朔之餼羊。子曰：『賜也！爾愛其羊，我愛其禮！』

告，音谷。餼，音戲。朱注云：『告朔之禮，古者常以季冬頒來歲十二月之朔於諸侯，諸侯受而藏之祖．諸侯受而藏之祖廟．月朔．則以特羊告廟．請而行之．餼．生牲也．魯自文公．始不視朔．而有司猶供此羊．故子貢欲去之．愛．猶惜也．子貢蓋惜其無實而妄費．然禮雖廢．羊存．猶得以識之．而可復焉．若併去其羊．則此禮遂亡矣．孔子所以惜之．楊氏曰．告朔．諸侯所以稟命於君親．禮之大者．魯不視朔矣．然羊存．則告朔之名未泯．而其實因可舉．此夫子所以惜之也．

廟，月朔則以特羊告廟。請而行之。餼，生牲也。魯自文公始不視朔，而有司猶供此羊，故子貢欲去之。』劉文淇論語駢枝則謂『告』讀如字，『告朔』是天子頒告朔於諸侯；『餼羊』則待天子告朔之使者用之。周自幽王之後，不復告朔，而魯之有司，尚循例供此餼羊，故子貢欲去之。按周禮太史云：『頒告朔於邦國。』孔子三朝記曰：『天子告朔於諸侯。』穀梁傳文六年曰：『天子不以告朔。』皆爲劉說之證，較朱注爲長。子貢之欲去餼羊，非真惜此區區；但憤王政之不行，故有爲而發。孔子之答，則以禮雖不行，而其迹尚存，後世尚可藉以考見古制耳。

定公問：『君使臣，臣事君，如之何？』孔子對曰：『君使臣以禮，臣事君以忠。』

定公魯君．名宋．二者皆理之當然．各欲自盡而已．呂氏曰．使臣不患其不忠．患禮之不至．事君不患其無禮．患忠之不足．尹氏曰．君臣以義合者也．故君使臣以禮．則臣事君以忠．

魯定公名宋，昭公弟，『定』是謚。昭公出奔，定公繼立。公室卑弱，太阿倒持，故有此問。孔子答以『君使臣以禮，臣事君以忠』者，正因當時君既失禮，臣又不忠也。

子語魯大師樂，曰：『樂其可知也。始作，翕如也；從之，純如也，皦如也，繹如也，以成。』

語．去聲．大．音泰．從．音縱．語．告也．大師．樂官名．時音樂廢缺．故孔子教之．翕

『大』古與『太』通。大師是樂官。樂，音樂之樂，從，今作縱。此章記孔子對魯太師論樂之語。『始作』是說音樂初動手的時候。『翕』是合的意思，說各樂器的相合。『從之』是說樂的聲音揚開以後。『純』是和諧的意思，說音調的和諧。『皦』是明白的意思，說音節的分明。『繹』是相續不斷的意思，說全套音樂之一氣呵成。『以成』是說音樂一套已經完全奏成。『如』字是狀詞的語尾。

儀封人請見，曰：「君子之至於斯也，吾未嘗不得見也。」從者見之。出曰：「二三子何患於喪乎？天下之無道也久矣，天將以夫子爲木鐸。」

『儀』是衛國一個邑名。『封人』是掌封疆之官。『儀封人』就是儀縣地方做封人的官的。孔子到衛國的時候，儀封人來求見孔子，說道：『各國有名的人來到這裏，我是未嘗不得見的。』『從者』是弟子從孔子者。見之是引導儀封人見孔子。『二三子何患於喪乎』三句是儀封人見了孔子以後，走出去對弟子們說的話。『二三子』是對孔子許多弟子而言。『喪』是指孔子去魯失位。『木鐸』形如搖鈴，金口木舌，古時發布政教時，振之以告百姓。『天將以夫子爲木鐸』者，言天不久將使孔子得位以行其道。一說謂木鐸徇於路，所以教人。言天使孔子失位，周流列國，將使垂教萬世耳。亦通。

。合也。從。放也。純。和也。皦。明也。繹。相續不絕也。成。樂之一終也。謝氏曰。五音六律不具。不足以爲樂。翕如。言其合也。五音合矣。淸濁高下。如五味之相濟而後和。故曰。純如。合而和矣。欲其無相奪倫。故曰皦如。然豈宮自宮而商自商乎。不相反而相連。如貫珠可也。故曰。繹如也以成。

請見見之之見。賢遍反。從。喪。皆去聲。儀衛邑。封人。掌封疆之官。蓋賢而隱於下位者也。君子。謂當時賢者。至此皆得見之。自言其平日不見絕於賢者。而求以自通也。見之。謂通使得見。喪。謂失位去國。禮曰。喪欲速貧是也。木鐸，金口木舌。施政教時。所振以警衆者也。言亂極當治。天必將使夫子得位設教。不久失位也。封人一見夫子。而遽以是稱之。其所得於觀感之

聞者深矣・或曰・木鐸・所以徇於道路・言天使夫子失位・周流四方以行其敎・如木鐸之徇於道路也・

子謂韶『盡美矣，又盡善也。』謂武『盡美矣，未盡善也。』

此章記孔子評論韶武二種樂章之語。韶是虞舜的樂，武是武王的樂。古時候帝王功成治定以後，常造一種樂章以歌舞太平。『盡美』是說這種樂的音調舞的形狀都極其完美。『盡善』是說這種樂章所含的道德意義也。絲毫沒有缺陷，舜受堯之禪，以揖讓得天下，故舜的樂『盡美』而又『盡善』。武王伐紂征誅得天下故武王的樂雖『盡美』，而未『盡善』。

韶・舜樂・武・武王樂・美者・聲容之盛・善者・美之實也・舜紹堯致治・武王伐紂救民・其功一也・故其樂皆盡美・然舜之德・性之也・又以揖遜而有天下・武王之德・反之也・又以征誅而得天下・故其實有不同者・程子曰・成湯放桀・惟有慙德・武王亦然・故未盡善・堯舜湯武・其揆一也・征伐非其所欲・所遇之時然爾・

子曰：『居上不寬，爲禮不敬，臨喪不哀，吾何以觀之哉？』

『居上』指在上位的人；居上位的人，要寬宏大度。『爲禮』指行禮的時候；行禮的時候，要恭恭敬敬。『臨喪』指到有喪事的人家；到有喪事的人家去，應有一種悲哀的情態。否則其爲人便不足觀。

居上王於愛人・故以寬爲本・爲禮以敬爲本・臨喪以哀爲本・旣無其本・則以何者而觀其所行之得失哉・

（問題）（一）何謂『八佾』？（二）何謂『文獻』？

(三)何謂「告朔」?
(四)孔子所謂「禮之本」何在?
(五)孔子論三代之禮其說如何?
(六)本篇記孔子論樂語如何?

處，上聲。焉，於虔反。知，去聲。里有仁厚之俗為美。擇里而不居於是焉，則失其是非之本心，而不得為知矣。

樂，音洛。知，去聲。約，窮困也。利，猶貪也。蓋深知篤好，而必欲得之也。不仁之人，失其本心，久約必濫，久樂必淫。惟仁者則安其仁，而無適不然。知者

子曰：「里仁為美，擇不處仁，焉得知。」

『焉』平聲，安也，此處用作副詞。『知』今作智。集解：鄭曰：『里者民之所居。居於仁者之里，是為美。不處仁者之里，不得為知。』朱注云：『里有仁厚之俗為美。擇里而不處於是焉，則失其是非之本心，而不得為知矣。』鄭謂『里仁』為『居仁者之里』，朱謂『里仁』為『里有仁厚之俗』，雖不無出入，然皆以此章所論，指卜居擇鄰而言。按孟子云：『矢人豈不仁於函人哉？矢人惟恐不傷人，函人惟恐傷人；巫匠亦然；故術不可不慎也。孔子曰「里仁為美，擇不處仁，焉得智？」』似訓『里』字為『處』，泛指立身處事而言。孟子以『仁為人之安宅，』故曰『曠安宅而弗居，』即此章所謂『擇不處仁』也。此解亦通。

子曰：「不仁者，不可以久處約；不可以長處樂。仁者安仁。知者利仁。」

『樂』，歡樂之樂。『知』，今作智。『約』是窘困的意思。不仁之人，不可以長久處在窘困的境地。若長久處在窘困的境地，必定有為非作惡的事情做出來。但又不可長久處於富貴安樂的境地。若長久處在安樂的境地，也必驕奢淫佚，做出不好的事情來。仁者能素位而行，隨遇而安，久處約而不為貧賤所移，長處樂而不為富貴所淫。知者知仁是於己於人都有利的，所以也能行仁。此章所說『

安仁』『利仁』卽中庸之『安而行之』『利而行之。』

則利於仁．而一不易所守．蓋雖深淺之不同．然皆非外物所能奪矣．謝氏曰．仁者必無內外遠近精粗之間．非有所存而自不亡．非有所理而自不亂．如目視而耳聽．手持而足行也．知者．謂之有所見．則可謂之有所得．則未可有所存．斯不亡．有所理．斯不亂．未能無意也．安仁則一．利仁則二．安仁者．非顏閔以上．去聖人爲不遠．不知此味也．諸子雖有卓越之才．謂之見道不惑則可．然未免於利之也．

好．惡皆去聲唯之爲言獨也．蓋無私心然後好惡當於理．程子所謂得其公正是也．游氏曰．好善而惡惡．天下之同情．然人每失其正者．心有所繫而不能自克也．惟仁者無私心．所以能好惡也．

子曰：「唯仁者，能好*人，能惡*人。」

『好』『惡』皆去聲。『唯』獨也。『仁者』大公無私，故能好人，能惡人。不是仁人，則往往發於自己情感之私了。大學言『惟仁人爲能愛人，能惡人』與本章同意。

惡．如字．苟．誠也．志者．心之所之也．其心誠在於仁．則必無爲惡之事矣．楊氏曰．苟志於仁．未必無過舉也．然而爲惡則無矣．

子曰：「苟志於仁矣，無惡*也。」

朱注：『苟，誠也。志，心之所之也。其心，誠在於仁，則必無爲惡之事矣。』按下文有『觀過知仁』語，仁者亦未嘗無過失，但決不至有心作惡耳。

惡．去聲．不以其道得之．謂不當得而得之．然於富貴則不處．於貧賤則不去．君子之審富貴而安貧賤也．如此．

子曰：「富與貴，是人之所欲也；不以其道，得之不處也。貧與賤，是人之所惡也；不以其道，得之不去也。」

『惡』去聲。讀以『得之』二字連上『不以其道』爲句，誤。此章言富貴爲人所共欲，貧賤爲人所共惡；君子豈不欲處富貴，去貧賤乎？惟不以其道，則得富貴而不處，得貧賤而不去耳。如此講解方近人情。呂氏春秋有度篇高誘注：「不以其道，得之不居。」畢沅校，謂「得之」當連下讀，是其證。

「君子去仁，惡乎成名？君子無終食之間違仁，造次必於是；顛沛必於是！」

「惡」，音烏，平聲。違，離也。朱注云：「終食，一飯之頃。造次，急遽苟且之時，顛沛，傾覆流離之際。」按「造次」即「倉卒」之轉音；「顛沛」即「顛仆」之轉音。君子之所以成爲君子者，以其仁也；若去仁，則何以成其爲君子之名？故君子即在一飯之頃，倉卒忽遽之間，顛仆困頓之際，亦不離「仁」也。中庸云：「道也者，不可須臾離也；可離非道也。」「仁」，即是爲人之道，故不可須臾離。此節與上節本爲一章，分作兩段，講較易明白；但其意仍可連貫。蓋君子所「處」者「仁」，苟不以其道而處富貴，是處不仁矣；不以其道而去貧賤，是去仁矣。

惡，平聲。言君子所以爲君子，以其仁也。若貪富貴而厭貧賤，則是自離其仁，而無君子之實矣。何所成其名乎。造，七到反。沛，音貝。終食者，一飯之頃。造次，急遽苟且之時。顛沛，傾覆流離之際。蓋君子之不去乎仁如此。不但富貴貧賤取舍之間而已也。言君子爲仁，自富貴貧賤取舍之間，以至於終食造次顛沛之頃，無時無處而不用其力也。然取舍之分明，然後存養之功密。存養之功密，則其取舍之分益明矣。

好惡，皆去聲。夫子自言未見好仁者、惡不仁者。蓋好仁者，真知仁之可好，故天下之物，無以加之。惡不仁者

子曰：「我未見好仁者，惡不仁者。好仁者，無以尚之。惡不仁者，其爲仁矣，不使不仁者加乎其身。有能一日用其力於仁矣乎？我未見力不足者。蓋有之矣，我

未之見也」

『好』『惡』皆去聲。『好仁者』是一等，『惡不仁者』是一等，『用其力於仁者』又是一等，『好仁』是『仁』，『仁』是『安仁』故曰『無以尚之』。『惡不仁』是『智』，『智』是『利仁』則能不使不仁之事加諸其身。『用力於仁』是勇，是『強仁』。『用力於仁』即勉力以『爲仁』。世人不肯『強仁』，往往諉爲力不足其實未有力不足者。『蓋』疑辭。末二句包上三層說。言世或有此三等人，而我未嘗見之。

・真知不仁之可惡・故其所以爲仁者・必能絕去不仁之事・而不使少有及於其身・此皆成德之事・故難得而見之也・言好仁惡不仁者・雖不可見・然或有人・果能一旦奮然用力於仁・則我有未見其力有不足者・蓋爲仁在己・欲之則是・而志之所至・氣必至焉・故仁雖難能・而至之亦易也・蓋・疑辭・有之・謂有用力而力不足者・蓋人之氣質不同・故疑亦容或有此昏弱之甚・欲進而不能者・但我偶未之見耳・蓋不敢終以爲易・而又歎人之莫肯用力於仁也・此章言仁之成德・雖難其人・然學者苟能實用其力・則亦無不可至之理・但用力而不至者・今亦未見其人焉・此夫子所以反覆而歎息之也・

子曰「人之過也，各於其黨。觀過，斯知仁矣。」

黨，類也。朱注引程子曰：『君子常失於厚，小人常失於薄；君子過於愛，小人過於忍。』又引吳氏曰：『於此觀之，則人之仁不仁可知矣。』按毗剛，毗柔，毗仁毗義，人之個性，各有不同，故過失亦各有其類。皇侃疏引殷仲堪之言曰：『直者以改邪爲義，失在於寡恕；仁者以惻隱爲誠，過在於容非。』故觀其過，則可以知其仁。

黨・類也・程子曰・人之過也・各於其類・君子常失於厚・小人常失於薄・君子過於愛・小人傷於忍・尹氏曰・於此觀之・則人之仁不仁可知矣・吳氏曰・後漢吳祐謂掾以親・故受汙辱之名・所謂觀過知仁是也・愚按此亦但言人雖有過・猶可即此而知其厚薄・非謂必俟其有過・而後賢否可知也・

道者・事物當然之理・苟得聞之・則生順死安・無復遺恨矣・朝夕・所以甚言其時之近・

程子曰・言人不可以不知道・苟得聞道・雖死可也・又日・皆實理也・人知而信者爲難・死生亦大矣・非誠有所得・豈以夕死爲可乎・

心欲求道・而以口體之奉・不若人爲恥・其識趣之卑陋甚矣・何足與議於道哉・

程子曰・志於道而心役乎外・何足與議也・

適・丁歷反・比・必二反・

適・專主也・春秋傳曰。吾誰適從是也・莫・不肯也・比・從也・

謝氏曰・適・可也・莫・不可也・無可無不可・苟無道

子曰：「『朝聞道，夕死可矣！』」

『朝，』音招，早也。朱注云：『朝夕，甚言其時之短。』按此章極言欲聞道之亟，雖朝聞而夕死，亦所甘心。集解云：『言將至死不聞世之有道。』誤。

子曰：「『士志於道，而恥惡衣惡食者，未足與議也！』」

『惡，』如字讀。禮記學記云：『士先志。』孟子云：『士尚志。』士之志當在於『道。』若以惡衣惡食爲恥，則其志在乎口體之養矣；『未足與議』者，言此等人非真志道者，故未足與之論道也。必如顏淵之簞食瓢飲，不改其樂，子路之衣敝縕袍與衣狐貉者立而不恥，方可謂之『志道，』方足與之論道。

子曰：『君子之於天下也，無適也，無莫也，義之與比。』

此章何氏集解無注。皇疏採范甯曰：『適，莫，猶厚薄也。比，親也。君子於人，無有偏頗厚薄，唯仁義是親也。』朱子集注云：『適，丁歷反。適，專主也。春秋傳曰：『吾誰適從』是也。莫，不肯也。比，從也。』又引謝氏曰：『適，可也。莫，不可也。……於無可無不可之間，有義存焉。』按經典釋文云：『適，鄭作敵。莫，鄭音慕，無所貪慕也。』史記范雎傳『攻適伐國，』田單傳『適人開戶，』皆以『適』爲『敵。』『莫，』『慕，』一聲之轉。敵即仇敵之『敵，』是反對的意思。『慕』是向慕的意思。君子於天下之人之以主之。不幾於獨在自恣乎。此老佛之學。所以自謂心無所往。而能應變。而卒得罪於聖人也。聖人之學不然。於無可無不可之間。有義存焉。然則君子之心果有所倚乎。

懷。思念也。懷德。謂存其固有之善。懷土。謂溺其所處之安。懷刑。謂畏法。懷惠。謂貪利。君子小人趣向不同。公私之間而已矣。尹氏曰。樂善惡不善。所以爲君子。苟安務得。所以爲小人。

放。上聲。孔氏曰。放。依也。多怨。謂多取怨。程子曰。欲利於己。必害於人。故多怨。

讓者。禮之實也。何有。言不難也，言有禮之實以爲國。則何難之有。不然。則其禮文雖具，亦且無如之何矣，而況於爲國乎。

所以立。謂所以立乎其位

事，無敵莫之成見，惟『義之與比。』比，是接近的意思。

子曰：「君子懷德，小人懷土。君子懷刑，小人懷惠。」

朱注云：『懷思念也。懷德，謂存其固有之善；懷土，謂溺愛其所處之安；懷刑，謂畏法；懷惠，謂貪利。』按孟子言『有恆產者有恆心，無恆產者無恆心。』懷土正指其念念在於恆產，在於田宅。『刑』，當包禮法而言，畏禮法，故能自儆。尚書臯陶謨云『安民則惠，黎民懷之。』可見小人所思念者，惟在恩惠。

子曰：「放於利而行，多怨。」

放，依也。『放於利而行，』是說每事依利而行。『多怨』者，多招人家的怨也。朱註引程子曰：『欲利於己，必害於人，故多怨。』所以做事不當依利而行，當依義而行。

子曰：「能以禮讓爲國乎？何有？不能以禮讓爲國，如禮何？」

『爲國，』就是治國。『何有，』就是說有什麼難處。『禮』是『讓』之文；『讓』是『禮』之實。如不能以禮讓爲國，則禮之實已亡，則所謂『禮』者，只是形式而已，故曰『如禮何』也。

子曰：「不患無位，患所以立。不患莫己知，求爲可知者．可知．謂可以見知之實．程子曰．君子求其在我者而已矣．

參．所金反．唯．上聲．參乎者．呼曾子之名而告之．貫．通也．唯者．應之速而無疑者也．聖人之心．渾然一理．而泛應曲當．用各不同．曾子於其用處．蓋已隨事精察而力行之．但未知其體之一爾．夫子知其真積力久．將有所得．是以呼而告之．曾子果能默契其指．即應之速而無疑也

也。」

『位，』指職位。『所以立；』指所以立乎此位之才德。『莫己知，』說無人知己；『可知，』說己有可以使人知之之實。荀子非十二子云：『君子能爲可貴，不能使人必貴己；能爲可用，不能使人必用己；能爲可信，不能使人必信己。故君子恥不修，不恥見汙；恥不信，不恥不見信；恥不能，不恥不見用。』與本章之旨同。

子曰：「參乎！吾道一以貫之。」曾子曰：「唯。」子出，門人問曰：「何謂也？」曾子曰：「夫子之道，忠恕而已矣！」

『參，』音森，曾子名。『唯，』曾子應之也。門人，弟子也。皇疏謂是曾子弟子；劉寶楠正義謂是孔子弟子；當以後說爲是。『吾道一以貫之，』曾子已明白這個意思，故逕應之曰『唯。』其餘弟子不懂『一貫』的道理，等孔子走出去以後問曾子道：『這是甚麼意義呢？』曾子因同學們不懂而『一貫』二字的意義，一時不容易講淸楚，所以把孔子的道，總括成兩個字道：『夫子之道，忠恕而已矣！』朱注云：『盡己之謂忠；推己及人之謂恕。『而已矣』者，竭盡而無餘之辭也。』按大學論『絜矩之道』節『所惡於上無以使下……』云云：中庸『忠恕違道不遠，施諸己而不願，亦勿施於人，』并謂『君子之道，』當以所求乎子者事父，所求乎臣者事君，所求乎弟者事兄，所求乎朋友先施之；本書下文亦云，『己欲立而立人，己欲達而達人；』皆論忠恕之道。劉氏正義云：『己立己達，忠也；立

人達人，恕也。二者相因，無偏用之勢。』蓋孔子之道，雖千端萬緒其實都是一貫的，不過『忠恕』二字而已。

按廣雅釋詁云：『貫，行也。』王念孫疏證謂『一以貫之，』即『一以行之，』阮元謂『一』與『壹』同。『一以貫之』者，言孔子之道皆於行事見之，非徒以文學爲教。下文問子貢云：『汝以子爲多學而識之者歟？』又告之曰：『予一以貫之。』蓋恐子貢但以多學而識學聖人而不於行事學聖人也。此別一解，說亦可通。

・盡己之謂忠・推己之謂恕・而已矣者・竭盡而無餘之辭也・夫子之一理渾然・而泛應曲當・譬則天地之至誠無息・而萬物各得其所也・自此之外・固無餘法・而亦無待於推矣・曾子有見於此而難言之・故借學者盡己推己之目以著明之・欲人之易曉也・蓋至誠無息者・道之體也・萬殊之所以一本也・萬物各得其所者・道之用也・一本之所以萬殊也・以此觀之・一以貫之之實可見矣・或曰・中心爲忠・如心爲恕・於義亦通・程子曰・以己及物・仁也・推己及物・恕也・違道不遠是也・忠恕一以貫之・忠者天道・恕者人道・忠者無妄・恕者所以行乎忠也・忠者體・恕者用・大本達道也・此與違道不遠異者・動以天爾・又曰・維天之命・於穆不已・忠也・乾道變化・各正性命・恕也・又曰・聖人教人・各因其才・吾道一以貫之・唯曾子爲能達此・孔子所以告之也・曾子告門人曰・夫子之道・忠恕而已矣・亦猶夫子告曾子也・中庸所謂忠恕違道不遠・斯乃下學上達之義・

子曰：『君子喻於義，小人喻於利。』

朱注云：『喻，猶曉也。義者，天理之所宜；利者，人情之所欲。』又引程子云：『君子之於義，猶小人之於利也。唯其深喻，是以篤好。』按陸九淵訪朱子於南康，嘗在白鹿洞書院講此章。與程朱所說之旨同。包愼言溫故錄則謂君子小人以位言，在位之君子，於己不當言利，而治小人則當因其所利而利之。此別一說。

喻・猶曉也・義者・天理之所宜・利者・人情之所欲・程子曰・君子之於義・猶小人之於利也・唯其深喻・是以篤好・楊氏曰・君子有舍生而取義者・以利言之・則人之所欲無甚於生・所惡無甚於死・孰肯舍生而取義哉・其所喻者義而已・不知利之爲利故也・小人反是・

子曰：『見賢思齊焉；見不賢而內自省也。』

『賢』是有賢德的人。『思齊』者，想和他一樣，沒有高低也。『內自省』者，自己反省，有沒有像他不賢的行爲。荀子修身篇云：『見善，修然必以自存也；見不善，愀然必以自省也。』與本章同旨。

省・悉井反・思齊者・冀己亦有是善・內自省者・恐己亦有是惡・胡氏曰・見人之善惡不同・而無不反諸身者・則不徒羨人而甘自棄・不徒責人而忘自責矣・

子曰：『事父母幾諫，見志不從，又敬不違；勞而不怨。』

『幾』，集解朱註皆曰：『微也。』幾諫者，以微言諫之；卽禮記內則所說，『父母有過，下氣怡色，柔聲以諫』也。檀弓云：『事親有隱而無犯。』鄭玄注：『無犯，不犯顏而諫。』亦卽本章『幾諫』之意。『見志不從，又敬不違』者，諫了父母，見父母之志，不肯從我的話，我仍舊要恭恭敬敬，對待父母，不可違抗父母；卽內則所說：『諫若不入，起敬起孝，悅則復諫』也。『勞而不怨』者，王引之經義述聞謂『勞』當訓爲『憂』，亦承上『見志不從』而言，曲禮『三諫而不聽，則號泣而隨之。』可謂憂矣。若如通解，謂服勞不怨，則與上文『幾諫』無關，當從王說。

此章與內則之言相表裏・幾・微也・微諫・所謂父母有過・下氣怡色・柔聲以諫也・見志不從・又敬不違・所謂諫若不入・起敬起孝・悅則復諫也・勞而不怨・所謂與其得罪於鄉黨州閭・寧熟諫・父母怒不悅・而撻之流血・不敢疾怨・起敬起孝也・

子曰：『父母在，不遠遊。遊必有方。』

遠遊，卽現在所謂『出遠門』。方，是一定的地方。父母在的時候，不可出遠門。因爲父母有時思念兒子，或有疾病，離得路遠，不容易回家看視父母，故曰『不遠遊。』『遊必有方』者，出門去住在那裏，必有一定的地方。如此，則父母有事，可通信，或派人到這地方來叫回去。禮記曲禮云：『所遊必有

遠遊・則去親遠而爲日久・定省曠而音問疏・不惟己之思親不置・亦恐親之念我不忘也・遊必有方・如已告云

常。」玉藻云：「親老出不易方。」與本章同旨。

之東・則不敢更適西・欲親必知己之所在而無憂・召己則必至而無失也・范氏曰・子能以父母之心爲心・則孝矣・

知・猶記憶也・常知父母之年・則既喜其壽・又懼其衰・而於愛日之誠・自有不能已者・

子曰：「父母之年，不可不知也；一則以喜，一則以懼。」

「父母之年，」謂父母的年紀。見父母年紀大，已臻壽考，所以歡喜；見父母年紀老，將近衰亡，則又憂懼，故曰「一則以喜，一則以懼。」

言古者・以見今之不然・逮・及也・行不及言・可恥之甚・古者所以不出其言・爲此故也・范氏曰・君子之於言也・不得已而後出之・非言之難・而行之難也・人惟其不行也・是以輕言之・言之如其所行・行之如其所言・則出諸其口・必不易矣・

子曰：「古者言之不出，恥躬之不逮也。」

「古者言之不出，」是說古人說話，不肯輕易出口。躬，身也。逮，及也。古人以話出了口而做不到，為一件可恥的事，故不肯隨便說。此章所說，即「君子欲訥於言而敏於行」的意思。

鮮・上聲・謝氏曰・不侈然以自放之謂約・尹氏曰・凡事約則鮮失・非止謂儉約也・

子曰：「以約失之者鮮矣！」

「約」字，集解引孔說作「儉約」講；朱注引謝氏則云：「不侈然以自放之謂約。」又引尹氏云：「非止謂儉約也。」其義較長。「約」是「泰」之反，凡謹言慎行，不浪費，皆是「約」。禮記曲禮云：「傲不可長，欲不可縱，志不可滿，樂不可極。」皆言「約」之道。「鮮」上聲，少也。以約守身而失之者少矣。

行・去聲・謝氏曰・放言易・故欲訥・力行難・故欲

子曰：「君子欲訥於言而敏於行。」

敏。胡氏曰：自吾道一貫至此十章，疑皆曾子門人所記也。鄰，猶親也。德不孤立，必以類應，故有德者，必有其類從之，如居之有鄰也。

『訥於言』的意思，是說話愼重，不可輕易出口。『敏於行』的意思，是做事要捷速。與上文『敏於事而愼於言』這句話同義。

子曰：『德不孤，必有鄰。』

易文言云：『同聲相應，同氣相求。』故德立於己，則善言集，良朋來，如住家之有鄰舍，不至於孤零。

〔問題〕

(一)不仁者何以不可久處約長處樂？

(二)何謂『安仁』『利仁』？

(三)何謂『觀過知仁』？

(四)何謂『無適無莫』？

(五)何謂『一以貫之』？何謂『忠恕』？

(六)本篇論君子小人之別如何？

(七)本篇論事父母之道如何？

(八)本篇論言行之說如何？

公冶篇

或曰：「雍也，仁而不佞。」子曰：「焉用佞？禦人以口給，屢憎於人。不知其仁，焉用佞？」

雍·孔子弟子·姓冉·字仲弓·佞·口才也·仲弓爲人·重厚簡默·而時人以佞爲賢·故美其優於德·而病其短於才也·

焉·於虔反·

禦·當也·猶應答也·給·辦也·憎·惡也·

·言何用佞乎·佞人所以應答人者·但以口取辦·而無情實·徒多爲人所憎惡爾·我雖未知仲弓之仁·然其不佞·乃所以爲賢·不足以爲病也·再言焉用佞·所以深曉之·

或疑仲弓之賢·而夫子不許其仁·何也·曰·仁道至大·非全體而不息者·不足以當之·如顏子亞聖·猶不能無違於三月之後·况仲弓雖賢·未及顏子·聖人固不得而輕許之也·

雍，孔子弟子，姓冉字仲弓。鄭玄目錄云魯人，論衡自紀篇以爲是冉伯牛之子。曲禮釋文云：「口才曰佞。」時人以佞爲賢；仲弓厚重簡默；故或人稱其仁而惜其不佞。「焉」平聲，安也。口給是言辭敏捷，辯才無礙的意思，所謂「利口」也。以口給禦人，則常數爲人所憎惡，故重言「焉用佞」，以明佞之無用。「不知其仁」之「其」字，卽指仲弓，或人稱其仁，故孔子答以「不知其仁。」下文孔子責子路云「是故惡夫佞者。」本章孔子之意重在斥「佞」，而不輕以「仁」許人之旨亦可見。

子曰：「道不行，乘桴浮于海。從我者，其由與？」子路聞之喜。子曰：「由也好勇過我；無所取材。」

桴·音孚·

從·好·並去聲·

與·平聲·

材·與裁同·古字借用·

桴·筏也·程子曰·浮海之歎·傷天下之無賢

桴，音孚，用竹木編成，猶現在的竹筏木筏，筏上面也可造屋住人。也叫做簰。浮，汎也。閻若璩潛丘劄君也・子路勇於義・故謂其能從己・皆假設之言耳・子路以爲實然・而喜夫子之與己・故夫子美其勇・而譏其不能裁度事理・以適於義也・子路之於仁・蓋日月至焉者・或在或亡・不能必其有無・故以不知告之・乘・去聲・賦・兵也・古者以田賦出兵・故謂兵爲賦・春秋傳所謂悉索敝賦是也・言子路之才・可見者如此・仁則不能知也・室・大邑・乘・卿大夫家・宰・邑家臣之通號

記據漢書地理志以爲指氾渤海往朝鮮，即下文『欲居九夷』之意。此言當發於周遊之後，以中國莫能用己，而朝鮮有箕子之遺風，故有此歎。由，子路名。『與』同歟。子路勇，故可從氾海也。子路聽了孔子的話，以爲孔子真個要叫他同到海上去。不覺歡喜起來，不知是因爲道不行，心中感慨而發。孔子見子路認了真，而如此高興，所以又戲之說：『由你比我還要好勇；只是我連做桴的材料都還沒有哩！』（集解引鄭玄云：『無所取材者，無所取桴材。以子路不解微言，故戲之耳。』朱注則云：『材與裁同，古字借用。』譏其不能裁度事理。不如鄭說生動多矣。）

孟武伯問：『子路仁乎？』子曰：『不知也。』又問。子曰：『由也，千乘*之國，可使治其賦*也；不知其仁也。』

孟武伯，見爲政篇注。『千乘之國，』見學而篇注。賦，軍賦，謂出車徒以供兵役，就是左傳『悉索敝賦』之賦。按先進篇子路自言治國三年，可使有勇而且知方，可見子路善治軍旅。孔子不輕以仁許人，故答孟武伯之問，但舉子路所長，而云『不知其仁。』史記弟子傳作季康子問，誤。

『求也何如？』子曰：『求也，千室之邑，百乘*之家，可使爲之宰*也；不知其仁也。』

此節及下節，都是孟武伯問孔子的話。孔子答辭，句與上節同一用意。求，孔子弟子冉求。『千室之邑，』有一千家人家的縣。『百乘之家，』卿大夫之家，有車子一百輛。宰，兼指邑宰及家宰而言。

『赤也何如？』子曰：『赤也，束帶立於朝，可使與賓客言也；不知其仁也。』

朝·音潮·赤·孔子弟子·姓公西·字子華·

赤姓公西字子華，孔子弟子。鄭玄目錄云：魯人。古時做官的人，朝服必加帶。朝，是朝廷。賓客，是鄰國派來的使者。先進篇子華自言願為小相，可見他是一個外交人才。孟武伯是魯國執政的大夫，今來問孔子弟子仁不仁，故孔子把子路等三個人的特長都告訴他；當然含有介紹的意思。且因此可見孔子對於弟子的性質才能，都在平時留心，所以他們的長處隨口說得出來。

子謂子貢曰：『女與回也孰愈？』對曰：『賜也何敢望回！回也聞一以知十；賜也聞一以知二。』子曰：『弗如也！吾與女弗如也！』

女·音汝·下同·愈·勝也·一·數之始·十·數之終·二者·一之對也·顏子明睿所照·即始而見終·子貢推測而知·因此而識彼·無所不悅·告往知來·是其驗矣·與·許也·胡氏曰·子貢方人·夫子既語以不暇·又問其與回孰愈·以觀其自知之如何·聞一知十·上知之資·生知之亞也·聞一知二·中人以上之資·學而知之之才也·子貢平日以己方回·見其不可企及·故喻之如此·夫子以其自知之明·而又不難於自屈·故既然之·又重許之·此其所以終聞性與天道·不特聞一知二而

『女』今作汝。顏淵名回。子貢名賜。孔子對子貢說：『你與顏回兩個人，那一個好些？』子貢對孔子說：『我那裏敢望顏淵呢？顏淵聽得一件道理，他推悟開去能夠曉得十件；我聽得一件道理，推悟開去只曉得二件。』孔子聽了這話，又對子貢道：『你確是不及他的，就是我看來你也是不及他。』『吾與女』的與，許也，是贊許的意。皇疏說『吾與女弗如也』謂我和你都不如顏淵，非是。

巳也。朽，許久反。杇，音汙。與，平聲，下同。晝寢，謂當晝而寐。朽，腐也。雕，刻畫也。杇，鏝也。言其志氣昏惰，教無所施也。與，語辭。誅，責也。言不足責，乃所以深責之。

宰予晝寢。子曰：『朽木不可雕也，糞土之牆不可杇也。於予與何誅？』

杇，音汙。亦作圬。誅是責備的意思。宰予就是宰我，見八佾篇注。『晝寢，』就是晌午覺。『朽，』腐也。『雕，』雕刻也。『糞土，』猶言穢土。『糞土之牆』是穢土築成的牆。杇，鏝也。就是用石灰粉飾牆頭。『與，』同歟，語助詞（清王引之經傳釋詞訓此『與』字為『猶』）。孔子見宰予晌午覺，說道：『腐爛的木頭不可雕刻了；穢土的牆不可鏝了。對於宰予還要責備他做甚麼呢？』

按韓李論語筆解謂『晝』舊文作『畫』。李匡義資暇錄云：『「寢」梁武帝讀為寢室之寢；「晝」當作「畫」字，言其繪畫寢室。』周密齊東野語謂嘗見隋侯白所注論語亦言『晝』當作『畫』。春秋時士大夫多盛飾其居室。宰予畫寢，是亦未能免俗，故孔子斥之。其曰『於予與何誅』者，言『俗尚奢華，於宰予獨何責乎？』——此別一解，其說亦通。

行，去聲。宰予能言而行不逮，故孔子自言於予之事而改此失，亦以重警之也。胡氏曰：子曰，疑衍文，不然，則非一日之言也。

子曰：『始吾於人也，聽其言而信其行；今吾於人也，聽其言而觀其行。於予與改是。』

此章注疏及皇本與上章併為一章。朱注亦引胡氏曰：『「子曰，」疑衍文。』孔子此言，仍為宰予而發。『始』是從前，『今』是現在。宰予列言語之科，是個很會說話的人。孔子見他在晌午覺，以為這是一件極懶惰的事情，和他平常的說話全不相符，所以歎道：『從前我對於人，聽了他的話就相信他的行為；現在我對於人，聽了他的話，倒還要看看他的行為。這是因為宰予而改變的。」

范氏曰・君子之於學・惟日孜孜・斃而後已・惟恐其不及也・宰予晝寢・自棄孰甚焉・故夫子責之・胡氏曰・宰予不能以志帥氣・居然而倦・是宴安之氣勝・儆戒之志惰也・古之聖賢・未嘗不以懈惰荒寧為懼・勤勵不息自強・此孔子所以深責宰予也・聽言觀行・聖人不待是而後能・亦非緣此而盡疑學者・特因此立教・以警羣弟子・使謹於言而敏於行耳・

子曰：「吾未見剛者。」或對曰：「申棖。」子曰：「棖也慾，焉得剛？」

焉・於虔反・剛・堅強不屈之意・最人所難能者・故夫子歎其未見・申棖・弟子姓名・慾・多嗜慾・多嗜慾・則不得為剛矣・程子曰・人有慾・則無剛・剛則不屈於慾・謝氏曰・剛與慾・正相反・能勝物之謂剛・故常伸於萬物之上・為物掩之謂慾・故常屈於萬物之下・自古有志者少・無志者多・宜夫子之未見也・棖之慾不可知・其為人得非悻悻自好者乎・故或者疑以為剛・然不知此其所以為慾爾・

集解引包曰：「申棖，魯人。」按申棖字子周，即史記弟子傳之申黨，史記索隱作申堂，漢王政碑作申棠，文翁禮殿圖作申儻，同是一人。朱注曰：「剛，堅強不屈之意。」孔子說：「我沒有看見過剛強不屈的人。」或人之意，以為申棖是個剛者。孔子聽了或人的話，便駁他道：「申棖這個人，是多嗜慾的，那裏能夠剛強不屈呢？」多慾之人，心役於物，易為富貴所淫，貧賤所移，故曰「焉得剛。」焉，平聲，安也。

子貢曰：「我不欲人之加諸我也，吾亦欲無加諸人。」子曰：「賜也，非爾所及也。」

子貢言我所不欲人加於我之事・我亦不欲以此加之於人・此仁者之事・不待勉強・故夫子以為非

子貢所言，即大學絜矩之道，亦即上文所云「一以貫之」的忠恕之道，較「己所不欲，勿施於人」，子貢所及。程子曰。我不欲人之加諸我。吾亦欲無加諸人。仁也。施諸己而不願亦勿施於人。恕也。恕則子貢或能勉之。仁則非所及矣。愚謂無者自然而然。勿者禁止之謂。此所以爲仁恕之別。

更進一層因『勿』者尙是禁之之詞，『無』則出於自然矣。故孔子以『非爾所及』答之。

文章。德之見於外者。威儀文辭皆是也。性者。人所受之天理。天道者。天理自然之本體。其實一理也。言夫子之文章。日見乎外。固學者所共聞。至於性與天道。則夫子罕言之。而學者有不得聞者，蓋聖門教不躐等，子貢至是始得聞之。而歎其美也。程子曰，此子貢聞夫子之至論。而歎美之言也。

子貢曰『夫子之文章，可得而聞也。夫子之言性與天道，不可得而聞也。』

『夫子，』子貢稱孔子『文章』指孔子所修的詩書禮樂史記孔子世家云：『孔子以詩書禮樂教弟子蓋三千焉』故云：『可得而聞。』性與天道，指易春秋二書漢書李尋傳贊云『幽贊神明，通合天人之道者，莫著乎易春秋』下引子貢語云云。則易與春秋皆弟子所罕聞詳見劉寶楠正義

前所聞者。既未及行。故恐復有所聞。而行之不給也。范氏曰。子路聞善。勇於必行。門人自以爲弗及也。故著之。若子路可謂能用其勇矣。

子路有聞，未之能行，唯恐有聞。

『唯恐有聞』之『有』爲『又』之借字此章是編論語的人，記子路的好處。『有聞』者，聽了孔子的話；『未之能行』者這句話的道理還未做到也『唯恐有聞』者恐怕孔子又有第二句話說出來，來不及做也。

好。去聲。孔文子。衞大夫。名圉。凡人

子貢問曰：『孔文子何以謂之文也？』子曰：『敏而

好學，不恥下問，是以謂之文也。」

孔文子衛國大夫名圉亦稱仲叔圉；「文」是他的諡。兪樾羣經平議云：「下問者，非僅以貴下賤之謂，凡以能問於不能，以多問於寡皆是。」按諡法「勤學好問曰文。」正與孔子所答之語相合。

性敏者多不好學・位高者多恥下問・故諡法有以勤學好問為文者・蓋亦人所難也・孔圉得諡為文・以此而已・蘇氏曰・孔文子使太叔疾出其妻而妻之・疾通於初妻之娣・文子怒・將攻之・訪於仲尼・仲尼不對・命駕而行・疾奔宋・文子使疾弟遺室孔姞・其為人如此而諡曰文・此子貢之所以疑而問也・孔子不沒其善・言能如此・亦足以為文矣・非經天緯地之文也・

子謂子產：「有君子之道四焉：其行己也恭，其事上也敬，其養民也惠，其使民也義。」

子產，鄭大夫，姓公孫，名僑。孔子說子產這個人有四件君子之道：自己做人，是規規矩矩的；他事君上，是恭恭敬敬的；他撫養人民，是有恩惠的；他使用人民，是很合宜的。

子產・鄭大夫・公孫僑・恭・謙遜也・敬・謹恪也・惠・愛利也・使民義・如都鄙有章・上下有服・田有封洫・廬井有伍之類・吳氏曰・數其事而責之者・其所善者多也・臧文仲不仁者三・不知者三是也・數其事而稱之者・猶有所未至也・子產有君子之道四焉是也・今或以一言蓋一人・一事蓋一時・皆非也・

子張問曰：「令尹子文三仕為令尹，無喜色；三已之，無慍色。舊令尹之政，必以告新令尹。何如？」子曰：「忠矣。」曰：「仁矣乎？」曰：「未知。焉得仁？」

知・如字・焉・於虔反・令尹・官名・楚上卿執政者也・子文・姓鬬・名穀於菟・其為人也・喜怒不形・物

我無間・知有其國而不知有其身・其忠盛矣・故子張疑其仁・然其所以三仕三已而告新令尹者・未知其皆出於天理而無人欲之私也・是以夫子但許其忠・而未許其仁也・　乘・去聲・　崔子・齊大夫・名杼・齊君・莊公・名光・陳文子・亦齊大夫・名須無・十乘・四十匹也・違・去也・文子潔身去亂・可謂清矣・然未知其心果見義理之當然・而能脫然無所累乎・抑不得已於利害之私・而猶未免於怨悔也・故夫子特許

令尹，楚執政之官。子文，楚大夫，姓鬭，名穀於菟。（音『垢烏徒。』楚人謂乳爲『穀，』謂虎爲『於菟。』子文初生於䢵，因是私生子，被棄於野，而虎乳之，故名。事見左傳宣公四年。）子張問孔子道：『楚國的子文，三次做令尹的官，沒有歡喜的神色。三次免令尹的官，沒有怨恨的神色。又他於新令尹上任的時候，必定把自己卸任以前所施行的政事，告知新令尹；像這樣的人，如何？』孔子道：『可算「忠」了！』子張又問：『像子文這樣的人，可算「仁」嗎？』孔子道：『未知。』接着又道：『那裏好算仁呢？』『焉』平聲，安也。

按全祖望經史問答：子文僅再仕再已。此云『三』者，是虛數，見汪中釋三九。

『*崔子弒齊君，陳文子有馬十乘，棄而違之。至於他邦，則曰「*猶吾大夫崔子也！」違之之一邦，則又曰：「*猶吾大夫崔子也！」違之。何如？』子曰：『清矣！』曰：『仁矣乎？』曰：『未知。焉得仁？』

此節與上節相連，也是子張問孔子的話。崔子，名杼，齊大夫。齊君，爲齊莊公，名光。陳文子，名須無，亦齊大夫。馬十乘，四十匹也。子張因孔子只許令尹子文以忠，不許以仁，因又舉陳文子所行事，以問孔子也。

齊大夫崔杼弒齊莊公。見左傳襄公二十五年。陳文子見齊國亂了，棄掉了自己家中的四十匹馬其清・而不許其仁・愚聞之師曰・當理而無私心・則仁矣・今以是而觀二子之事・雖其制行之高・若不可及・然皆未有以見其必當於理・而真無私心也・子張未識仁體・而悅於苟難・遂以小者信其大者・夫子之不許也宜哉・讀者於此・更以上章不知其仁・後篇仁則吾不知之語・并與三仁夷齊之事觀之・則彼此交盡・而仁之為義可識矣・今以他書考之・子文之相楚・所謀者無非僭王猾夏之事・文子之事齊・既失正君討賊之義・又不數歲・而復反於齊焉・則其不仁亦可見矣・

避到別國去，『棄而違之』的『違』是離去的意思。到了別個國裏，看看情形，那執政的人也和崔杼一樣；於是又換一國。不料這時候各國都是如此。子張很看重陳文子這個人，所以又問孔子曰：『何如？』孔子說陳文子可以算是清白的人了。子張又問：『像這樣的人，可算「仁」嗎？』孔子也答以『未知。』接着也直告之曰：『焉得仁？』

如令尹子文陳文子，在當時都算是人品極高的人。而孔子只許他是『忠』是『清』，而不許以『仁』。可見『仁』人是不易做到的。

季文子三思而後行。子聞之曰：『再，斯可矣！』

三・去聲・季文子・魯大夫・名行父・每事必三思而後行・若使晉而求遭喪之禮以行・亦其一事也・斯・語辭・程子曰・為惡之人・未嘗知有思・有思則為善矣・然至於再則已審・三則私意起而反惑矣・故夫子譏之・愚按季文子慮事如此・可謂詳審而宜無過舉矣・而宣公簒立・文子乃不能討・反為之使齊而納賂焉・豈非程子所謂私意起而反惑之驗與・是以君子務窮理而貴果斷・不徒多思之為尚・

季文子，魯大夫季孫行父也，文為其謚。季文子每做事，必要想過三回，然後去做。孔子聽人家這樣說，因曰：『做事能夠想兩回去做，已可不至於弄錯了。』

按左傳載：文子將使於晉，求遭喪之禮而行，後晉襄公果卒。杜預注以為此即『三思而後行』，故朱注引以為證。凡人做事，不可不仔細，又不可太仔細。三思則顧慮必多，不能見義勇為。後來魯宣公簒立，文子不能討，反為他使齊納賄，就是顧慮太多之故。

子曰：「寧武子，邦有道則知；邦無道則愚。其知可及也，其愚不可及也！」

寧武子，衞大夫，姓寧，名俞，武是其諡。「知」，同「智」。寧武子當衞成公有道的時候，出其才智，幫同施行政治；成公無道的時候，裝着呆木的神情，以免禍患。（按武子未事文公，朱注以有道屬文公，無道屬成公，似誤。見全祖望經史問答。）孔子稱讚他：「其知可及也；其愚不可及也。」蓋人情莫不好名，往往處無道君主之下，仍不能韜光匿采，以致喪失生命，而於國事仍無濟。孔子深惜之，故稱寧武子，以爲時人衒智者戒。

知．去聲．甯武子．衛大夫．名俞．按春秋傳．武子仕衛．當文公成公之時．文公有道．而武子無事可見．此其知之可及也．成公無道．至於失國．而武子周旋其間．盡心竭力．不避艱險．凡其所處．皆知巧之士．所深避而不肯爲者．而能卒保其身以濟其君．此其愚之不可及也．程子曰．邦無道．能沈晦以免患．故曰．不可及也．亦有不當愚者．比干是也．

子在陳曰：「歸與！歸與！吾黨之小子狂簡，斐然成章，不知所以裁之。」

陳，是春秋時的一國。孔子此時在陳國，見道不行而思歸魯也。「與」，今作歟。「黨」，鄉黨之黨；「吾黨」，猶云：我的故鄉。「小子」，指弟子。孔子去魯周遊，弟子留於魯者多，故思念之也。「狂簡」，志大而略於事，言雖懷進取之志，而閱歷尚少。（此從朱注集解孔云：「簡，大也。」）「斐然」，有文章之貌。言其學問文章，都可以成就，但尚不知所以裁正之，使成全材耳。

按張栻論語解云：「方聖人歷聘之時，詩書禮樂之文，固已付門人次序之矣。及聖人歸於魯而後

與．平聲．斐．音匪．此孔子周流四方．道不行而思歸之歎也．吾黨小子．指門人之在魯者．狂簡．志大而略於事也．斐．文貌．成章．言其文理成就．有可觀者．裁．割正也．夫子初心

有所裁定。』則謂『成章』及『裁之』皆指詩書禮樂而言。則此一說亦可通。

．欲行其道於天下．至是而知其終不用也．於是始欲成就後學．以傳道於來世．又不得中行之士．而思其次．以爲狂士志意高遠．猶或可與進於道也．但恐其過中失正．而或陷於異端耳．故欲歸而裁之也．

子曰：『伯夷叔齊不念舊惡，怨是用希。』

惡音鄂。伯夷叔齊殷末孤竹君之二子。父歿，讓國於中子，聞文王善養老，往歸焉。武王滅紂，夷齊不食周粟，隱居首陽山，采薇而食，卒餓死。史記有傳。朱注云：『孟子稱其「不立於惡人之朝，不與惡人言；與鄉人立，其冠不正，望望然去之，若將浼焉」，其介如此，宜若無所容矣。然其所惡之人，能改卽止，故人亦不甚怨之也。』按大戴禮記曾子立事云：『朝有過夕改則與之，夕有過朝改則與之。』卽此『不念舊惡』之義，亦卽中庸所謂『以人治人，改而止』也。

伯夷．叔齊．孤竹君之二子．孟子稱其不立於惡人之朝．不與惡人言．與鄉人立．其冠不正．望望然去之．若將浼焉．其介如此．宜若無所容矣．然其所惡之人．能改卽止．故人亦不甚怨之也．程子曰．不念舊惡．此清者之量．又曰．二子之心．非夫子孰能知之．

子曰：『孰謂微生高直？或乞醯焉，乞諸其鄰而與之。』

微生，是姓；高，是名；魯國人。醯，音希，醋也。與同予。微生高素有直名。孔子卻不以爲然，所以說：『誰說微生高直呢？有人向他去討醋，他自已家裏沒有，卻向鄰家討了醋來轉給來討醋的人。』

醯．呼西反．微生姓．高名．魯人．素有直名者．醯．醋也．人來乞時．其家無有．故乞諸鄰家以與之．夫子言此．譏其曲意徇物．掠美市恩．不得爲直也．程子曰．微生高所枉雖小．害直爲大．范氏曰．是曰是．非曰非．有謂有．無謂無．曰直．聖人觀人於其一介之取予．而千駟萬鍾．從可知焉．故以微事斷之．所以敎人不可不謹也．

子曰：『巧言令色足恭，左丘明恥之，丘亦恥之。匿怨

足．將樹反．足．過也．程子曰．左丘明

・古之聞人也・謝氏曰・二者之可恥・有甚於穿窬也・左丘明恥之・其所養可知矣・夫子自言丘亦恥之・蓋竊比老彭之意・又以深戒學者・使察乎此而立心以直也・

盍・音合・盍・何不也・衣・去聲・衣・服之也・裘・皮服・敝・壞也・憾・恨也・伐・誇也・善・謂有能・施・亦張大之意・勞・謂有功・易曰・勞而不伐・是也・或曰・勞・勞事也・勞事非己所欲・故亦不欲施

而友其人，左丘明恥之，丘亦恥之。』

朱注『足，將樹反。足，過也。』足恭是過於恭敬的意思。集解孔曰：『足恭，便僻貌。』邢疏云：『便僻其足以爲恭，謂前卻俯仰，以足爲恭也。』表記孔子曰：『君子不失足於人，不失色於人，不失口於人。』爾雅釋訓有『口柔、面柔、體柔。』巧言是口柔，即失口於人；令色是面柔，即失色於人；足恭是體柔，即失足於人。詳見臧庸拜經日記。故孔說較朱注爲長。孔氏又云：『左丘明，魯太史，丘是孔子自稱其名』朱注引程子云：『左丘明，古之聞人也。』又引謝氏云：『夫子自言「丘亦恥之」，蓋「竊比老彭」之意。』『匿怨而友其人』者，謂我對某人本有怨恨，卻故意裝出沒有怨恨的樣子，仍舊和他爲友。此章所舉二種人都是虛僞的小人，故左丘明與孔子恥之。

顏淵季路侍。子曰：『盍各言爾志？』子路曰：『願車馬，衣輕裘，與朋友共，敝之而無憾。』顏淵曰：『願無伐善，無施勞。』子路曰：『願聞子之志。』子曰：『老者安之，朋友信之，少者懷之。』

季路即子路。侍者，侍坐於孔子身邊也。盍，何不也。孔子對顏淵子路說：『何不各人說說你們的志向？』

朱注『衣，去聲，服之也。敝，壞也。』按阮元校勘記云：『唐石經「輕」字旁注。案石經初刻本無

「輕」字。「車馬衣裘」見管子小匡及齊語，是子路本用成語。後人涉雍也篇「衣輕裘」而誤衍「輕」字。』錢大昕復舉四證以明之。『輕』為衍字無疑。舊讀於『共』字句絕。按白虎通三綱六紀篇引此，至『敝之』絕句。北齊書唐邕傳顯祖賜邕裘云：『朕意在車馬衣裘與卿共敝。』『敝之』亦連上讀。若連下讀，則『敝之』專指朋友矣。子路說自己的志向，情願把車馬衣裘與朋友同坐同穿，就是坐破穿破，也不恨朋友。

朱注云：『伐，誇也。善，謂有能。施，亦張大之意。勞，謂有功。易曰：「勞而不伐，」是也。』顏淵說自己的志向，在不矜說的善處，不張大自己的功勞。

子路以自己和顏淵二人的志向都說過了，遂問孔子的志向如何。孔子說自己的志向，在於『老者安之，朋友信之，少者懷之。』『少』去聲，指年少之人。朱注云：『老者養之以安，朋友與之以信，少者懷之以恩。』

子曰『已矣乎！吾未見能見其過而內自訟*者也。』

『已矣乎，』是歎辭，猶俗語的『罷了，』恐其終不得見而歎之也。訟，猶責也。『能見其過而內自訟』者，言能夠見到自己的過失，而在自己腹內責罰自己也。能自訟其過，可謂不自欺，必能慎獨矣。

之於人亦通・老者養之以安・朋友與之以信・少者懷之以恩・一說・安之・安我也・信之・信我也・懷之・懷我也・亦通・程子曰・夫子安仁・顏淵不違仁・子路求仁・又曰・子路顏淵孔子之志・皆與物共者也・但有小大之差爾・又曰・子路勇於義者・觀其志・豈可以勢利拘之哉・亞於浴沂者也・顏子不自私己・故無善伐・知同於人・故無施勞・其志可謂大矣・然未免出於有意也・至於夫子・則如天地之化工・付與萬物・而已不勞焉・此聖人之所為也・今夫羈靮以御馬・而不以制牛・人皆知羈靮之作在乎人・而不知羈靮之生由於馬・聖人之化・亦猶是也・先觀二子之言・後觀聖人之言・分明天地氣象・凡看論語・非但欲理會文字・須要識得聖賢氣象・

已矣乎者・恐其終不得見而歎之也・內自訟者・口不言而心自咎也・人有過而自知者鮮矣・知過而能內自訟者為尤鮮・能內自訟・則其悔悟深切而能改必矣・夫子自恐終不得見而歎之・其警學者深矣・

爲・如字・屬上句・好・去聲・十室・小邑也・・忠信如聖人・生質之美者也・夫子生知・而未嘗不好學・故言以勉人・・言美質易得・・至道雖聞・學之至・則可以爲聖人・不學則不免・爲鄉人而已・可不勉哉・。

子曰：「十室之邑，必有忠信如丘者焉；不如丘之好學也。」

「十室之邑，」極言其地方之小。丘是孔子自稱其名。孔子說：「雖然是只有十家人家的小地方，也必定有天性忠信和我一樣的人；不過沒有像我好學罷了。」此章之旨在勉人好學，與「丘非生而知之者，好古敏以求之者也」一章相同。言忠信爲天生之美質，好學始可以有成也。

〔問題〕

（一）孔子不輕以「仁」許人，試舉本篇所記以證之。

（二）子路、冉求、公西華各有何種特長？

（三）「晝寢」有何別解？

（四）孔子對於孔文子、子產、晏平仲、甯武子的批評如何？

（五）「臧文仲居蔡，山節藻梲」此何講法？

（六）何謂「巧言令色足恭」？

（七）孔子、顏淵、子路之志願如何？

雍也篇

子曰:『雍也,可使南面。』仲弓問子桑伯子子曰:『可也;簡。』仲弓曰:『居敬而行簡,以臨其民,不亦可乎?居簡而行簡,無乃大簡乎?』子曰:『雍之言然。』

按此章『仲弓問』以下,集解本另為一章。南面,人君之位。孔子稱贊仲弓,說他有人君之度。朱注云:『子桑伯子,魯人,胡氏以為「疑即莊周所稱子桑戶者」是也。』按莊子山木篇作子桑雽,大宗師篇作桑戶。仲弓聞孔子許己可以南面,因問子桑伯子何如。孔子答以『可』也者,僅可而有所未盡之辭。簡者,不煩之謂。楚辭云:『桑扈臝行。』說苑亦記子桑伯子不衣冠而處,孔子以為質美而無文,并以『易野』釋『簡』。可與本章參閱。『居敬』即舜之『恭己』;『行簡』即舜之『無為而治。』子桑伯子蓋道家者流;秉要執本,以簡御繁,是人君南面之術;但仍須『居敬』方可。否則,便是太簡了。『大』同太,過也。

南面者·人君聽治之位·言仲弓寬洪簡重·有人君之度也·子桑伯子·魯人·胡氏以為疑即莊周所稱子桑戶者·是也·仲弓以夫子許己南面·故問伯子如何·可者·僅可而有所未盡之辭·簡者·不煩之謂·大·音泰·言自處以敬·則中有主而自治嚴·如是而行簡以臨民·則事不煩而民不擾·所以為可·若先自處以簡·則中無主而自治疏矣·而所行又簡·豈不失之大簡·而無法度之可守乎·家語記伯子不衣冠而處·夫子譏其欲同人道於牛馬·然則伯子蓋大簡者·而仲弓疑夫子之過許與·仲弓蓋未喻夫子可字之意·而其所言之理·有默契焉者·故夫子然之·程子曰·子桑伯子之簡·雖可取而未盡善·故夫子云可也·仲弓因言內主於敬而簡·則為要直·內存乎簡而簡·則為疏略·可謂得其旨矣·又曰·居敬·則心中無物·故所以自簡·居簡·則先有心於簡·而多一簡字矣·故曰大簡·

哀公問弟子孰爲好學。孔子對曰：『有顏回者好學；不遷怒，不貳過。不幸短命死矣！今也則亡；未聞好學者也。』

論語中所說的『學』都是學做人，非如後世之以讀書爲學也。觀此章所記，更爲顯然。好，去聲。朱注云：『遷，移也；貳，復也。怒於甲者，不移於乙；過於前者，不復於後。』按易繫辭云：『子曰：顏氏之子，其殆庶幾乎！有不善，未嘗不知；知之未嘗復行也。』此即言顏子之『不貳過』。顏子先孔子而卒。家語謂年三十二。李鍇南史辨之，謂史記弟子傳言顏子少孔子三十歲，其卒在伯魚之後，伯魚卒孔子年七十；顏子卒於孔子七十一歲之年，已四十一矣。『亡』，同無。釋文云：『本或無「亡」字。』俞樾羣經平議謂『亡』與下句意複，係衍字。

好・去聲・亡・與無同・遷・移也・貳・復也・怒於甲者・不移於乙・過於前者・不復於後・顏子克己之功・至於如此・可謂真好學矣・短命者・顏子三十二而卒也・既云今也則亡・又言未聞好學者・蓋深惜之・又以見真好學者之難得也・

程子曰・顏子之怒・在物不在己・故不遷・有不善未嘗不知・知之未嘗復行・不貳過也・又曰・喜怒在事・則理之當喜怒者也・不在血氣則不遷・若舜之誅四凶也・可怒在彼・已何與焉・如鑑之照物・妍媸在彼・隨物應之而已・何遷之有・又曰・如顏子地位・豈有不善・所謂不善・只是微有差失・纔差失便能知之・纔知之便更不萌作・張子曰・慊於己者・不使萌於再・或曰・詩書六藝・七十子非不習而通也・而夫子獨稱顏子爲好學・顏子所好・果何學歟・程子曰・學以至乎聖人之道也・學之道奈何・曰・天地諸精・得五行之秀者爲人・其本也眞而靜・其未發也・五性具焉・曰仁義禮智信・形既生矣・外物觸其形而動於中矣・其中動而七情出焉・曰喜怒哀懼愛惡欲・情既熾而益蕩・其性鑿矣・故學者約其情・使合於中・正其心・養其性而已・然必先明諸心・知所往・然後力行以求至焉・若顏子之非禮勿視聽言動・不遷怒貳過者・則其好之篤・而學之得其道也・然其未至於聖人者・守之也・非化之也・假之以年・則不日而化矣・今人乃謂聖本生知・非學可至・而所以爲學者・不過記誦文辭之間・其亦異乎顏子學矣・

子謂仲弓曰：『犂*牛之子，騂*且角；雖欲勿用，山川其舍諸？』

犂，音離。騂，音星。『子謂仲弓』者，不是孔子對仲弓說，是孔子批評仲弓這個人也。犂牛，雜色的牛。皇疏載另一說云：『犂牛，耕牛。』『騂』，純赤色，『角』，牛角周正，而長短合式。『犂牛之子騂且角』者，言雜色牛生出來的小牛，却毛赤色而角周正也。『雖欲勿用，山川其舍諸』者，是說這種好的小牛，可用以祭祀山川之神。雖欲棄置勿用，山川之神，神也是不肯捨掉牠的。此章完全是比喻。史記弟子傳：『仲弓父賤人，孔子曰犂牛之子』云云。『賤人』，謂微賤之人，故以耕牛爲喻。仲弓可使南面，故以騂且角而可用作犧牲之牛爲喻。論衡自紀篇云：『毋犂犢騂，無害犧牲。』又云：『伯牛寢疾，仲弓潔全。』以仲弓爲伯牛之子，則此章蓋以雜色之牛，喻伯牛之有惡疾也。

犂・利之反・騂・息營反・舍・上聲・

犂・雜文・騂・赤色・周人尙赤・牲用騂・角・角周正・中犧牲也・用・用以祭也・山川・山川之神也・言人雖不用・神必不舍也・仲弓父賤而行惡・故夫子以此譬之・言父之惡・不能廢其子之善・如仲弓之賢・自當見於世也・然此論仲弓云爾・非與仲弓言也・范氏曰・以瞽瞍爲父而有舜・以鯀爲父而有禹・古之聖賢・不繫於世類尙矣・子能改父之過・變惡以爲美・則可謂孝矣・

子曰：『回也，其心三月不違仁，其餘則日月至焉而已矣。』

朱注云：『三月，言其久也。』猶今人言『一年到頭。』按即汪中釋三九所謂『三』是虛數。三月，孔子稱贊顏回，說他心裏，一年到頭，不與仁離開，無時無刻，不以仁存心。『其餘』，謂顏回以外的各弟子；他們心裏，或一月，或一日，偶然存心於仁而已。

三月・言其久・仁者・心之德・心不違仁者・無私欲而有其德也・日月至焉者・或日一至焉・或月一至焉・能造其域而不能久也・程子曰・三月

天道小變之節・言其久也・過此則聖人矣・不違仁・只是無纖毫私欲・少有私欲・便是不仁・尹氏曰・此顏子於聖人・未達一間者也・若聖人則渾然無間斷矣・張子曰・始學之要・當知三月不違・與日月至焉・內外賓主之辨・使心意勉勉循循而不能已・過此幾非在我者・

與・平聲・從政・謂爲大夫・果・有決斷・達・通事理・藝・多才能・程子曰・季康子問三子之才・可以從政乎・夫子答以各有所長・非惟三子・人各有所長・能取其長・皆可用也・

子其賢乎・夫・音扶・伯牛・孔子弟子・姓冉・名耕・有疾・先儒以爲癩也・牖・南牖也・禮・病者居北牖下・君視之・則遷於南牖下・使君得以

季康子問『仲由可使從政也與?』子曰:『由也果,於從政乎何有?』曰:『賜也可使從政也與?』曰:『賜也達,於從政乎何有?』曰:『求也可使從政也與?』曰:『求也藝,於從政乎何有?』

『與』今作歟。『從政』者,從事政治也。仲由卽子路;賜卽子貢;求卽冉有。果者,能決斷也;達者,通達事理也。藝者多才能也。『何有』者,猶今言『有什麼,』謂不難也。凡人有一種長處,就可以在社會上做事。季康子問這三個人,孔子把他們的才具,老老實實答之,不過分稱贊自己的弟子,也不謙虛說自己的弟子沒有才能,可謂不亢不卑。

伯牛有疾,子問之,自牖執其手,曰:『亡之,命矣夫!斯人也而有斯疾也!斯人也而有斯疾也!』

牖音有。伯牛,孔子弟子,姓冉名耕,鄭玄目錄云:魯人。『有疾,』有病也。『牖,』窗也。『亡之,』猶言『沒命了。』又連連歎惜兩句道:『這真是命裏注定的罷?這個人而會害這種病!這個人而會害這種病!』痛惜之深,復次與哭顏淵同。朱注云:『牖,南牖也。禮,病者居北牖下。君視之,則遷於南牖下,使南面視已・時伯牛家以此禮尊孔子・孔子不敢當・故不入其室・而自牖執其手・蓋與之永訣也・命・謂天命・言此人不應有此疾・而今乃有之・是乃天之所命也・然則非其不能謹疾而有以致之・亦可見矣・侯氏曰・伯牛以德行稱・亞於顏閔・故其將死也・孔子尤痛惜之・

君得以南面視已。時伯牛家以此禮尊孔子。孔子不敢當，故不入其室，而自牖執其手蓋與之永訣也。』按史記弟子傳言『伯牛有惡疾。』淮南子精神訓云：『伯牛爲厲。』厲卽癘之省。說文云：『癘惡疾也。』古以癩爲惡疾，卽今痲瘋之類，是一種傳染病。伯牛染此惡疾，將死，孔子往視之。因係傳染惡疾，故不讓孔子入室。而孔子師生情重，仍自牖執其手，按其脈。『亡之，』言脈息已絕，故有『斯人斯疾』之歎。朱注似嫌迂曲。

食・音嗣・樂・音洛・簞・竹器・食・飯也・瓢・瓠也・顏子之貧如此・而處之泰然・不以害其樂・故夫子再言賢哉回也・以深歎美之・程子曰・顏子之樂・非樂簞瓢陋巷也・不以貧窶累其心而改其所樂也・故夫子稱其賢・又曰簞瓢陋巷非可樂・蓋自有其樂爾・其字當玩味・自有深意・又日・昔受學於周茂叔・每令尋仲尼顏子樂處・所樂何事・愚按程子之言・引而不發・蓋欲學者深思而自得之・今亦不敢妄爲之說・學者但當從事於博文約禮之誨・以至於欲罷不能而竭其才・則庶乎有以得之矣・

子曰：『賢哉回也！一簞食，一瓢飲，在陋巷，人不堪其憂；回也不改其樂。賢哉回也！』

『簞』竹器，猶今之飯籃。『瓢』盛水之器，以瓠瓜爲之。『陋巷，』房屋低舊的小弄。王念孫則謂『陋巷』卽指所居之室；古時里中道曰巷，人所居亦謂之巷，故廣雅並列二訓。（見經義述聞引。）樂，歡樂之樂。大凡一個人，處富貴則歡樂，處貧賤則憂愁；只有樂道之士，富貴貧賤，都不足以動其心。此章孔子贊顏淵，說他吃的只有一籃飯，一瓢湯；住的是房屋低舊的小弄；在別人將憂愁得了不得；而他仍舊不改歡樂的態度。

說・音悅・女・音汝・

冉求曰：『非不說子之道，力不足也。』子曰：『力不

力不足者・欲進而不能・畫者・能進而不欲・謂之畫者・如畫地以自限也・

胡氏曰・夫子稱顏回不改其樂・冉求聞之・故有是言・然使求說夫子之道・誠如口之說芻豢・則必將盡力以求之・何患力之不足哉・畫而不進・則日退而已矣・此冉求之所以局於藝也・

女・音汝・澹・徒甘反・

武城・魯下邑・澹臺・姓・滅明・名・字子羽・徑・路之小而捷者・公事・如飲射讀法之類・不由徑・則動必以正・而無見小欲速之意可知・非公事不見邑宰・則其有以自守・而無枉己徇人之私可見矣・

楊氏曰・爲政以人才爲先・故孔子以得人爲問・如滅明者・觀其二事之小・而其正大之情可見矣・後世有不由徑者・人必以爲迂・不至其室・人必以爲簡・非孔子之徒・其孰能知而取之・愚謂持身以滅明爲法・則無苟賤之羞・取人以子游爲法・則無邪媚之惑・

殿・去聲・

孟之反・魯大夫・名側・胡

足者，中道而廢；今女畫。』

『說』今作悅。『女』今作汝。『畫』讀如筆畫之畫，止也。非有以止之而自止，謂之『畫』。冉求對孔子說：『不是不喜歡夫子的道；所以不行道者因爲我自己力量不足。』按里仁篇云『有能一日用其力於仁矣乎？吾未見力不足者。』此言『力不足者，中道而廢』者，特因冉求之言指出真是力不足者以示之。現在你是自己畫了一個界限，不向前進，行其實一點力也沒有用，那裏好說是力不足呢？

子游爲武城宰。子曰：『女得人焉耳乎？』曰：『有澹臺滅明者，行不由徑，非公事，未嘗至於偃之室也。』

武城，魯邑名。『女』今作汝。子游爲武城之邑宰，孔子問他『你得賢能的人了嗎？』澹臺是姓，滅明，是名，字子羽，武城人，史記弟子傳亦在弟子之列。偃是子游的名。子游說『有個澹臺滅明者，他走路，走大道，不走小路捷徑，不是有公事，不到我的衙門裏來。』此言澹臺滅明人品之方正。

子曰：『孟之反不伐；奔而殿，將入門，策其馬曰：『非氏曰・反・卽莊周所稱孟子反者是也・伐・誇功也・奔・敗走也・軍後曰殿・策・鞭也・戰敗而還・以後爲功・反奔而殿・故以野・野人・言鄙略也・史・掌文書・多聞習事・而誠或不足也・彬彬・猶班班・物相雜而適均之貌・言學者當損有餘・補不足・至於成德・則不期然而然矣・楊氏曰・文質不可以相勝・然質之勝文・猶之甘可以受和・白可以受采也・文勝而至於滅質・則其本亡矣・雖有文・將安施乎・然則與其史也寧野・

好・去聲・樂・音洛・尹氏曰・知之者・知有此道也・好之者・好而未得也・樂之者・有所得而樂之也・張敬夫曰・譬

敢後也，馬不進也。』」

孟之反，魯大夫，名側。自己稱自己的能幹，自己的功勞，叫做『伐』。戰敗逃跑叫做『奔』。在軍隊後面拒敵叫做『殿』。殿，去聲。『策』，馬鞭也；以馬鞭鞭馬也叫『策』。哀公十一年，魯國和齊國戰，魯軍大敗逃回。孟之反獨在後面，拒追敵兵。敵兵將入國門，乃用馬鞭鞭馬，對人說：『我並不敢在後面抵拒敵兵，因爲馬不向前走，所以在後面也。』事見左傳。

子曰：「質勝文則野；文勝質則史；文質彬彬，然後君子。」

質，是本質，文，是文飾。野者，樸實無文，鄙陋如野人也。禮記仲尼燕居云：『敬而不中禮，謂之野。』敬是禮之質；不中禮，謂無禮之文也。史者，本爲掌文辭之官；辭多浮夸，故以爲『野』之反。儀禮聘禮記云：『辭多則史。』亦言其文勝於質。彬彬，集解包曰：『文質相半之貌。』

子曰：「知之者不如好之者，好之者不如樂之者。」

『好』，去聲。『樂』，歡樂之樂。此章包括一切學問道德之修習而言。『知之者』，不過知道此學此道之如何而已。『好之者』，則對於此學此道有進一層的愛好。『樂之者』，則『樂此不倦』，比好之者更進一層。顏子的陋巷簞瓢，不改其樂；孔子的飯疏飲水，樂在其中，發憤忘食，樂以忘憂，對於道，都已到『樂之者』的地步。藝術家、科學家、文學家、宗教家，其研究信仰，到登峰造極時，也有這種景象。

之五穀・知者・知其可食者也・好者・食而嗜之者也・樂者・嗜之而飽者也・知而不能好・則是知之未至也・好之而未及於樂・則是好之未至也・此古之學者・所以自強而不息者與・

以上之上・上聲・語・去聲・語・告也・言敎人者・當隨其高下而告語之・則其言易入・而無躐等之弊也・

子曰：『中人以上，可以語上也。中人以下，不可以語上也。』

人之資質，大概可分爲三等，最高的爲上智；最低的爲下愚；平常的，皆中人也。語，告也，謂敎之也。孔子因材施敎，故視其人之資質而所語不同。子貢謂『夫子之言性與天道，不可得而聞』，亦是因此。

張敬夫曰・聖人之道・精粗雖無二致・但其施敎・則必因其材而篤焉・蓋中人以下之質・驟而語之太高・非惟不能以入・且將妄意躐等・而有不切於身之弊・亦終於下而已矣・故就其所及而語之・是乃所以使之切問近思・而漸進於高遠也・

樊遲問知*。子曰：『務民之義，敬鬼神而遠之，可謂知*矣。』問仁。曰：『仁者先難而後獲，可謂仁矣。』

『知』，今作『智』。『民』，即是『人』。『務民之義』者，猶云做人所當做之事也。『敬鬼神而遠之』者，言雖敬重鬼神而不迷信之也。能如此，可謂智了。獲，得也。『難』，做艱苦的事也。這句意義，以皇疏所採范寧之說爲長，即『艱難之事則爲物先，獲功之事而處物後，則爲仁矣』，亦即宋范仲淹所謂『先天下之憂而憂，後天下之樂而樂』也。

知・遠・皆去聲・民・亦人也・獲・謂得也・專用力於人道之所宜・而不惑於鬼神之不可知・知者之事也・先其事之所難・而後其效之所得・仁者之心也・此必因樊遲之失而告之・程子曰・人多信鬼神・惑也・而不信者・又不能敬・能敬能遠・可謂知矣・又曰・先難・克己也・以所難爲先・而不計所獲・仁也・呂氏曰・當務爲急・不求所難知・力行所知・不憚所難爲・

宰我問曰：「仁者雖告之曰：『井有仁焉，』其從之也？」子曰：「何爲其然也？君子可逝也，不可陷也；可欺也，不可罔也。」

『井有仁』的『仁』通『人』。朱注引劉聘君云：『「有仁」之「仁」當作「人」。』從，謂隨之入井以救之。『其從之也』的『也』，用與『歟』字同，亦疑問助詞。逝，往也；『可逝』言可使之往。『不可陷』言陷之入井。欺，謂誑之以理之所或有，罔，謂昧之以理之所必無。與孟子所云『君子可欺以其方，難罔以非其道』同一意思。下文孔子告子路云：『好仁不好學：其蔽也愚。』宰我以爲仁者忠厚可欺，故爲此問；孔子則據理以駁之。

劉聘君曰・有仁之仁・當作人・今從之・從・謂隨之於井而救之也・宰我信道不篤而憂爲仁之陷害・故有此問・逝・謂使之往救・陷・謂陷之於井・欺・謂誑之以理之所有・罔・謂昧之以理之所無・蓋身在井上・乃可以救井中之人・若從之於井・則不復能救之矣・此理甚明・人所易曉・仁者雖切於救人・而不私其身・然不應如此之愚也・

子曰：「君子博學於文，約之以禮，亦可以弗畔矣夫！」

畔，音叛。夫，音扶。文，典籍也。博覽典籍，可以多知前言往行。『禮』是做人的種種規則儀式。博學於文而不以禮約束自身，則往往有文而無行。如能博文約禮，則可以不違道。故曰『亦可以弗畔矣夫』。畔同叛，即背也。按此章重見顏淵篇，但無『君子』二字。

夫・音扶・約・要也・畔・背也・君子學欲其博・故於文無不考・守欲其要・故其動必以禮・如此則可以不背於道矣・程子曰・博學於文・而不約之以禮・必至於汗漫・博學矣・又能守禮而由於規矩・則亦可以不畔道矣・

子曰：「中庸之爲德也，其至矣乎？民鮮久矣！」

鮮・上聲・中者・無過無不及之名也・

庸・平常也・至・極也・鮮・少也・言民少此德・今已久矣・程子曰・不偏之謂中・不易之謂庸・中者・天下之正道・庸者・天下之定理・自世教衰・民不興於行・少有此德久矣・

施・去聲・博・廣也・仁以理言・通乎上下・聖以地言・則造其極之名也・乎者・疑而未定之辭・病・心有所不足也・言此何止於仁・必也聖人能之乎・則雖堯舜之聖・其心猶有所不足於此也・以是求仁・愈難而愈遠矣・夫・音扶・以己及人・仁者之心也・於此觀之・可以見天理之周流

鮮，音險。鄭玄目錄云：『名曰中庸者，以其記中和之爲用也。庸，用也。』又注中庸『君子中庸』句云：『庸常也用中爲常道也。』朱注引程子云：『不偏之謂中，不易之謂庸。中者天下之正道，庸者天下之定理。』中庸之德謂不偏不倚無過不及而可以常用之德。鮮，上聲，少也。言中庸爲至德而一般人少此至德久矣。中庸亦引此語作『中庸其至矣乎！民鮮能久矣。』字句雖稍異，意義則同。

子貢曰：『如有博施於民而能濟衆，何如？可謂仁乎？』子曰：『何事於仁？必也聖乎？堯舜其猶病諸？夫仁者，己欲立而立人；己欲達而達人。能近取譬，可謂仁之方也已！』

夫，音扶。子貢說：『如有人廣布恩澤於民，而能使大衆都得着救濟，怎麼樣？可以算仁人嗎？』孔子答道：『能夠如此何止於仁呢？一定是聖人了罷？這是堯舜還愁做不到的。』接着又正色告子貢道：『所謂「仁」者，是推己以及人，自己能立了，使人也要能立；自己能達了，使人也要能達。能夠就近取譬於己，推而及之他人，可以說是爲仁的方法。』

按下文孔子告子貢可以終身行之的『恕』說：『己所不欲，勿施於人。』與本章之『己立立人，己達達人』同爲推己及人，惟消極積極二方面各就一方面說而已。大學所說絜矩之道，亦是此義。

已立，已達，是成己；立人，達人，則成物矣。但欲成物，必先能成己；故爲仁之方，在於取譬於近，不必好高騖遠，遽欲能成博施濟衆之聖功也。『仁』是德目；『聖』則爲成德之名。爲仁而能至乎其極，則爲聖人。上文子貢云『吾不欲人之加諸我也，我亦欲無加諸人。』孔子以爲非其所及。故於子貢此問，答以博施濟衆爲聖人之事，堯舜猶病；又告以爲仁之方，在能近取譬也。

而無間矣．狀仁之體．莫切於此．

譬．喻也．方．術也．近取諸身．以己所欲．譬之他人知其所欲．亦猶是也．然後推其所欲以及於人．則恕之事．而仁之術也．於此勉焉．則有以勝其人欲之私．而全其天理之公矣．

程子曰．醫書以手足痿痺爲不仁．此言最善名狀．仁者以天地萬物爲一體．莫非己也．認得爲己．何所不至．若不屬己．自與己不相干．如手足之不仁．氣已不貫．皆不屬己．故博施濟衆．乃聖人之功用．仁至難言．故止曰．己欲立而立人．己欲達而達人．能近取譬．可謂仁之方也已．欲令如是觀仁．可以得仁之體．又曰．論語言堯舜其猶病諸者二．夫博施者．豈非聖之所欲．然必五十乃衣帛．七十乃食肉．聖人之心．非不欲少者亦衣帛食肉也．顧其養有所不贍爾．此病其施之不博也．濟衆者．豈非聖人之所欲．然治不過九州．聖人非不欲四海之外亦兼濟也．顧其治有所不及爾．此病其濟之不衆也．推此以求．修己以安百姓．則爲病可知．苟以吾治已足．則便不是聖人．呂氏曰．子貢有志於仁．徒事高遠．未知其方．孔子教以於己取之．庶近而可入．是乃爲仁之方．雖博施濟衆．亦由此進．

〔問題〕

（一）何謂『居敬行簡』？何謂『太簡』？

（二）顏子之好學何如？

（三）孔子問伯牛之疾，何以自牖執其手而歎？

（四）孔子稱顏子三月不違仁，又稱不改其樂，二章有何關係？

（五）何謂『知之』『好之』『樂之』？

（六）孔子論『知』『仁』之說如何？

（七）何謂『博文約禮』？

（八）孔子告子貢爲仁之方如何？

述而篇

子曰「述而不作，信而好古，竊比於我老彭。」

竊，音切。述者，傳述舊文以教後人；作者，自己創作著書立說也。孔子序書刪詩定禮正樂贊易修春秋而成六經，不過把古人已有的經典，採擇纂輯之教授弟子而已，故曰「述而不作」。「信而好古」，相信古聖人之經典而愛好之也。下文云：「蓋有不知而作之者，我無是也」，又云「好古敏以求之。」與本章之旨同。「竊比於我老彭」者，朱注云「竊比，尊之之辭；我，親之之辭；老彭，商賢大夫，見大戴禮，蓋信古而傳述者也。」按大戴禮記虞戴德篇老彭與仲傀並舉，漢書古今人表亦列老彭於仲虺下，仲虺即仲傀。則老彭亦商初人也。鄭玄注云「老，老聃；彭，彭祖。」則以老彭為二人。據楚辭天問王逸注及史記五帝本紀，則彭祖為堯臣。此不曰彭老而曰老彭者，宋翔鳳以為老聃有親炙之誼，且尊周史。與朱注異。

•好•去聲•述•傳舊而已•作•則創始也•故作非聖人不能•而述則賢者可及•竊比•尊之之辭•我•親之之辭•老彭•商賢大夫•見大戴禮•蓋信古而傳述者也•孔子刪詩書•定禮樂•贊周易•修春秋•皆傳先王之舊•而未嘗有所作也•故其自言如此•蓋不惟不敢當作者之聖•而亦不敢顯然自附於古之賢人•蓋其德愈盛而心愈下•不自知其辭之謙也•然當是時作者略備•夫子蓋集羣聖之大成而折衷之•其事雖述•而功則倍於作矣•此又不可不知也•

子曰：「默而識之，學而不厭，誨人不倦，何有於我哉？」

識，今作誌。朱注云：「識，記也。默識，謂不言而存諸心也。」厭是滿足厭棄的意思。倦是倦怠的意思。「何有於我哉」句，舊注多不得其解。此句「何有」二字，與上文「於從政乎何有」句同一用法。

識•音志•又如字•識•記也•默識•謂不言而存諸心也•一說•識•知也•不言而心解也

・前說近是・何有於我・言何者能有於我也・三者已非聖人之極至・而猶不敢當・則謙而又謙之辭也・

譯作白話，就是說『這於我有什麼呢？』言此我已能之，沒有什麼了不得也。如此解，方與本篇下文所記答公西華孟子公孫丑所引答子貢自承『不厭』『不倦』兩節相合。

尹氏曰・德必修而後成・學必講而後明・・見善能徙・改過不吝・此四者・日新之要也・苟未能之・聖人猶憂・況學者乎・

子曰：「德之不修，學之不講，聞義不能徙，不善不能改，是吾憂也！」

孔子以修德、講學、徙義、改過爲做人的四個要緊條件。一個人的修德是脩治道德。講學是講習學問。徙義改過就是易益卦所說『見善則遷，有過則改。』孔子以不能此四者爲已憂，蓋以勉學者耳。曰：『是吾憂也。』

燕居・閒暇無事之時・楊氏曰・申申・其容舒也・夭夭・其色愉也・程子曰・此弟子善形容聖人處也・爲申申字說不盡・故更著夭夭字・今人燕居之時・不怠惰放肆・必太嚴厲・嚴厲時著此四字不得・怠惰放肆時・亦著此四字不得・惟聖人便自有中和之氣・

子之燕居，申申如也，夭夭如也。

夭，音腰。此弟子記孔子之態度也。『燕居』，猶閑居，謂閑暇無事之時。朱注引楊氏曰：『申申，其容舒也。夭夭，其色愉也。』按如楊說，則『申申』『夭夭』二句意義重複。漢書萬石君傳云：『子孫勝冠者在側，雖燕必冠，申申如此。』顏師古注云：『申申，整飾之貌。』『申申』言其敬；『夭夭』言其和。『申申如』，故『望之儼然』；『夭夭如』，故『卽之也溫』。此孔子燕居時之神情態度。

復・扶又反・孔子盛時・志欲行周公之道

子曰：「甚矣，吾衰也！久矣，吾不復夢見周公！」

．故夢寐之間．如或見之．至其老而不能行也．則無復是心．而亦無復是夢矣．故因此而自歎其衰之甚也．

程子曰．孔子盛時．寤寐常存行周公之道．及其老也．則志慮衰而不可以有爲矣．蓋存道者心．無老少之異．而行道者身．老則衰也．

孔子屢言『吾從周』蓋思得位行道，仍行周公之禮也。因周禮是周公所創，孔子常常想着周公這個人所以常常夢見周公。此言『久不夢見周公』者傷已衰老而道終不行也。此語當是孔子晚年所說。

子曰『志於道，據於德，依於仁，游於藝。』

志者．心之所之之謂．道．則人倫日用之間所當行者是也．知此而心必之焉．則所適者正．而無他歧之惑矣．

據．音倨．

據者．執守之意．德．則行道而有得於心者也．得之於心而守之不失．則終始惟一．而有日新之功矣．依者．不違之謂．仁．則私欲盡去．而心德之全也．功夫至此．而無終食之違．則存養之熟．無適而非天理之流行矣．游者．玩物適情之謂．藝．則禮樂之文．射御書數之法．皆至理所寓．而日用之不可闕者也．朝夕游焉．以博其義理之趣．則應務有餘．而心亦無所放矣．此章言人之爲學當如是也．蓋學莫先於立志．志道．則心存於正而不他．據德．則道得於心而不失．依仁．則德性常用而物欲不行．游藝．則小物不遺而動息有養．學者於此．有以不失其先後之序．輕重之倫焉．則本末兼該．內外交養．日用之間．無少間隙．而涵泳從容．忽不自知其入於聖賢之域矣．

據，音句。此孔子教人進德修業的方法。『志於道』者，心之所之在於道也。『據於德』者，行道而有得於心則執守之弗失也。『依於仁』者無終食之間違仁也。『游於藝』者，習禮、樂、射、御、書、數六藝以供娛樂也。禮記少儀言『士游於藝』學記言『君子之於學藏焉息焉修焉游焉』亦藝於游息中習之猶今日學校中之課外活動也。

子曰『自行束脩以上吾未嘗無誨焉。』

脩．脯也．十脡爲束．古者相見．必執贄以爲禮．束脩其至薄者．蓋

古者相見必有贄。弟子來學奉束脩以爲贄，是禮物之薄者。脩，以肉切爲條而乾之者也，故脩字从

肉，不可作『修』。每條肉折成一朐。五條爲五朐，有十脡，紮成一束就叫做『東脩』。（後人亦有以東帶修飾，或約束修飾，訓『東脩』二字者。但檀弓穀梁明言『東脩』爲饋問之物，餘義實不可從。）孔子言：『有人拜已爲師，只要送過拜師的禮物，不論牠的禮物輕至東脩，或比東脩厚，我總一樣的教誨他。』按古代學術在官，故『事師』必須『宦學』，『入官』乃能『學古』。私人講學之風，自孔子開之。且自行東脩，未嘗無誨，故雖貧如顏淵原思，亦得及門受業。教澤之廣，蓋由於此。

子曰：『不憤*，不啓；不悱*，不發；舉一隅*，不以三隅*反，則不復*也。』

此章，孔子自言教人之法也。朱注云：『憤者，心求通而未得之意；悱者，口欲言而未能之貌。啓，謂開其意；發，謂達其辭。物之有四隅者，舉一可知其三。反者，還以相證之義。復，再告也。』按人於學有所不通，而亟欲通之，則心憤憤然；因而啓導之，則豁然貫通矣。欲言未能者，卽學記所謂『力不能問』也。『力不能問，然後語之，』則恍然以爲先得我心矣。舉一反三，卽孟子所謂『欲其自得之。』『不復』者，卽學記所謂『語之而不知，雖舍之可也。』孔子教人之法，與現代教育學上的新教學法不謀而合。

子食於有喪者之側，未嘗飽也。子於是日哭，則不歌。

此章，記孔子弔喪時之態度。臨喪則哀，所以『未嘗飽。』哭謂往弔而哭；餘哀未滅，所以『不歌。』

人之有生・同具此理・故聖人之於人・無不欲其入於善・但不知來學・則無往教之禮・故苟以禮來・則無不有以教之也・

憤・房粉反・悱・芳匪反・復・扶又反・憤者・心求通而未得之意・悱者・口欲言而未能之貌・啟・謂開其意・發・謂達其辭・物之有四隅者・舉一可知其三・反者・還以相證之義・復・再告也・上章已言聖人誨人不倦之意・因幷記此・欲學者勉於用力以爲受教之地也・程子曰・憤悱・誠意之見於色辭者也・待其誠意而後告之・旣告之・又必待其自得・乃復告爾・又曰・不待憤悱而發・則知之不能堅固・待其憤悱而後發・則沛然矣・

臨喪哀・不能甘也・

哭・謂弔哭・一日之內・餘哀未忘・自不

能敬也・謝氏曰・學者於此二者・可見聖人情性之正也・能識聖人之情性・然後可以學道・

二者皆出於情之自然，弟子見而記之，非謂孔子有意如此做作也。禮記檀弓云：『食於喪者之側，未嘗飽也。』又云『弔於人是日不樂。』與本章所記同爲一事。

舍・上聲・夫・音扶・尹氏曰・用舍無與於己・行藏安於所遇・命不足道也・顏子幾於聖人・故亦能之・

子謂顏淵曰：『用之則行，舍之則藏，唯我與爾有是夫！』

『舍』今作捨，卽捨棄『用之則行，舍之則藏』者，卽孟子所說『可以仕則仕，可以止則止』，『達則兼善天下』『窮則獨善其身』。『夫』音扶，卽今語之『吧』。『是』指上『用』『舍』二句。『唯我與爾有是夫』者言只有我同你二人有這樣的態度也。顏淵之道德學問都與孔子相彷彿，故孔子以此稱之。

萬二千五百人爲軍・大國三軍・子路見孔子獨美顏淵・自負其勇・意夫子若行三軍・必與己同・馮・皮冰反・好・去聲・暴虎・徒搏・馮河・徒涉・懼・謂敬其事・成・謂成其謀・言此皆以

子路曰：『子行三軍則誰與？』子曰：『暴虎馮河，死而無悔者，吾不與也；必也臨事而懼，好謀而成者也。』

此節與上節同章。子路好勇能治軍旅，聽見孔子稱贊顏淵，心想打仗非顏淵所能，所以問：『夫子要行三軍的時候，叫那個人同去呢？』暴音抱。『馮』音憑。爾雅釋訓云：『暴虎徒搏，馮河徒涉。』說文『淜，無舟渡河也。』玉篇『徒涉曰淜。』此作『馮』爲淜之假借字。言徒手打虎，無舟渡河，不顧危險死而不悔的人，雖行三軍，我不與之俱也。必須『臨時而懼，好謀而成』者，方與他同去。『懼』是慎戰不輕敵的意思。焦循補疏謂成猶定也，定卽決定。『好』去聲。

抑其勇而教之。然行師之要。實不外此。子路蓋不知也。
謝氏曰。聖人於行藏之間。無意無必。其行非貪位。其藏非獨善也。若有欲心。則不用而求行。舍之而不藏矣。是以惟顏子爲可以與於此。子路雖非有欲心者。然未能無固必也。至以行三軍爲問。則其論益卑矣。夫子之言。蓋因其失而救之。夫不謀無成。不懼必敗。小事尙然。而況於行三軍乎。

也。
爲。去聲。爲。猶助也。衛君。出公輒也。靈公逐其世子蒯聵。公薨。而國人立蒯聵之子輒。於是晉納蒯聵。而輒拒之。時孔子居衛。衛人以蒯聵得罪於父。而輒嫡孫當立。故冉有疑而問之。諾。應辭也。伯夷。叔齊。孤竹君之二子。其父將死。遺命立叔齊。父卒。叔齊遜伯夷。伯夷曰。父命也。遂逃去。叔齊亦不立而逃之。國人立其中子。其後武王伐紂。夷齊扣馬而諫。武王滅商。夷齊恥食周粟。去隱於首陽山。遂餓而死。怨。猶悔也。君子居是邦。不

冉有曰：『夫子爲衛君乎？』子貢曰：『諾，吾將問之。』入曰：『伯夷叔齊何人也？』曰：『古之賢人也。』曰：『怨乎？』曰：『求仁而得仁，又何怨？』出曰：『夫子不爲也。』

爲，助也。衛君指出公輒，衛靈公逐其世子蒯聵。靈公死，國人立蒯聵之子輒。後來晉國納蒯聵，輒拒之，於是父子爭奪君位。孔子此時，適在衛國。輒很敬禮孔子。故冉有與子貢談話，而問夫子助不助輒也。子貢聽了冉有的話，便答道：『是的！我就去問。』子貢走進孔子房裏，問伯夷叔齊是如何的人。孔子答說：伯夷叔齊是古時候的兩個賢人。相傳伯夷叔齊是孤竹國國君之子。伯夷是長子，照例應嗣立。國君死時，卻遺命立叔齊。叔齊不肯，仍讓伯夷嗣位。伯夷曰：『父命不可違。』自己逃避到別處。叔齊也不肯嗣位，跟伯夷逃到別處去。子貢又問，他兩人都逃去不做國君主，究竟怨不怨呢？孔子以爲伯夷叔齊之讓國，是自己的意志。這種事情，只有仁人肯做。伯夷叔齊之做這件事情，正是求仁，故曰『求仁得仁，又何怨』也。伯夷叔齊以兄弟而讓位，衛君與蒯聵則以父子而爭位，孔子既稱贊讓位的人，必不肯幫助爭位的人，故子貢出去對冉有說：『夫子不爲也。』

非其大夫。況其君乎。故子貢不斥衛君。而以夷齊爲問。夫子告之如此。則其不爲衛君可知矣。蓋伯夷以父命爲尊。叔齊以天倫爲重。其遜國也。皆求所以合乎天理之正。而卽乎人心之安。旣而各得其志焉。則視棄其國。猶敝蹝爾。何怨之有。若衛輒之據國拒父而惟恐失之。其不可同年而語明矣。程子曰。伯夷叔齊。遜國而逃。諫伐而餓。終無怨悔。夫子以爲賢。故知其不與輒也。

子曰『飯疏食飲水，曲肱而枕之，樂亦在其中矣！不義而富且貴，於我如浮雲。』

『飯疏食』之『飯』，是吃的意思。『食』音俟，解作飯。集解孔曰『疏食，菜食。』是以『疏』爲蔬菜之蔬。朱注曰『疏食粗食也。』解作粗。肱，臂也。樂，快樂。『不義而富且貴』者，言不以其道而得富貴也。這種富貴，好像空中飛過的雲，孔子心裏毫不想着，故曰『於我如浮雲』也。此章是上文稱顏淵『一簞食，一瓢飲，在陋巷，人不堪其憂，回也不改其樂』是一樣的意思，只有孔子顏淵安貧樂道，能夠如此。

飯。符晚反。食。音嗣。枕。去聲。樂。音洛。飯。食之也。疏食。粗飯也。聖人之心。渾然天理。雖處困極。而樂亦無不在焉。其視不義之富貴。如浮雲之無有。漠然無所動於其中也。程子曰。非樂疏食飲水也。雖疏食飲水。不能改其樂也。不義之富貴。視之輕如浮雲然。又曰。須知所樂者何事。

子曰『加我數年，五十以學易，可以無大過矣！』

此章自漢以後，都從古文論語。魯論『易』字作『亦』，當讀作『加我數年，五十以學，亦可以無大過矣！』

『加我數年，』就是再加我幾歲年紀。『五十以學易』者，是到了五十歲，可以研究易經也。孔子說此話時，大概是四十多歲。（邢疏謂在四十七時）研究易經以後，就能明白吉凶消長之理，進退存亡之道，所以可以沒有大過失也。朱注引劉聘君說，謂元城劉忠定公自言見一本『加』作『假』，『五十』作『卒』。又根據史記孔子世家『孔子晚而喜易……曰：「假（與『加』通）我數

劉聘君見元城劉忠定公。自言嘗讀他論。加作假。五十作卒。蓋加假聲相近而誤讀。卒與五十字相似而誤分也。愚按。此章之言。史記作假我數年。若是我於易則彬彬

年，若是我於易則彬彬矣」』數語，以爲『是時孔子年已幾七十矣。五十字誤，無疑。』劉寶楠正義則謂：『夫子五十前得易，冀以五十時學之，明易廣大悉備，未可遽學之也。及晚年，贊易既竟，復述從前假我數年之言，故曰「假我數年，若是我於易則彬彬矣。一……世家與論語所述不在一時。解者多失之。』

矣．加正作假．而無五十字．蓋是時孔子年已幾七十矣．五十字誤．無疑也．學易則明乎吉凶消長之理．進退存亡之道．故可以無大過．蓋聖人深見易道之無窮．而言此以教人．使知其不可不學．而又不可以易而學也．

子所雅言，詩書執禮，皆雅言也。

雅．常也．執．守也．詩以理情性．書以道政事．禮以謹節文．皆切於日用之實．故常言之．禮獨言執者．以人所執守而言．非徒誦說而已也．程子曰．孔子雅素之言．止於如此．若性與天道．則有不可得而聞者．要在默而識之也．謝氏曰．此因學易之語而類記之．

近人劉大白白屋文話講此節云：『漢書鵶鵶作秦聲』言陝西的人口音，常是雅雅也。周朝舊都，在今陝西，故其口音也像雅雅的聲音。此章所記，是孔子平時說話，都用當時魯國的土話；只有讀詩經，讀書經，及在喜事，喪事人家贊禮，則用陝西人口音也。』此話頗足發明鄭玄之說。鄭曰：『讀先王典法，必正言其音，然後義全。……禮不誦，故言執。』但劉氏正義引劉台拱論語駢枝說，則謂『雅』即是『夏』，『雅言』就是周室西都的正音。但無論『雅』爲『鵶鵶』或爲『夏』，其爲陝西語音，則二說相同。按周以陝西語爲正音，猶民國初年以北平音爲國音。此謂孔子誦詩讀書及贊禮時用當時的國音耳。朱注訓『雅言』爲『常言』，解『執禮』云：『禮獨言執者，以人所執守而言，不徒誦說而已也。』與上說異。

葉．舒涉反．葉公．楚葉縣

葉公問孔子於子路。子路不對。子曰：『女*奚不曰：

「其爲人也，憤發忘食，樂以忘憂，不知老之將至云爾！」

女，今作汝。樂，歡樂之樂。葉公是楚國大夫，姓沈，名諸梁，字子高。葉是他的食邑，「公」是他的僭稱。孔子曾到過楚國，故葉公去問子路：「孔子爲何如人？」子路不對。此事被孔子知道後，孔子便對子路說：「你何不這樣說，云云也。」「其爲人之」的「其」，孔子指自己。「發憤忘食」者，言研究一種學問，發起憤來，連吃食亦忘記也。「樂以忘憂」者，言研究學問有所得的時候，快樂得一切憂愁的事都忘記也。「不知老之將至云爾」者，言學無止境，研究不已，連者亦不曉得也。

尹・沈諸梁・字子高・僭稱公也・葉公不知孔子・必有非所問而問者・故子路不對・抑亦以聖人之德・實有未易名言者與・未得・則發憤而忘食・已得・則樂之而忘憂・以是二者・俛焉日有孳孳・而不知年數之不足・但自言其好學之篤耳・然深味之・則見其全體至極・純亦不已之妙・有非聖人不能及者・蓋凡夫子之自言類如此・學者宜致思焉・

子曰：「我非生而知之者，好古敏以求之者也。」

此孔子勸人求學也。當時一般人，以孔子爲生而知之的聖人。故孔子自說道：「我並不是生出來就知道世界上一切道理的，我是好讀古書，敏捷黽勉以求之的。」（朱注云：「敏，速也，謂汲汲也。」是含有敏捷黽勉二義。）

好・去聲・生而知之者・氣質清明・義理昭著・不待學而知也・敏・速也・謂汲汲也・尹氏曰・孔子以生知之聖・每云好學者・非惟勉人也・蓋生而可知者義理爾・若夫禮樂名物・古今事變・亦必待學・而後有以驗其實也・

子不語：怪、力、亂、神。

世人於怪異、勇力、變亂、鬼神之事，往往津津樂道，聽者亦樂而忘倦。孔子則語常不語怪，語德不語力，語治不語亂，語人不語神。即此，可以見孔子平時言論之務實。

怪異勇力悖亂之事・非理之正・固聖人所不語・鬼神造化之迹・雖非不正・然非窮理之至・有未

易明者．故亦不輕以語人也．

謝氏曰．聖人語常而不語怪．語德而不語力．語治而不語亂．語人而不語神．

三人同行．其一我也．彼二人者．一善一惡．則我從其善．而改其惡焉．是二人者．皆我師也．

尹氏曰．見賢思齊．見不賢而內自省．則善惡皆我之師．進善其有窮乎．

諸弟子以夫子之道高深．不可幾及．故疑其有隱．而不知聖人作止語默．無非教也．故夫子以此言曉之．與．猶示也．

程子曰．聖人之道猶天然．門弟子親炙而冀及之．然後知其高且遠也．使誠以為不可及．則趨向之心．不幾於怠乎．故聖人之教．常俯而就之如此．非獨使資質庸下者．勉

子曰「三人行必有我師焉擇其善者而從之其不善者而改之。」

朱注云「三人同行其一我也彼二人者，一善一惡，則我從其善而改其惡焉是二人者，皆我師也。」按「三人行」者言與朋友游處；「三」為虛數，不必定為三人也。擇善而從，不善而改，即「見賢思齊，見不賢而內自省」之意。能如此，則凡人皆吾師矣。不必泥言一人善一人惡也。劉氏正義引錢坫說，謂「善與不善謂人以我為善不善也。我並彼為三人。若彼二人以我為善，我則從之；二人以我為不善，我則改之。是彼二人者皆為吾師。」此說與朱注異，而亦可通。

子曰「二三子以我為隱乎？吾無隱乎爾！吾無行而不與二三子者，是丘也。」

孔子之道高深廣大，且不以言教而以身教，弟子們一時不能盡見盡知，還以為孔子有所隱匿，不肯告人，故孔子對弟子說明之。「二三子」謂諸弟子。「乎爾」皆語末助詞，與詩經齊風「俟我於堂乎而」，孟子「然而無有乎爾則亦無有乎爾」句法並同。孔子說你們以為我有所隱匿而不告你們嗎？我實在沒有有隱匿囉。我做的事沒有一件不公開的與你們共見共聞的。「是丘也」者，孔子稱自己的名，言丘是這樣的也。

思企及・而才氣高邁者・亦不敢躐易而進也・呂氏曰・聖人體道無隱・與天象昭然・莫非至教・常以示人・而人自不察・

行・去聲・程子曰・教人以學文修行而存忠信也・忠信・本也・

子以四教：文、行、忠、信。

文，謂詩書禮樂等典籍。行，謂難行。此二者，致知力行之教。忠與信則爲品性上的訓練。孔子以此四者教人，知識行爲品性三方並重也。孔子行教，以此四事爲先。

聖人・神明不測之號・君子・才德出衆之名・恒・胡登反・子曰字・疑衍文・恒・常久之意・張子曰・有恒者・不貳其心・善人者・志於仁而無惡・亡・讀爲無・三者皆虛夸之事・凡若此者・必不能守其常也・

子曰：『聖人吾不得而見之矣！得見君子者，斯可矣！』

子曰：『善人吾不得而見之矣！得見有恆者，斯可矣！*亡而爲有，虛而爲盈，約而爲泰，難乎有恆矣！』

此章有兩『子曰，』因不是在一樣說的話。朱注疑後一『子曰』爲衍字。又云：『聖人，神明不測之號；君子，才德出衆之稱。』又引張子曰：『有恆者，不貳其心；善人者，志於仁而無惡。』這各是兩等人；孔子求其上者而不得，故思見其次也。『亡』同『無。』『亡而爲有，』正是下文曾子所說『有若亡，實若虛』的反面。約而爲泰，義亦如此。學問道德，空無所有，本是儉腹，偏要自詡爲飽學碩德，自滿自修。這種人，望他有恆，難矣。孔子此言，本有所感而發，但即可以見『有恆』爲入德之門。

張敬夫曰。聖人・君子・以學言・善人・有恒者・以質言・愚謂有恒者之與聖人・高下固懸絕矣・然未有不自有恒而能至於聖者也・故章末申言有恒之義・其示人入德之門・可謂深切而著明矣・

射・食亦反・綱・以大繩屬網・絕流而漁者也・弋・以生絲繫矢而射也・宿・宿鳥・洪氏曰・孔子少貧賤・爲養與祭・或不得已而釣弋・如獵較是也・然盡物取之・出其不意・亦不爲也・此可見仁人之本心矣・待物如此・待人可知・小者如此・大者可知・

子釣而不綱，弋不射宿。

此章記孔子尋常所作的小事。釣者，用釣鉤釣魚。綱者，用大繩連接了網絕流捕魚，想一網打盡也。弋，音亦。是用絲弔在箭上射鳥。『射宿』者，射宿着的鳥，欲出其不意也。此章所記，雖是兩件小事，然可見仁者之存心與待物矣。

識・音志・不知而作・不知其理而妄作也・孔子自言未嘗妄作・蓋亦謙辭・然亦可見其無所不知也・識・記也・所從不可不擇・記則善惡皆當存之・以備參考・如此者雖未能實知其理・亦可以次於知之者也・

子曰：『蓋有不知而作之者，我無是也。多聞，擇其善者而從之多見而識之，知之次也。』

『識，』今作誌。『知之次』的『知，』今作智。作，創作也。『不知而作之』者，謂並無所知，而妄事創作者也。孔子自言『述而不作，』況不知而妄作乎？故曰：『我無是也。』『多聞，擇其善者而從之，多見而識之』；二句，相互成文。言多聞多見，擇所聞見中之善的，而遵從記誌牠。這樣雖不及真能創作者之上智，也可稱是上智之次一等了。

見・賢遍反・互鄉・鄉名・其人習於不善・難與言善・惑者・疑夫子不當見之也・疑此章有錯簡

互鄉難與言。童子見，門人惑。子曰：『與其進也，不與其退也；唯，何甚！人絜己以進，與其絜也，不保其往

・人潔至往也十四字・當在與其進也之前・潔・脩治也・與・許也・往・前日也・言人潔己而來・但許其能自潔耳・固不能保其前日所爲之善惡也・但許其進而來見耳・非許其既退而爲不善也・蓋不追其既往・不逆其將來・以是心至・斯受之耳・唯字上下・疑又有闕文・大抵亦不爲已甚之意・程子曰・聖人待物之洪如此・

也。」

絜音潔互鄉是一個鄉村名。『難與言』者互鄉之人，多自以爲是，不大好和他們說話也。『童子見門人惑』者是說互鄉裏有一個童子來見孔子孔子接見他孔子的門人疑惑起來門人之意以爲互鄉人大都是難與言的互鄉童子來見孔子爲什麼見他呢？與許也有贊許獎掖之意君子成人之美不成人之惡故當獎許其上進而不當獎許其後退。『唯』歎辭猶今語之『唉』。孔子因門人疑其不當見此童子故歎道『唉何其絕人之甚也！』絜潔也皇疏本朱注均逕作『潔』。人指童子言此童子則固潔己而來我之見他是稱許他能潔己。往者，已過去的事也。盲他過去的事，潔不和潔不必管他。按『不保其往』鄭玄解爲『不能保其去後之行』則指將來而言。朱注疑此章有錯簡謂『人絜』至『往也』十四字當在『與其進也』之前又疑『唯』字上下有闕文。

仁者・心之德・非在外也・放而不求・故有以爲遠者・反而求之・則即此而在矣・夫豈遠哉・程子曰・爲仁由己・欲之則至・何遠之有・

子曰「仁遠乎哉？我欲仁，斯仁至矣！」

此章是說『仁』並不在遠地方。我要『仁』『仁』就來到了！蓋『惻隱之心，人皆有之。』仁者，本我心所固有，不待外求者也。爲仁由己，『求則得之』何遠之有？

莫・疑辭・猶人・言不能過人・而尚可以及人・未之有得・則全未有得

子曰「文莫吾猶人也；躬行君子，則吾未之有得。」

朱注云『莫疑辭。猶人言不能過人而尚可以及人，未之有得則全未有得。皆自謙之辭。』劉寶楠

・皆自謙之辭・而足以見言行之難易緩急・欲人之勉其實也・謝氏曰・文雖聖人無不與人同・故不遜・能躬行君子・斯可以入聖・故不居・猶言君子道者三・我無能焉・

正義引論語駢枝說謂『文莫』卽『黽勉』。方言『侔莫，強也。北燕之郊外，凡勞而相勉，若言努力者，謂之侔莫。』說文『忞，張也。慔，勉也。』『文莫』卽『忞慔』之假借字。古無輕脣音，故『文莫』爲雙聲連語，與黽勉侔莫皆一聲之轉。『文莫』行仁義也；『躬行君子』由仁義行也。前者爲『勉強而行』，後者爲『安行』。此與不自居於生知而自承好學之旨相同，其義較朱注爲長。

此亦夫子之謙辭也・聖者・大而化之・仁・則心德之全・而人道之備也・爲之・謂爲仁聖之道・誨人・亦謂以此敎人也・然不厭不倦・非已有之則不能・所以弟子不能學也・晁氏曰・當時有稱夫子聖且仁者・以故夫子辭之・苟辭之而已焉・則無以進天下之材・率天下之善・將使聖與仁爲虛器・而人終莫能至矣・故夫子雖不居仁聖・而必以爲之不厭・誨人不倦自處也・可謂云爾已矣者・無他之辭也・公西華仰而歎之・其亦深知夫子之意矣・

子曰「若聖與仁，則吾豈敢？抑爲之不厭，誨人不倦，則可謂云爾已矣！」公西華曰：「正唯弟子不能學也。」

抑，轉折連詞。意思與『但』字相近。『爲之』就是爲學。誨人，敎人也。廣雅釋詁『云』爲『有』。『云爾』卽『有此』。『則可謂云爾已矣』就是『則可說有此了』；『此』指上『爲之不厭，誨人不倦』二者。這也是孔子自謙的話。所以公西華說道：『正唯弟子不能學也。』意思是說這二者，正唯是弟子們所學不到的。孟子公孫丑子貢問於孔子曰：『夫子聖矣乎？』孔子曰：『聖，則吾不能。我學不厭，而敎不倦也。』子貢曰：『學不厭，智也；敎不倦，仁也；仁且智，夫子既聖矣！』與此章所記略同。

孫・去聲・孫・順也・固・陋也・奢儉

子曰：「奢則不孫*，儉則固。與其不孫*也，寧固。」

俱失中・而奢之害大・晁氏曰・不得已而救時之弊也・

坦・平也・蕩蕩・寬廣貌・程子曰・君子循理・故常舒泰・小人役於物・故多憂戚・程子曰・君子坦蕩蕩・心廣體胖・

『孫』今作『遜』本字作『愻。』說文『愻，順也。』固，陋也。奢則過禮而僭，故日不孫。儉則因陋就簡而不及禮故日固。二者既不中禮，但與其不孫，毋寧固陋。

子曰：『君子坦蕩蕩小人長戚戚。』

君子是有道德，有知道的人，於各種人情物理，都看得透，他的做人，好像在平平坦坦的大道上走路，安然過去，不會有碰跌的禍患，故日『君子坦蕩蕩。』坦，平也。蕩蕩，寬廣貌。戚戚，時時憂慮貌。君子居易以俟命，無入而不自得，雖貧困亦不改其樂，故有坦蕩蕩的神態。小人患得又患失，心爲物役，故長有戚戚之心也。

厲・嚴肅也・人之德性・本無不備・而氣質所賦・鮮有不偏・惟聖人全體渾然・陰陽合德・故其中和之氣・見於容貌之間者如此・門人熟察而詳記之・亦可見其用心之密矣・抑非知足以知聖人・而善言德行者不能記・故程子以爲曾子之言・學者所宜反復而玩味也・

子溫而厲，威而不猛，恭而安。

此章記孔子的態度。溫，是和氣；厲，是嚴肅。孔子對人，雖很是和氣，但態度仍舊是嚴肅的。威，是威嚴；猛，是凶巴巴的樣子。孔子的態度，雖因嚴肅而很威嚴，但並不凶巴巴的使人見了就害怕；雖是恭恭敬敬的，但是出於自然，故很安詳。

〔問題〕

（一）何謂『述而不作？』

（二）孔子有學不厭教不倦的精神，本篇中那幾章可以見之？

（三）本篇那幾章記孔子平時的態度？

（四）孔子的教人之法如何？

（五）何謂『用行舍藏』

（六）何謂「雅言」？

（七）孔子教人以何四者爲主。

（八）孔子不自承「生知」「安行，」試舉本篇所記以說明之。

（九）孔子何以見互鄉童子？

子曰：「恭而無禮則勞，愼而無禮則葸*。勇而無禮則亂。直而無禮則絞*。君子篤於親，則民興於仁。故舊不遺，則民不偸。」

此章記孔子教人，一切行動，都當以禮爲範圍標準。恭，是恭敬。只知恭敬而不知禮，則徒然勞苦。愼，是謹愼。葸，則是畏怯。一味謹愼而不知禮，則反成畏怯。勇，是武勇。專恃武勇而不知禮，則必至悖亂。直，即直爽。絞，急切也。只知直爽而不知禮，則必至操切。恭、愼、勇、直，都是做人的美德。因爲無禮，便有勞、葸、亂、絞的四種弊病。

『君子』指在上位的人。在上位的人，能夠厚待親屬，則在下的人民，也聞風興起，自然厚道仁愛起來了；能夠不遺棄故交舊人，則人民爲之感化，風俗不至偸薄了。『偸』，卽待人刻薄冷落的意思。

葸・絲里反・絞・古卯反・葸・畏懼貌・絞・急切也・無禮・則無節文・故有四者之弊・君子・謂在上之人也・興・起也・偸・薄也・張子曰・人道知所先後・則恭不勞・愼不葸・勇不亂・直不絞・民化而德厚矣・吳氏曰・君子以下・當自爲一章・乃曾子之言也・愚按此一節・與上文不相蒙・而與首篇愼終追遠之意相類・吳說近是・

曾子有疾，召門弟子曰：「啓予足！啓予手！詩云：『戰戰*兢兢*，如臨深淵*，如履薄冰。』而今而後，吾知免夫*？小子！」

夫・音扶・啟・開也・曾子平日・以爲身體受於父母・不敢毀傷・故於此使弟子開其衾而視之・詩・小旻之

篇・戰戰・恐懼・兢兢・戒謹・臨淵・恐墜・履冰・恐陷也・曾子以其所保之全示門人・而言其所以保之之難如此・至於將死・而後知其得免於毀傷也・小子・門人也・語畢而又呼之・以致反復丁甯之意・其警之也深矣・程子曰・君子曰終・小人曰死・君子保其身以沒・爲終其事也・故曾子以全歸爲免矣・尹氏曰・父母全而生之・子全而歸之・曾子臨終而啟手足・爲是故也・非有得於道・能如是乎・范氏曰・身體猶不可虧也・況虧其行以辱其親乎・

兢，音京。夫，音扶。此章記曾子有病，將死時的事情。『門弟子，』指曾子門下的學生。『啟，』開也。孝經云：『身體髮膚，受之父母，不敢毀傷。』故曾子是講孝道的人，召集學生，叫他們把自已的衣衾開啟，先看看脚，又看看手。所引詩經見小旻篇。『戰戰，』恐懼戰慄貌，『兢兢，』謹戒小心也。『臨，』居上臨下也。『履，』踐踏也。曾子引此二句以形容平日對於身體之恐懼戒慎。『而今以後，吾知免夫』者，意思是說『從今以後，我自已知道，可以免於毀傷了罷。』『小子，』是曾子再叫一聲學生，要他們注意聽這番話。

校・計校也・友・馬氏以爲顏淵是也・顏子之心・惟知義理之無窮・不見物我之有間・故能如此・謝氏曰・不知有餘在己・不足在人・不必得爲在己・失爲在人・非幾於無我者不能也・

與・平聲・其才可以輔幼

曾子曰：『以能問於不能，以多問於寡。有若無，實若虛，犯而不校：昔者吾友嘗從事於斯矣！』

『以能問於不能，』言以有才能的人問於無才能的人也。『以多問於寡，』言以見聞多的人問於見聞少的人也。『有若無，實若虛，』者言有才能有實學，却像沒有的一樣，空虛的一樣。『犯而不校，』者有人侵犯我，我不和他計較也。校較古通。『吾友，』集解馬云謂顏淵也。曾子說此話時，顏淵早死，故說『昔者。』『嘗從事於斯矣，』者言顏淵能夠做到上面所說的幾件事也。

曾子曰：『可以託六尺之孤，可以寄百里之命，臨大君．攝國政．其節至於死生之際．而不可奪．可謂君子矣．與．疑辭．也．決辭．設爲問答．所以深著其必然也．

程子曰．節操如是．可謂君子矣．

弘．寬廣也．毅．強忍也．非弘不能勝其重．非毅無以致其遠．仁者．人心之全德．而必欲以身體而力行之．可謂重矣．一息尙存．此志不容少懈．可謂遠矣．

程子曰．弘而不毅．則無規矩難立．毅而不弘．則隘陋而無以居之．又曰．弘大剛毅．然後能勝重任而遠到．

興．起也．詩本性情．有邪有正．其爲言既易知．而吟

節而不可奪也。君子人與？君子人也。」

與，今作歟。集解孔曰：『六尺之孤，幼少之君。』百里，諸侯之國。命，政令也。一說，命爲民命。『可以託六尺之孤可以寄百里之命』者言諸侯之國，國君死，嗣君幼，大臣能受先君之付託，輔幼君，以一身繫國家人民的安危。『臨大節而不可奪』者言到了有關國家安危存亡的重大事情的時候，立定主意，不爲利害所動，不爲威武所屈。曾子說，如此可以託孤寄命，臨大節而不奪的人，可以說他是君子人嗎？眞可以算是君子人也。

曾子曰：『士不可以不弘毅，任重而道遠。仁以爲己任，不亦重乎？死而後已，不亦遠乎？』

弘，大也，言志氣遠大也。毅，剛強，不屈，做事能堅持到底，不怕困難也。士，學者之稱。曾子言學者，志氣不可以不遠大，又不可以不有毅力。因爲士的責任非常重，而應負此責任的時間又非常久，好像所行的路非常遠也。這個責任，是甚麽呢？就是孔子所說的『仁』。故接着說，士應以這個仁爲自己的責任。責任豈不重大嗎？這個責任，我既負在身上，一直到死，負責的時間，豈不久遠嗎？弘，則可以任重；毅，則可以致遠矣。

子曰：『興於詩，立於禮，成於樂。』

樂，音樂之樂。興，起也。詩，卽三百篇的詩經。孔子曾言：『詩可以興』。詩之感人最深，可以鼓舞人的

咏之間・抑揚反復・其感人又易入・故學者之初・所以興起其好善惡惡之心・而不能自已者・必於此而得之・

意志，故曰『興於詩』。儒家之教，又稱『禮教』，把人類的視聽言動都範圍在禮裏面。一個人能夠使視聽言動都不失禮，始可以立在社會間做個人，故曰『立於禮』。樂者音樂也。音樂足以涵養人的性情。人能涵養性情，使歸於正，則自能高尚而無卑惡的行為，成一個完人，故曰『成於樂』。孔子常以詩及禮樂教人，即是因此。

禮以恭敬辭遜為本・而有節文度數之詳・可以固人肌膚之會・筋骸之束・故學者之中・所以能卓然自立・而不為事物之所搖奪者・必於此而得之・樂有五聲十二律・更唱迭和・以為歌舞八音之節・可以養人之性情・而蕩滌其邪穢・消融其查滓・故學者之終・所以至於義精仁熟・而自和順於道德者・必於此而得之・是學之成也・按內則・十歲學幼儀・十三學樂誦詩・二十而後學禮・則此三者・非小學傳授之次・乃大學終身所得之難易先後淺深也・程子曰・天下之英才・不為少矣・特以道學不明・故不得有所成就・夫古人之詩・如今之歌曲・雖閭里童稚・皆習聞之而知其說・故能興起・今雖老師宿儒・尚不能曉其義・況學者乎・是不得興於詩也・古人自灑掃應對・以至冠昏喪祭・莫不有禮・今皆廢壞・是以人倫不明・治家無法・是不得立於禮也・古人之樂・聲音所以養其耳・采色所以養其目・歌詠所以養其性情・舞蹈所以養其血脈・今皆無之・是不得成於樂也・是以古之成材也易・今之成材也難・

民可使之由於是理之當然・而不能使之知其所以然也・程子曰・聖人設教・非不欲人家喻而戶曉也・然不能使之知・但能使之由之爾・若曰・聖人不使民知・則是後世朝四暮三之術也・豈聖人之心乎・

子曰：『民可使由之，不可使知之。』

此章孔子論為政之道也。『由』，遵也。『不可』，謂事實上做不到也。一般人民，未曾全體受過教育，知識淺陋，對於國家所發施之政令法律，必不能知其意義，所以執政者只能使人民遵我的政令法律而行，以入於治道，故曰『民可使由之』也。這種種的政令法律，一時間要人民都明曉其意義，是做不到的事情，故曰『不可使知之』也。

近人有以此章所記孔子的話為專制政治的愚民政策者，是誤解『不可』二字的緣故。此章意義，實與孫中山先生的『知難行易』『不知亦能行』的學說相符。

才美・謂智能技藝之美・驕・矜夸・吝・鄙嗇也・程子曰・此甚言驕吝之不可也・蓋有周公之德・則自無驕吝・若但有周公之才而驕吝焉・亦不足觀矣・又曰・驕・氣盈・吝・氣歉・愚謂驕吝雖有盈歉之殊・然其勢常相因・蓋驕者吝之枝葉・吝者驕之本根・故嘗驗之天下之人・未有驕而不吝・吝而不驕者也・

子曰：『如有周公之才之美，使驕*且吝*，其餘不足觀也已！』

周公姓姬，名旦，文王子，武王弟，周代的禮樂刑政，都由周公訂定，則其才之美可知。驕者，驕傲；吝者，鄙吝。使假設之辭。此章甚言驕吝之不可有。一個人卽使有周公一般美的才能，如果他驕傲鄙吝，則其餘的善行也不足觀了。

好・去聲・篤・厚而力也・不篤信・則不能好學・然篤信而不好學・則所信或非其正・不守死・則不能以善其道・然守死而不足以善其道・則亦徒死而已・蓋守死者・篤信之效・善道者・好學之功・見・賢遍反・君子見危授命・則仕危邦者

子曰『篤信好學，守死善道。危邦不入，亂邦不居。天下有道則見*；無道則隱。邦有道，貧且賤焉，恥也；邦無道，富且貴焉，恥也。』

『見』今作現。此章論君子之學守出處。篤信，謂其信道之堅；好學，言其學道之勤。守死爲篤信之效；善道乃好學之功。『危邦不入，亂邦不居』者，朱註謂『「君子見危受命」，則仕危邦者無可去之義。在外，則不入可也。亂邦未危，而刑政紀綱紊矣，故潔其身而去之。』『天下有道則見，無道則隱』者，言一國能行道的時候則出仕，不能行道的時候則隱居也。『邦有道……』『邦無道……』二層，是說明上文四句的。邦有道，而我貧賤，是我於道學有未至，故可恥；邦無道，而我亦富貴，是我於道守有未堅，故亦可恥。

．無可云之義．在外則不入可也．亂邦未危．而刑政紀綱紊矣．故潔其身而去之．天下．舉一世而言．無道．則隱其身而不見也．此惟篤信好學．守死善道者能之．世治而無可行之道．世亂而無能守之節．碌碌庸人．不足以爲士矣．可恥之甚也．晁氏曰．有學有守．而去就之義潔．出處之分明．然後爲君子之全德也．

子曰：「不在其位，不謀其政。」

此章之旨，卽是不越職侵權的意思。卽就孫中山先生的民權主義說，人民雖當個個有「政權」，但也不當參預政府之「治權」。也反過來說則在其位必謀其政，自然責無旁貸了。

程子曰．不在其位．則不任其事也．若君大夫問而告者．則有矣．

之棄才也．

子曰：「學如不及，猶恐失之。」

劉氏正義云：『如不及者方學而如不及也。猶恐失者，既學有得於己，恐復失之也。如不及，故日知所亡；猶恐失故月無忘所能。』

言人之爲學．既如有所不及矣．而其心猶竦然．惟恐其或失之．警學者當如是也．

程子曰．學如不及．猶恐失之．不得放過．纔說姑待明日．便不可也．

子曰：「大哉堯之爲君也！巍巍乎！唯天爲大，唯堯則之。蕩蕩乎民無能名焉。巍巍乎其有成功也；煥乎其有文章。」

唯．猶獨也．則．猶準也．蕩蕩．廣遠之稱也．言物之高大．莫有過於天者．而獨堯之德．能與之準．故其德

子曰：「禹，吾無間然矣！菲飲食，而致孝乎鬼神；惡衣服，而致美乎黻冕；卑宮室，而盡力乎溝洫。禹，吾無間

間．去聲．菲音匪．黻．音弗．洫．呼域反．間．罅隙也．謂指其罅隙而非議之也．菲

・薄也・致孝鬼神・謂享祀豐潔・衣服・常服・黻・蔽膝也・以韋爲之・冕・冠也・皆祭服也・溝洫・田閒水道・以正疆界・備旱潦者也・或豐或儉・各適其宜・所以無罅隙之可議也・故再言以深美之・楊氏曰・薄於自奉・而所勤者民之事・所致飾者宗廟朝廷之禮・所謂有天下而與也・夫何閒然之有・

然矣！」

『閒』音建，去聲。後漢書殤帝記引此文，李賢注云：『閒，非也。』孟子『政不足與閒也』之『閒』亦訓『非』。『然』猶『爲』也。見經傳釋詞。『無閒然矣』者，言無可非難了也首尾兩言『無閒然矣』，可見孔子對大禹之敬仰。

菲，薄也。言禹對於自己的飲食，極菲薄；而祭祀鬼神，則祭品極其豐潔。『黻冕』音弗免，指所穿的禮服禮冠。禹平時的衣服，極其惡劣；禮服卻極其考究。洫，音蓄。溝洫者，田間的水道。禹自己住的王宮房屋，極其卑陋；而對於百姓種田所需通水道的溝洫，卻竭修浚，使不至遭水旱之災。禹薄於自奉，而厚於宗廟朝廷民事，故孔子稱之。

〔問題〕

(一)恭慎勇直而無禮，其弊如何？

(二)曾子將死，何以召門弟子啓視手足？

(三)何謂『弘毅』？有何效用？

(四)何謂『民可使由之，不可使知之』？

(五)驕吝之害，何以如此其甚？

(六)孔子論學守出處之道如何？

(七)孔子如何贊美堯舜禹？

子罕篇

罕・少也・程子曰・計利則害義・命之理微・仁之道大・皆夫子所罕言也・

子罕*言利，與命，與仁。

此章是弟子就孔子平日所言計之，利、命、仁三者皆罕言也。按易文言傳云：『利，義之和也。』又云：『利物足以和義。』君子以義爲利，故言利必及義；蓋能利人物，然爲義也。明於義利，故能喻義。小人則以利爲利，言利不及義；昧於義利，故祇喻利而不喻義。孔子未嘗不言利，易彖象傳中，言『利』者甚多，特以其理精微，故罕以語弟子耳。命爲性命天命之命。其理更爲微妙，故亦罕言；子貢言『夫子之言性與天道不可得而聞，』即指此。仁；則本書所記已言之詳矣，亦曰罕言者，謂其不敢自居於仁，亦不輕以仁許人也。（此阮元說，見論語論仁論。）又按論語稽曰：『「言」者，自言也。「罕，」少也，稀也。「子罕言」者，記者旁窺已久，而見之之辭也。「利」者，人情之所欲；夫子渾然天理，故罕言「利。」「命」者，天命；夫子知其不可而爲之，故罕言「命。」「仁」者，此心生生不息之理；夫子謙不居聖仁，故罕言「仁。」此章之意，在記者觀夫子之自言，不在夫子之教人。』說頗新而義亦長。

達巷・黨名・其人姓名不傳・博學無所成名・蓋美其學之博・而惜其不成一藝之名也・執・專執也・射御皆一藝・而御爲人僕所執尤卑・言

達巷黨人曰：『大哉孔子！博學而無所成名。』子聞之，謂門弟子曰：『吾何執？執御乎？執射乎？*吾執御矣！』

射，音社。五百家曰黨。達巷是一個黨名，猶今人稱某坊、某村。此人姓名不傳，故僅曰達巷黨人。史記孔子世家作達巷黨人童子。漢書董仲舒傳對策中有『此無異於達巷黨人不學而自知者也』語，注引孟康曰：『人，項橐也。』皇甫謐高士傳亦云：『達巷黨人姓項名橐。』則漢時有此傳說也。『無欲使我何所執以成名乎．然則吾將執御矣．聞人譽己．承之以謙也．尹氏曰．聖人道全而德備．不可以偏長目之也．達巷黨人見孔子之大．意其所學者博．而惜其不以一善得名於世．蓋慕聖人而不知者也．故孔子曰．欲使我何所執而得爲名乎．然則吾將執御矣．

所成名』謂不專一藝之長，無得而名也。『博學而無所成名，』即『君子不器』之意，此孔子所以爲大。孔子不敢當此美譽，且以六藝御爲最下，故以執御自居，兼以示門弟子爲學當施博而守約，不可惑於美譽而專騖博大也。

子絕四：毋意。毋必。毋固。毋我。

『絕，』去之也。『毋，』禁止之詞。『毋意、毋必、毋固、毋我，』即絕去此四者也。意，當讀若『益，』測度也，俗作『億』；即『不億不信』『億則屢中』之『億』。『毋意，』即少儀之『毋測未至』。此段玉裁說文注及王引之經傳釋詞說。（見劉氏正義）較朱注訓作『私意，』集解訓作『任意』爲長。『毋必』者，即『無適無莫，義之與比也。』『毋固』者，『君子而時中，』不固執成見也。『毋我』者，『取諸人以爲善，舍己從人，與人爲善』也。莊存與云：『以億逆爲意而去之，是也；以擬議爲意而去之，非也。以適莫爲必而去之，是也；以果能爲必而去之，非也。以窮困爲固而去之，是也；以貞爲固而去之，非也。以足己爲我而去之，非也。』亦足發明此章之旨。

絕．無之盡者．毋．史記作無．是也．意．私意也．必．期必也．固．執滯也．我．私己也．四者相爲終始．起於意．遂於必．留於固．而成於我也．蓋意必常在事前．固我常在事後．至於我又生意．則物欲牽引．循環不窮矣．程子曰．此毋字非禁止之辭．聖人絕此四者．何用禁止．張子曰．四者有一焉．則與天地不相似．楊氏曰．非知足以知聖人．詳視而默識之．不足以記此．

子畏於匡，曰：『文王既沒，文不在茲乎？天之將喪斯文也，後死者不得與於斯文也！天之未喪斯文也，匡

畏者．有戒心之謂．匡．地名．史記云．陽虎曾暴於匡．夫子貌似陽虎．故匡人圍

之・道之顯者謂之文・蓋禮樂制度之謂・不曰道而曰文・亦謙辭也・茲・此也・孔子自謂・喪・與・並去聲・馬氏曰・文王旣沒・故孔子自謂後死者・言天若欲喪此文・則必不使我得與於此文・今我旣得與於此文・則是天未欲喪此文也・天旣未欲喪此文・則匡人其奈我何・言必不使能違天害己也・

大・音泰・與・平聲・孔子曰・大宰・官名・或吳・或宋・未可知也・與者・疑辭・大宰蓋以多能爲聖也・縱・猶肆也・言不爲限量也・將・殆也・謙若不敢知之辭・聖無不通・多能乃其餘事・故言又以

人其如子何」

『匡』地名，本鄭邑。定公六年，魯師侵鄭，季氏家臣陽虎爲政，取匡；虎與顏尅自其城缺而入。（據毛奇齡四書賸言說）及定公十三年，（據江永先聖圖譜）孔子過匡，顏尅御。尅舉策指城缺曰：『往者之入，由此缺也。』（見史記世家及琴操）孔子貌似陽虎，又以顏尅御，故匡人以爲陽虎而圍之。此章所記，當卽此事。『畏』者，猶孟子言『有戒心』也。據世家被圍凡五日。弟子懼，故孔子解之如此。文王，周文王也。『文』，指禮樂制度而言。『茲』，此也。孔子自謂。『後死者』，亦孔子自謂，對文王而言也。言天若將毀滅周之禮樂文章，則我亦不得聞而知之；我旣得與聞斯文，則天未欲喪斯文也，將使我守先王之道以待後之學者，匡人將奈我何也。與上篇因桓魋事而發之言，大旨相同。

大宰問於子貢曰：「夫子聖者與？何其多能也！」子貢曰：「固天縱之將聖，又多能也。」子聞之曰：「*大宰知我乎？吾少也賤，故多能鄙事。君子多乎哉？不多也。」牢曰：「子云『吾不試，故藝。』」

『大』，今作『太』。大宰，官名。大約爲吳大宰。春秋時，吳宋二國皆有此官。鄭玄云：此爲吳太宰嚭者，因孔子適宋先後僅二次，一次在年十九娶幷官氏時，子貢尚未生；一次在年五十六，去衛，由曹適兼之・言由少賤・故多能・而所能者鄙事爾・非以聖而無不通也・且多能非所以率人・故又言君子不必多能以曉之・牢・孔子弟子・姓琴・字子開・一字子張・試・用也・言由不爲世用・故得以習於藝而通之・吳氏曰・弟子記夫子此言之時・子牢因言昔之所聞有如此者・其意相近・故并記之・

宋，阨於桓魋，微服而行，子貢勢不能與其太宰從容論孔子也。子貢與吳太宰晤語凡二次，均見左傳（在哀公七年、十二年）。故定爲吳太宰。說苑善說篇亦載子貢與太宰晤論孔子事。『與』同歟。太宰之意，殆以多能爲聖。朱注云：『縱猶肆也，言不爲限量也。』『將聖』即『大聖』。詩『有娀方將』，『我受命溥將，』將皆訓大。荀子堯問云：『然則孫卿懷將聖之心。』將聖亦大聖也。子貢言孔子本是天縱的大聖，而又多能。則析『聖』與『多能』爲二事，蓋所以曉太宰。孔子聞此問答，更曉弟子以多能非君子所尚。言因我少時貧賤，故多能鄙賤之事；此君子所不多也。『多乎』『不多』二多字，與漢書袁盎傳『諸公聞之皆多盎』之『多』字同，是稱美的意思。上面所記是一件事。『牢曰』以下，又另是一事。牢是孔子弟子，姓琴，字子開，名牢。『試』，用也。琴牢說：『孔子曾經講過：「我因爲不用於世，所以能多學會了種種技藝小事。」』

『牢曰』以下，集解及皇疏本均另爲一章。朱注合之。蓋輯論語者以二事相類，故并記之。

叩・音口・孔子謙言己無知識・但其告人・雖於至愚・不敢不盡耳・叩・發動也・兩端・猶言

齊・音咨・衰・七雷反・少・去聲・齊衰・喪服・冕・冠也・衣・上服・裳・下服・冕而衣

子曰：『吾有知乎哉？無知也。有鄙夫問於我，空空如也；我叩其兩端而竭*焉。』

此章是孔子自謙無知，又自言教人之道。『鄙夫，』指真沒有知識學問的人。『空空』與『悾悾』

子見齊*衰*者，冕衣裳者，與瞽*者，見之，雖少必作；過之必趨*。

『齊，』音咨。『衰，』音七雷反。衰同縗，粗麻布。喪服以粗麻布爲衣裳，其緣不緝者曰斬衰，緝者曰裳・貴者之盛服也・瞽・無目者・作・起也・趨・疾行也・或曰・少・當作坐・范氏曰・聖人之心・哀有喪・尊有爵・矜不成人・其作與趨・蓋有不期然而然者・尹氏曰・此聖人之誠心・內外一者也・

喟・苦位反・鑽・祖官反・喟・歎聲・仰彌高・不可及・鑽彌堅・不可入・在前在後・恍惚不可為象・此顏淵深知夫子之道・無窮盡・無方體・而歎之也・

循循・有次序貌・誘・引進也・博文約禮・教之序也・言夫子道雖高妙・而教人有序也・侯氏曰・博我以文・致知格物也・約我以禮・克己復

齊衰。斬衰服重，齊衰較輕。見儀禮喪服。此舉齊衰以包斬衰。（江永說，見鄉黨圖考。）冕，大夫以上之冠。『冕衣裳』，指大夫之禮服。『少』，去聲，年少也。作，起立。此章言孔子見穿喪服的人，穿大夫以上之禮服的人，眼瞎的人，雖年少於已，亦必變容起立。如行經此種人之前，必走得快些也。意思是哀有喪者，尊在位者，恤殘廢者。朱注云：『或曰：「少當作坐。」』蓋以下有『作』字故。一說冕衣裳者，是行祭時的大夫；瞽者，是襄祭禮的樂工；孔子對這二種人與齊衰的人，所以作或趨者，因其有喪祭之事而起敬也。說見論語稽。

顏淵喟然歎曰：『仰之彌高；鑽之彌堅；瞻之在前，忽焉在後。夫子循循然善誘人，博我以文，約我以禮。欲罷不能，既竭吾才；如有所立，卓爾；雖欲從之，末由也已！』

喟，歎聲。猶今人說話以前，先『唉』的歎一聲也。彌，越加也。顏淵說，孔子之道，仰望之，覺得他越加高。鑽研之，越加鑽不進去。瞻，看也。起先像在前面，可以看見；忽然又在後面，看不見也。這是甚言其道之高深微妙，不易推究。循，音巡。誘，音又。夫子，即孔子。『循循』，是一步一步，按着次序的意思。誘，引導也。『博我以文』者，把種種典章制度的典籍，教我博學也。『約我以禮』者，教我以禮約束自己也。此二語即上篇孔子所說『博學於文，約之以禮。』先博文，後約禮，即『循循』也。夫子之教人如此，故我雖欲罷，而心中總覺不肯捨去矣。但我的才力心思，既都用盡；而夫子之道，卓然如有所立於吾前，雖欲從之而無從也。莊子田子方篇顏淵曰：『夫子步亦步，夫子趨亦趨，夫子馳亦馳；夫子既奔逸絕塵，而回瞠若乎後矣？』與此章所記可以互相參證。

禮也・程子曰・此顏子稱聖人最切當處・聖人教人。惟此二事而已・卓・立貌・末・無也・此顏子自言其學之所至也・蓋悅之深而力之盡・所見益親・而又無所用其力也・吳氏曰・所謂卓爾・亦在乎日用行事之間，非所謂窈冥昏默者・程子曰・到此地位・功夫尤難・直是峻絕・又大段著力不得・楊氏曰・自可欲之謂善・充而至於大・力行之積也・大而化之・則非力行所及矣・此顏子所以未達一間也・程子曰・此顏子所以為深知孔子而善學之者也・胡氏曰・無上事而喟然歎・此顏子學既有得・故述其先難之故・後得之由・而歸功於聖人也・高堅前後・語道體也・仰鑽瞻忽・未領其要也・惟夫子循循善誘・先博我以文・使我知古今・達事變・然後約我以禮・使我尊所聞・行所知・如行者之赴家・食者之求飽・是以欲罷而不能・盡心盡力・不少休廢・然後見夫子所立之卓然・雖欲從之・末由也已・是蓋不怠所從・必求至乎卓立之地也・抑斯歎也・其在請事斯語之後・三月不違之時乎・

子貢曰：「有美玉於斯，韞匵而藏諸？求善賈而沽諸？」

子曰：「沽之哉！沽之哉！我待賈者也。」

韞，藏也。匵，匱也。沽，售賣也。『賈，』即今之『價』字。二『諸』字均作『之乎』解。子貢對孔子說：『有一塊美玉在這裏，還是在盒子裏藏起來呢？還是等着高的價錢賣掉呢？』是孔子連聲說：『賣了牠吧！賣了牠吧！我正在等合格的價錢哩！』劉氏正義謂『賈』當音古。『善賈』是賈人之善者。『待賈』亦為待賈人。說與通解異。又引說文段註曰：『賈者，凡買賣之稱也。引伸之，凡賣者之所得，買者之所出，皆曰賈；俗又別其字作價，別其音入禡韻，古無是也。』這是說即使作價錢講，照古音亦當音古也。

此章全以比喻為問答。一『求』字，一『待』字，最宜注意。子貢說『求賈而沽，』孔子則曰『待

韞・紆粉反・匵・徒木反・賈・音嫁・韞・藏也・匵・匱也・沽・賣也・子貢以孔子有道不仕・故設此二端以問也・孔子言固當賣之・但當待賈而不當求之耳・范氏曰・君子未嘗不欲仕也・又惡不由其道・士之待禮・猶玉之待賈也・若伊尹之耕於野・伯夷太公之

居於海濱・世無成湯文王・則終焉而已・必不枉道以從人・衒玉而求售也・

東方之夷有九種・欲居之者・亦乘桴浮海之意・君子所居則化・何陋之有・

說見第七篇・然此則其事愈卑而意愈切矣・

賈而沽」直將生平不忘用世，而亦不肯枉道求用之心，全盤托出。蓋孔子本以救世爲主，自然想握得政權行他的道。不過要等有相當的國君來聘請，然後始出仕也。漢末諸葛亮高臥隆中，就是美玉韞匵而藏。後來劉玄德三顧草廬，他就爲劉玄德鞠躬盡瘁，死而後已，卽得善賈而沽也。

子欲居九夷。或曰「陋，如之何？」子曰「君子居之，何陋之有？」

東方夷人有九種，故曰「九夷」。孔子因時無明君，不得行道，不過有欲居九夷之歎，此與上篇乘桴浮海之言同旨。或人以爲九夷的地方極僻陋，不可居，故曰「如之何」。「君子居之何陋之有」者，孔子以爲地方雖僻陋，君子居之，用道德去感化，自然能變成一個有禮義的社會，何嘗會僻陋呢？劉氏正義謂「九夷」指朝鮮；「君子」指箕子，非孔子自稱。孔子之意，是說朝鮮已有君子之化，所以並不僻陋。此說亦通。

子曰「出則事公卿，入則事父兄，喪事不敢不勉，不爲酒困，何有於我哉？」

此章記孔子自言其庸行。「出則事公卿」者，言出仕朝廷，則盡其忠勤以事公卿；「入則事父兄」者，言回到家裏，則盡其孝悌以事父兄。「喪事不敢不勉」者，言遇着喪事，不敢不勉力以從禮；「不爲酒困」者，言吃酒不吃醉，以致損身廢事。「何有於我哉」言於我有什麼，謂不難也。舊解謂「

何有於我哉』是孔子的謙辭；但上面有『喪事不敢不勉』句，如舊解，則語氣似不甚合。

子在川上曰『逝者如斯夫！不舍晝夜。』

逝，去也，往也。『夫』，音扶。『舍』，止也。孔子在川上，見流水逝去沒有一停止，因道：『逝者如斯夫！不舍晝夜。』按孟子離婁篇徐子曰『仲尼亟稱於水曰「水哉水哉！」何取於水也？』孟子曰『源泉混混，不舍晝夜，盈科而後進，放乎四海。有本者如是，是之取爾。』正釋此章之旨。朱注曰『天地之化，往者過，來者續，無一息之停，乃道體之本然也。』

子曰『吾未見好德如好色者也。』

『好』，去聲。孔子歎一般的人，好色者多，好德者少也。孔子在衛，靈公與南子同車過市，使孔子爲次乘。孔子醜之，故說此話。事見史記孔子世家。

子曰『譬如爲山，未成一簣，止，吾止也。譬如平地，雖覆一簣，進，吾往也。』

簣音潰，覆音腹。此章孔子勸人對於進德修業及做事當努力完成，不可半途而廢也。爲山，積土爲

夫・音扶・舍・上聲・天地之化・往者過・來者續・無一息之停・乃道體之本然也・然其可指而易見者・莫如川流・故於此發以示人・欲學者時時省察・而無毫髮之間斷也・程子曰・此道體也・天運而不已・日往則月來・寒往則暑來・水流而不息・物生而不窮・皆與道爲體・運乎晝夜・未嘗已也・是以君子法之・自強不息・及其至也・純亦不已焉。又曰・自漢以來・儒者皆不識此義・此見聖人之心・純亦不已也・純亦不已・乃天德也・有天德・便可語王道・其要只在謹獨・愚按自此至終篇・皆勉人進學不已之辭・

好・去聲・謝氏曰・好好色・惡惡臭・誠也・好德如好色・斯誠好德矣・然民鮮能之・史記・孔子居衛・靈公與夫人同車・使孔子爲次乘・招搖市過之・孔子醜之・故有是言・

簣・求位反・覆・芳服反・簣・土籠也・書曰・爲山九仞・功虧一簣・夫子之言・蓋出於此・言山

成而但少一簣・其止者・吾自止耳・平地而方覆一簣・其進者・吾自往耳・蓋學者自強不息・則積少成多・中道而止・則前功盡棄・其止其往・皆在我而不在人也・

語・去聲・與・平聲・惰・懈怠也・范氏曰・顏子聞夫子之言・而心解力行・造次顛沛・未嘗違之・如萬物得時雨之潤・發榮滋長・何有於惰・此羣弟子所不及也・

進止二字・說見上章・顏子既死・而孔子惜之・言其方進而未已也・

夫・音扶・穀之始生曰苗・吐華曰秀・成穀曰實・蓋學而不至於成・有如此者・

山也。簣籠也，編竹為之，所以盛土。此以『為山』為譬；築一座山，只須加一土籠的土就可成功也；但現在止住了不去加，這座山就不成功，是我自己止住的。一塊平地上我纔倒了一土籠的土，以後我天天把土蓋上去，積久了自然也會成山的。朱注說『學者自強不息則積少成多；中道而止，則前功盡棄；其止其往皆在我而不在人。』按尚書旅獒云『為山九仞功虧一簣』，孔子之言蓋本乎此。孟子盡心云『有為者譬若掘井，掘井九仞而不及泉，猶為棄井也。』大戴禮勸學云『鍥而舍之，朽木不折；』『鍥而不舍，金石可鏤。』亦可與本章相發。

子曰：『語之而不惰者，其回也與*？』

『語』，去聲，告也。『與』，今作『歟』。顏淵於夫子之言無所不說，服膺弗失，身體力行，欲罷不能，故不惰也。

子謂顏淵曰：『惜乎！吾見其進也；未見其止也！』

此章是顏淵死後孔子感歎之詞。『謂』，是對他人說顏淵也。顏淵能語之而不惰，故見其進，未見其止。曰『惜乎』者，言這樣一個自強不息的人死了，真真可惜也。

子曰：『苗而不秀者有矣夫！秀而不實者有矣夫*！』

『夫』，音扶。稻始生的時候曰『苗』；到葉茂花開的時候稱『秀』；結了穀則曰『實』。此章亦是孔子痛惜顏淵之詞。言顏淵孜孜好學而不幸早死，有如稻之苗而不秀，秀而不實，深可惜也。漢唐是以君子貴自勉也。

人解本章，說皆如此。」朱注則云：『學而不至於成有如此者，是以君子貴自勉也。』則謂泛指求學半途而廢者言。

焉知之焉，於虔反。孔子言後生年富力強，足以積學而有待，其勢可畏，安知其將來不如我之今日乎？然或不能自勉，至於老而無聞，則不足畏矣。言此以警人，使及時而勉學也。曾子曰：五十而不以善聞，則不聞矣。蓋述此意。尹氏曰：少而不勉，老而無聞，則亦已矣。自少而進者，安知其不至於極乎？是可畏也。

子曰：「『後生可畏，焉知來者之不如今也。四十五十而無聞焉，斯亦不足畏也已！』」

『後生』即今語所謂『青年。』『焉，』平聲，安也，副詞。『來者，』指後一輩的人而言；『今，』指現代的成年人而言。這就是說：『青年是可畏的，青年之所以可畏，正因他們年富力強，進德修業，未可限量，大有『後來居上』的希望。如其不能及時努力，到了四十五十之年，而無學問道德上的聲聞，則正是所謂『小時了了，大未必佳』；這亦不足畏了！青年人讀此章，尤當猛省。

法語者，正言之也。巽言者，婉而導之也。繹，尋其緒也。法言人所敬憚，故必從，然不改，則面從而已。巽言無所乖忤，故必說，然不繹，則又不足以

子曰：「『法語之言，能無從乎？改之為貴！巽與之言，能無說乎？繹之為貴！說而不繹，從而不改，吾末如之何也已矣！』」

『法語之言』是正言也，就是質直的教訓。正言，人所敬憚，故不敢不從：但須從其言而改之，方為可貴。巽音遜，柔順也。『巽與之言，』是委婉的勸導。『說，』即悅字。『繹，』尋繹也，就是仔仔細細地

知其微意之所在也。楊氏曰：法言・若孟子論行王政之類是也・巽言・若其論好貨好色之類是也・語之而不違・拒之而不受・猶之可也・其或喻焉・則尙庶幾其能改繹矣・從且說矣・而不改繹焉・則是終不改繹也已・雖聖人其如之何哉・

侯氏曰：三軍之勇在人・匹夫之志在己・故帥可奪・而志不可奪・如可奪・則亦不足謂之志矣・

衣・去聲・縕紆粉反・貉・胡各反・與・平聲・敝・壞也・縕・枲著也・袍・衣有著者也・蓋衣之賤者・狐貉・以狐貉之皮爲裘・衣之貴者・子路之志如此・則能不以貧富動其心・而可以進於道矣・故夫子稱之・

忮・之豉反・忮・害也・求・貪也・臧・善也・言能不忮不求・則何

省察他的話，尋出他的言外之意。必如此，方爲可貴。如其聞巽與之言，徒悅其言之柔順，而不知尋繹其微意之所在；聞法語之言，徒然面從，而不能切實改過，則是不可以理喻，不可以情感，法語巽言，均失其效矣，所以孔子說：『我也沒奈何他了！』

子曰：『三軍可奪帥也；匹夫不可奪志也。』

三軍泛指軍隊。帥是軍隊的統帥。匹夫是平民。朱注引侯氏曰：『三軍之勇在人，匹夫之志在己。故帥可奪而志不可奪。』按此章之旨在說明志之不可奪，上句是比喻之辭。

子曰：『衣敝縕袍，與衣狐貉者立，而不恥者，其由也與？』

『衣』，去聲，就是『穿』。集解引孔云：『縕，枲著。』枲著，謂以亂麻爲著。藝文類聚、太平御覽引鄭玄論語注云：『縕，絮著。』絮著言以舊絮爲著。古無木綿，故以亂麻或舊絮爲著做綿袍也。貉，胡各反。狐貉皆獸名。此指狐皮貉皮的袍子。常人自己穿了破舊的衣裳，見人家穿了簇新的狐皮袍子，往往自以爲難看可恥。子路則穿了一件破舊的縕袍，與穿狐皮袍子的人共同立在一處，而不覺得羞恥，故孔子特別稱贊他。

『不忮不求，何用不臧？』子路終身誦之。子曰：『是道也，何足以臧？』

爲不善乎。此衞風雄雉之詩．孔子引之．以美子路也．呂氏曰．貧與富交．強者必忮．弱者必求．終身誦之．則自喜其能．而不復求進於道矣．故夫子復言此以警之．謝氏曰．恥惡衣惡食．學者之大病．善心不存．蓋由於此．子路之志如此．其過人遠矣．然以衆人而能此．則可以爲善矣．子路之賢．宜不止此．而終身誦之．則非所以進於日新也．故激而進之．范氏曰．小人之在治世．或與君子無異．惟臨利害．遇事變．然後君子之所守可見也．謝氏曰．士窮見節義．世亂識忠臣．欲學者必周於德．明足以燭理．故不惑．理足以勝私．故不憂．氣足以配

『不忮不求，何用不臧』二語，見詩經衞風雄雉篇。毛傳云：『忮，害也。臧，善也。』按說文云：『忮，很也。』按忮音志。有所很嫉忌害叫做『忮』；有所歆羨貪慕叫做『求』。言人能不忮不求，則何用爲不善也。子路常念誦此二語，以爲此二語可以終身行之。孔子以其所取者太小，故告之曰：『是或一道也，但亦何足以爲盡善乎？』蓋望其更進一步耳。按此章，漢人舊解，絕不與上章相涉。作疏者始謂與上章相連，孔子引詩以美子路，子路聞譽自喜，故終身誦之。朱注亦采疏說。似把子路看得太低；且孔子既引詩以贊之，是已取『何用不臧』之意，而又忽云：『何足以臧，』亦先後矛盾。本篇注疏本三十章，經典釋文則云三十一章。陸德明所見之本，殆即分『不忮不求』以下，另爲一章。史記弟子列傳載衣敝縕袍一事，亦無『不忮不求』二句。故仍以分立一章爲是。

子曰：『歲寒，然後知松柏之後彫也。』

孔子以松柏比堅毅卓絕的君子。以松柏歲寒後彫，喻君子之處亂世，而不改其操，臨患難，而不變其節。尋常的草木，在春夏和暖的時候，都開花結果，枝葉茂盛；一到冬天，經了霜雪，就葉落枝枯，不見活氣。只有松樹、柏樹，雖到寒冷的時節，仍舊不會彫枯，這是松柏能耐寒冷的緣故。按莊子讓王篇云：『天寒既至，霜雪既降，吾是以知松柏之茂也。陳蔡之隘，於丘其幸乎！』是此章爲孔子厄於陳蔡時謂子路之言。

子曰：『知*者不惑。仁者不憂。勇者不懼。』

『知』今作『智』。朱注云：『明足以燭理，故不惑；理足以勝私，故不憂；氣足以配道義，故不懼。』

子曰：『可與共學，未可與適道。可與適道，未可與立。可與立，未可與權。』

『與』即『以』。淮南子氾論訓引此章，即『與』『以』錯出。朱注云：『權，稱錘也，所以稱物而知其輕重者也。『可與權，』謂能權輕重，使合義也。』按可與共學，謂可與切磋琢磨共同研究學問。但雖力學而其志或在利祿，或在聲聞，或在記誦詞章，故曰『未可適道。』志在適道者，又或所守不堅，半途而廢，故曰『未可與立。』能守道而卓然有以自立矣，或知常而不知變，則亦未能通經達權，故曰『未可與權。』按漢儒連下唐棣之華爲一章，故以『權』爲反經合道。程子以其近於權術權變之說而非之，故曰『權經也。』朱子謂以孟子『嫂溺援之以手』之義推之，則權與經亦當有辨云。

道義．故不懼．此學之序也．可與者．言其可與共爲之事也．程子曰．知可與共學．知所以求之也．可與適道．知所往也．可與立者．篤志固執而不變也．權．稱錘也．所以稱物而輕重者也．可與權．謂能權輕重．使合義也．楊氏曰知爲己．則可與共學矣．學足以明善．然後可與適道．信道篤．然後可與立．知時措之宜．然後可與權．洪氏曰．易九卦．終於巽以行權．權者．聖人之大用．未能立而言權．猶人未能立而欲行．鮮不仆矣．程子曰．漢儒以反經合道爲權．故有權變權術之論．皆非也．權只是經也．自漢以下．無人識權字．愚按先儒誤以此章連下文偏其反而爲一章．故有反經合道之說．程子非之．是矣．然以孟子嫂溺援之以手之義推之．則權與經．亦當有辨．

〔問題〕

（一）何以謂孔子罕言『利』『命』『仁』三者？

（二）何謂『博學而無所成名？』

（三）何謂『絕四？』

（四）『多能』是否即可稱『聖？』

（五）孔子川上之語，其旨安在？

(六)孔子爲山之喻，其義如何？
(七)後生何以可畏？
(八)聞『法語之言』『巽與之言』，應當如何？
(九)知仁勇三達德功效如何？

先進篇

從・去聲・孔子嘗厄於陳蔡之間・弟子多從之者・此時皆不在門・故孔子思之・蓋不忘其相從於患難之中也・

行・去聲・弟子因孔子之言・記此十人・而并目其所長・分爲四科・孔子教人・各因其材・於此可見・程子曰・四科乃從夫子於陳蔡者爾・門人之賢者・固不止此・曾子傳道而不與焉・故知十哲・世俗論也・

子曰：「從我於陳蔡者，皆不及門也。」

孔子曾在陳蔡之間絕糧；這時同憶相從於患難中的弟子都不在門，心裏記念他們，所以說：「從我在陳蔡受難的弟子，現在都不在門下了！」按「不及門」訓「不在門」，是朱子之說。何解引鄭玄注及邢疏皇疏均訓爲「不及仕進之門。」謂「孔子言時世亂離，非唯我道不行；只我門徒雖從我在陳蔡者，亦不復及仕進之門。」劉氏正義說：「孟子云：『君子之厄於陳蔡之間，無上下之交，』即此所云不及門也。」又說：「夫子周遊，亦賴羣弟子仕進，得以維護之；今未有弟子仕陳蔡，故致此困厄也。」則以此語爲孔子自言所以阨於陳蔡之故。

*德行：顏淵、閔子騫、冉伯牛、仲弓。言語：宰我、子貢。政事：冉有、季路。文學：子游、子夏。

「行，」去聲。此章是記述孔子的高足弟子。孔子弟子三千人，身通六藝者七十二；而此十人，尤爲傑出也。朱註與上章合爲一章，則此十人是從孔子於陳蔡者。

孔子之學，是學做人；所以「德行」列在第一。「言語」列第二者，因孔子時列國並立，做官的人，常要出國辦外交，所以說話極其注重。「政事」是有政治學識而能從政的人才。「文學」者，能讀詩書知典則的人。十人均稱字，其名已散見以前各篇。

子曰：「回也，非助我者也；於吾言無所不說。」

說．音悅．助我．若子夏之起予．因疑問而有以相長也．顏子於聖人之言．默識心通．無所疑問．故夫子云然．其辭若有憾焉．其實乃深喜之．胡氏曰．夫子之於回．豈眞以助我望之．蓋聖人之謙德．又以深贊顏子云爾．

『助我』指質疑問難，以啓發孔子的施教，如孔子稱子夏的『起予』。說，今作悅。顏淵對於孔子的話，默識心通，無所疑問的，所以不能爲孔子啓發也。舊解多作此說，惟皇疏引孫綽曰：『所以每說吾言，理自玄同耳，非爲助我也。』則謂『助我』爲『幫助我，』此另一說。

子曰：「孝哉閔子騫！人不閒於其父母昆弟之言。」

閒．去聲．胡氏曰．父母兄弟．稱其孝友．人皆信之．無異詞者．蓋其孝友之實．有以積於中而著於外．故夫子歎而美之．

朱注之胡氏曰：『父母兄弟稱其孝友，人皆信之無異詞者，蓋其孝友之實有以積於中而著於外，故夫子歎而美之。』此訓『閒』爲『異，』言父母兄弟稱閔子騫孝友，別人也稱閔子騫孝友，而無異辭；『孝哉閔子騫』一句，即爲別人稱閔子之言，故稱閔子之字也。劉氏正義曰：『「不」字作「無」字解。人無非閒之言，不是無非閒閔子之言，乃無非閒其父母昆弟之言。』此解『閒』字與『禹吾無閒然矣』之『閒』同。『人不閒於其父母昆弟之言』者，言人於其父母昆弟無閒言也。後漢書范升傳云：『升聞子以人不閒於其父母爲孝，臣以下不非其其君上爲忠。』即本此義。太平御覽孝部引說苑云：『閔子騫母死，其父更娶，復有二子。子騫爲其父御車，失轡。父持其手，衣甚單，父歸，呼其後母兒，持其手，衣甚厚溫。即謂其婦曰：『吾所以娶汝，乃爲吾子。今汝欺我，去無留！』子騫曰：『母在一子單，母去三子寒。』其父默然。故曰孝哉閔子騫，一言其母還，再言三子溫。』韓詩外傳亦載此事，并謂其母改悔，遂成慈母。據此，則人之所以無閒言於其父母兄弟者，以閔子騫之能感格之；此與舜之感化父母及象正同，故孔子稱其孝。

顏淵死。子曰：「噫！天喪予！天喪予！」

『噫』，歎聲。『天喪予』，意思是說顏淵喪亡，和天喪亡我自己一樣；連說兩句，痛悼之深也。

顏淵死，子哭之慟。從者曰：「子慟矣！」曰：「有慟乎？非夫人之爲慟而誰爲？」

『慟』者，悲傷過甚也。顏淵死的時候，孔子往顏淵家哭之，悲傷過甚。從者，是從孔子往顏淵家去的弟子，見孔子悲傷到這樣地步，所以說『子慟矣！』『有慟乎』者，是孔子不自知已之悲傷過甚，聽見從者說，他就問道：『我悲傷過甚了嗎？』接着又說道：『我不爲這個人悲傷過甚，還爲那一個人這樣悲傷呢？』『夫』音扶。『夫人』，就是『這個人』。

季路問事鬼神。子曰：「未能事人，焉能事鬼？」曰：「敢問死。」曰：「未知生，焉知死？」

季路，卽子路。子路問對於鬼神應如何奉事。『子曰「未能事人，焉能事鬼」』者，劉氏正義說：『事人，若子事父，臣事君是也。「爲能事鬼」言鬼，則神可知。或以「事鬼」下脫「神」字，非也。』子路又由鬼而連想到死，就再問孔子。『曰「未知生，焉知死」』言未能知道『生』，怎能知道『死』也。蓋孔子主張『務民之義，敬鬼神而遠之』，故於子貢問死後有知無知，亦答以『死，徐自知之，未爲晚也。』（見說苑）與此答子路之問其旨相同。

喪・去聲・噫・傷痛聲・悼道無傳・若天喪己也・

慟・去聲・哀傷之至・不自知也・夫・音扶・爲・去聲・夫人・謂顏淵・言其死可惜・哭之宜慟・非他人之比也・胡氏曰・痛惜之至・施當其可・皆情性之正也・

焉・於虔反・問事鬼神・蓋求所以奉祭祀之意・而死者・人之所必有・不可不知・皆切問也・然非誠敬足以事人・則必不能事神・非原始知所以生・則必不能反終而知所以死・蓋

幽明始終．初無二理．但學之有序．不可躐等．故夫子告之如此．
程子曰．晝夜者．生死之道也．知生之道．則知死之道．盡事人之道．則盡事鬼之道．死生人鬼．一而二．二而一者也．或言夫子不告子路．不知此乃所以深告之也．

程子曰．言其聲之不和．與己不同也．家語云．子路鼓瑟．有北鄙殺伐之聲．蓋其氣質剛勇．而不足於中和．故其發於聲者如此．門人以夫子之言．遂不敬子路．故夫子釋之．升堂入室．喻入道之次第．言子路之學．已造乎正大高明之域．特未深入精微之奧耳．未可以一事之失．而遽忽之也．

爲．去聲．周公以王室至親．有大功．位冢宰．其富宜矣．季氏以諸侯之卿．而富過之．非攘奪其君．刻剝其民．何以得此．冉有爲季氏宰．又爲之急賦稅．以益其富．

子曰：「由之瑟，奚爲於丘之門？」門人不敬子路。子曰：「由也升堂矣！未入於室也。」

瑟是一種樂器，鼓瑟的聲音，要和而能使人優游自得才好。子路好勇喜鬥，所以他鼓瑟，變成一種殺伐的聲音。孔子不以爲然，就對門弟子說：『由的這種鼓瑟，怎麼鼓到我（丘）的門裏來了？』門弟子聽了孔子說子路的錯處，就看不起子路，不敬重他。孔子知道門人不敬子路的原因，於是又對門人解釋道：『由的人品學問已經是好的了，不過沒到頂好的地步；譬如一個人已經走到堂上，還沒有走進室內罷了！』按子路鼓瑟事亦見說苑修文篇。

季氏富於周公，而求也爲之聚斂而附益之。子曰：「非吾徒也！小子鳴鼓而攻之可也。」

周公爲武王之弟，成王之叔，官冢宰，封魯侯，其富宜也。季氏不過魯國一個貴族，他的財產，竟比周公還要富，已經是不應該了。不料冉求爲季氏宰，還要幫他搜刮錢財，增加季氏的財富，故孔子深惡而痛絕之，曰：『非吾徒也！』並命其餘的學生對冉有聲罪致討，故又曰：『小子鳴鼓而攻之可也。』按孟子離婁篇亦載此事。

非吾徒・絕之也・小子鳴鼓而攻之・使門人聲其罪以責之也・聖人之惡黨惡而害民也如此・然師嚴而友親・故已絕之・而猶使門人正之・又見其愛人之無已也・

范氏曰・冉有以政事之才・施於季氏・故爲不善至於如此・由其心術不明・不能反求諸身・而以仕爲急故也・

子路問：「聞斯行諸？」子曰：「有父兄在，如之何其聞斯行之？」冉有問：「聞斯行諸？」子曰：「聞斯行之！」公西華曰：「由也問「聞斯行諸？」子曰：「有父兄在。」求也問「聞斯行諸？」子曰「聞斯行之。」赤也惑，敢問。」子曰：「求也退，故進之；由也兼人，故退之。」

兼人・謂勝人也・張敬夫曰・聞義固當勇爲・然有父兄在・則有不可得而專者・若不稟命而行・則反傷於義矣・子路有聞・未之能行・唯恐有聞・則於所當爲不患其不能爲矣・特患爲之之意或過・而於所當稟命者有闕耳・若冉求之資稟失之弱・不患其不稟命也・患其於所當爲者・逡巡畏縮而爲之不勇耳・・聖人一進之・一退之・所以約之於義理之中・而使之無過不及之患也・

『聞斯行諸』者，就是『聽見了一句話當卽去做嗎？』『諸』『之乎』二字之合音。子路所問的話和冉有相同。孔子答子路則說：『有父兄在應該請示於父兄，然後去做，那裏好一聽見就去做呢？』答冉有則說：『聽見了，就去做罷！』公西華因二人問的同是一句說話，而孔子答話不同，故曰『赤也惑，敢問。』『赤』是公西華的名。孔子把答兩人不同之意告訴公西華道：『冉有做事有些畏畏縮縮，不肯向前，所以教他上緊一些。子路的性質遇事勇往直前，往往憑自己的勇氣要一個人去做兩個人的事體，教他做事要退一步。』這就是孔子的『因材施教』。

子路、曾皙、冉有、公西華侍坐。子曰：「以吾一日長乎爾，毋吾以也。居則曰：『不吾知也。』如或知爾，則何以哉？」

曾皙是曾參的父親，名點。有一天，子路、曾皙、冉有、公西華四人侍坐在孔子身邊。孔子對他們說道：『你們以我的年紀比你們大一些罷？但你們不要以我年紀大些，在我面前，不敢把心裏的話爽爽快快的說。』居謂平居之時。『不吾知』即是『不知吾』。意思是說：『你們平時常說「沒有人知道我。」如或有人知道你，能用你們，那麼你們將何以自見其長呢？』

子路率爾而對曰：「千乘之國，攝乎大國之間，加之以師旅，因之以饑饉；由也為之，比及三年，可使有勇，且知方也。」夫子哂之。

『率爾』是莽撞輕率，不加思索之貌。『攝乎大國之間』，就是夾在大國的中間，『加之以師旅，因之以饑饉』者，『師旅』是軍隊，二千五百人爲『師』，五百人爲『旅』；此指戰事而言。『饑饉』是災荒。這句話的意思是：千乘之國，夾在大國中間，又加之以軍事，並因此而遇着荒年也。『比』音避。『比及』到也。『方』義方，知方，民知向義也。這是說：使我子路治理起來，到了三年，就可使百姓

坐・才臥反・皙・曾參父・名點・長・上聲・言我年雖少長於女・然女勿以我長而難言・蓋誘之盡言以觀其志・而聖人和氣謙德・於此亦可見矣・言女平居・則言人不知我・如或有人知女・則女將何以爲用也・乘・去聲・饑・音機・饉・音僅・比・必二反・下同・哂・詩忍反・率爾・輕遽之貌・攝・管束也・二千五百人爲師・五百人爲旅・因・仍也・穀不熟日饑・菜不熟日饉・方・向也・謂向義也・民向義・則能

親其上・死其長矣・哂・微笑也・求爾何如・孔子問也・下放此・方六七十里・小國也・如・猶或也・五六十里・則又小矣・足・富足也・俟君子・言非己所能・冉有謙退・又以子路見哂・故其辭益遜・相・去聲・公西華志於禮樂之事・嫌以君子自居・故將言己志・而先爲遜詞・言未能而願學也・宗廟之事・謂祭祀・諸侯時見日會・衆頫日同・端・玄端服・章甫・禮冠・相・贊君之禮者・言小・亦謙辭・鏗・苦耕反・舍・上聲・撰・士

都有武勇且能夠曉得向義，爲國效死也。哂，笑也。曲禮云：『笑不至矧。』鄭玄注：『齒本曰矧，大笑則見。』釋文：『矧本又作哂。』是哂者笑而露齒也。

「求爾何如？」對曰：「方六七十，如五六十，求也爲之，比及三年，可使足民。如其禮樂*，以俟君子。」

此孔子又以次問冉求也。『對曰』以下冉有答辭。『如』，或也。言面積六七十方里或五六十方里的小國也。冉有善治賦，故云：『求也爲之比及三年可使足民。』百姓既已富足，就當教以禮樂。但冉有自謙，故說：『如其禮樂以俟君子。』冉有見子路見哂，所以愈加謙遜。

「赤爾何如？」對曰：「非曰能之，願學焉。宗廟之事，如會同，端章甫，願爲小相*焉。」

孔子問了冉有以後，又問公西華。『非曰能之願學焉』者，是公西華未說志願，先說謙虛話也。『宗廟之事』，是說在宗廟裏祭祀的事體。『如』與也。『會同』，諸侯相會見也。『端』，玄端，禮服；章甫，玄冠，禮冠也。諸侯祭祀會同都有『相』，即贊禮之人。公西華自謙不敢爲大相，而願在諸侯行此二禮時做一小相也。一說：『宗廟之事』是朝聘，『會同』是許多諸侯相聚會，其聚會在壇坫而不在宗廟。又『端章甫』三字，或說是做『相』的自己穿玄端之服，戴章甫之冠；一說是諸侯穿此服，戴此冠。

「點爾何如？」鼓瑟希*，鏗爾*，舍瑟而作，對曰：「異乎免反・莫冠並去聲・沂・魚依反・雩・音于・四子侍坐・以齒爲序・則點當次對・以方鼓瑟・故夫子先問求赤而後及點也・希・間歇也・作・起也・撰・具也・莫春・和煦之時・春服・單袷之衣・浴・盥濯也・今上巳祓除是也・沂・水名・在魯城南・地志以爲有溫泉焉・理或然也・風・乘涼也・舞雩・祭天禱雨之處・有壇墠樹木也・詠・歌也・曾點之學・蓋有以見夫人欲盡處・天理流行・隨處充滿・無少欠闕・故其動靜之際・從容如此・而其言志・則

三子者之撰。」

此孔子又問曾晳也。『鼓』作彈解。曾晳這時候，剛在彈瑟，聽見孔子問自己，停止彈瑟，初則瑟聲稀疏，繼則『鏗』然的一聲停住不彈也。『作』起也。『舍瑟而作』就是推開不彈的瑟而站起來也。『撰』具也言和他們三個人所具的志願不同也。鄭玄本『撰』作『僎』注云：『僎讀曰詮；詮言之善也。』鄭以點爲謙言謂不能如三子之言之善也。此別一解。

子曰「何傷乎？亦各言其志也。」

孔子聽曾晳說與前三子的志趣不同，所以說道：『這有何妨礙呢？』也不過各人自己說說自己的志趣而已。』

曰「莫春者，春服既成，冠者五六人，童子六七人，浴乎沂，風乎舞雩，詠而歸。」夫子喟然歎曰「吾與點也！」

莫，今作暮。冠，音貫去聲。沂，音遺。雩，音于。喟，音愧。此又是曾晳之答辭。『莫』今作『暮。』暮春，即夏曆三月。『春服既成』言單衣夾衣都做成也。冠者是二十歲以外的人古時，一個人到了二十歲算爲成人，要行冠禮。童子，是未冠的人。沂，水名，在魯城南。『浴乎沂』者到沂水裏去洗浴也。『風』是乘涼。『舞雩』是天旱時的求雨壇，壇上多種樹木故有蔭可乘涼。詠者吟詩。歸是歸來。這一段是曾晳說自己的志趣喜歡在暮春的時候單夾的春衣都做成了，同廿歲以外的人五六個廿歲以內的又不違卽其所居之位・樂其日用之常・初無舍己爲人之意・而其胸次悠然・直與天地萬物上下同流・各得其所之妙・隱然自見於言外・視三子之規規於事爲之末者・其氣象不侔矣・故夫子歎息而深許之・而門人記其本末・獨加詳焉・蓋亦有以識之矣・

夫音扶・

人六七個，到沂水裏洗個浴，再到舞雩的地方去乘一會凉；然後一路上，吟吟詩，大家高高興興的歸來。孔子聽了曾皙的話，微微的歎了一聲道：『我倒是贊成你的！』按論衡明雩篇解此，謂魯設雩祭於沂水之上，冠者童子卽雩祭之樂人，『浴乎沂』是涉沂而往，『風乎』之『風』爲『諷歌』，『詠而歸』爲『歌詠饋祭』，『歸』當作『饋』。此別一解。

三子者出，曾皙後。曾皙曰：「夫*三子者之言何如？」子曰：「亦各言其志也已矣！」

『三子』卽子路、冉有、公西華。三子出，曾皙在後未去，又問孔子：『他們三人所說的話怎樣？』『夫』，音扶，彼也。孔子答：『也不過各人自己說說自己的志趣而已！』

曰：「夫子何哂由也？」曰：「爲國以禮，其言不讓，是故哂之。」

點以子路之志・乃所優爲・而夫子哂之・故請其說・夫子蓋許其能・特哂其不遜・

『曰』者，曾皙又問也。曾皙問孔子：『那末，夫子爲甚麽笑子路呢？』第二個『曰』字，是孔子答。言治國當以禮。禮貴謙讓。子路之言不讓，所以我笑他。

〔問題〕（一）孔子高足弟子於四科各有所長，試列舉之。

（二）本篇所記，孔子和顏淵的情誼如何？

（三）本篇所記，孔子對子路的批評如何？

（四）本篇所記，孔子對冉有的批評如何？
（五）子路冉求同問『聞斯行諸』何以孔子的答語不同？
（六）孔子使弟子言志，何以哂子路而贊曾晳？

顏淵篇

仁者・本心之全德・克・勝也・己・謂身之私欲也・復・反也・禮者・天理之節文也・爲仁者所以全其心之德也・蓋心之全德・莫非天理・而亦不能不壞於人欲・故爲仁者・必有以勝私欲・而復於禮・則事皆天理・而本心之德・復全於我矣・歸・猶與也・又言一日克己復禮・則天下之人・皆與其仁・極言其效之甚速而至大也・又言爲仁由己・而非他人所能預・以見其機之

顏淵問仁。子曰：「克己復禮爲仁。一日克己復禮，天下歸仁焉！爲仁由己，而由人乎哉？」顏淵曰：「請問其目。」子曰：「非禮勿視。非禮勿聽。非禮勿言。非禮勿動。」顏淵曰：「回雖不敏，請事斯語矣！」

集解馬曰：『克己，約身。』孔曰：『復反也。』按『克己』就是制住自己，約束自己。反猶歸也。『克己復禮』者言約束自己，使件件事歸於禮，卽『約之以禮』也。『爲仁』卽『行仁』，亦卽『用力於仁』；『爲』猶事也。言『克己復禮』就是行仁之道。『天下歸仁』者，言天下都以仁之名歸他，大家稱他爲仁人也。漢書王莽傳贊『宗族稱孝，師友歸仁。』稱歸並舉，歸卽稱也。此句言爲仁之效。『一日』者極言其效之速；『天下』者，極言其效之大也。『爲仁由己，而由人乎哉』是說行仁在已，不在人也。朱注訓『克』爲『勝』，『己』爲『私欲』，『復禮』爲反於天理。與集解不同。

顏淵聽了孔子的話，大旨已經明白，故又問：『復禮』的細目如何。孔子答以『非禮勿視，非禮勿聽，非禮勿言，非禮勿動。』『勿』禁止之詞。此四者，卽所以『克己復禮』也。顏淵聽了此話，完全明白；孔子的意思，所以說：『回雖不敏，請事斯語矣！』『事』動詞。『請事斯語』者，請卽從事於此語在我・而無難一也。
也・日日克之・不以爲難・則私欲淨盡・天理流行・而仁不可勝用矣・程子日・非禮處便是私意・旣是私意・如何得仁・須是克盡己私・皆歸於禮・方始是仁・又日・克己復禮・則事事皆仁・故日・天下歸仁・謝氏日・克己・須從性偏難克處克將去・

目・條件也・顏淵聞夫子之言・則於天理人欲之際・已判然矣・故不復有所疑問・而直請其條目也・非禮者・己之私也・勿者・禁止之辭・是人心之所以爲主・而勝私復禮之機也・私勝則動容周旋・無不中禮・而日用之間・莫非天理之流行矣・事・如事事之事・請事斯語・顏子默識其理・又自知其力有以勝之・故直以爲己任而不疑也・

程子日・顏子問克己復禮之目・子日・非禮勿視・非禮勿聽・非禮勿言・非禮勿動・四者・身之用也・由乎中而應乎外・制於外・所以養其中也・顏淵事斯語・所以進於聖人・後之學聖人者・宜服膺而勿失也・因箴以自警・其視箴日・心兮本虛・應物無跡・操之有要・視爲之則・蔽交於前・其中則遷・制之於外・以安其內・克己復禮・久而誠矣・其聽箴日・人有秉彝・本乎天性・知誘物化・遂亡其正・卓彼先覺・知止有定・閑邪存誠・非禮勿聽・其言箴日・人心之動・因言以宣・發禁躁妄・內斯靜專・矧是樞機・興戎出好・吉凶榮辱・惟其所召・傷易則誕・傷煩則支・己肆物忤・出悖來違・非法不道・欽哉訓辭・其動箴日・哲人知幾・誠之於思・志士勵行・守之於爲・順理則裕・從欲惟危・造次克念・戰兢自持・習與性成・聖賢同歸・愚按此章問答・乃傳授心法・切要之言・非至明不能察其幾・非至健不能致其決・故惟顏子得聞之・而凡學者亦不可以不勉也・程子之箴・發明親切・學者尤宜深玩・

仲弓問仁。子曰：「出門如見大賓；使民如承大祭。己所不欲，勿施於人。在邦無怨，在家無怨。」仲弓曰：「雍雖不敏，請事斯語矣！」

敬以持己・恕以及物・則私意無所容・而心德全矣・內外無怨・亦以其效言之・使以自考也・

程子日・孔子言仁・只說出門如見大賓・使民如承大祭・看其氣象・便須心廣體胖・動容周旋中

大賓，是貴重的賓客。大祭，是重要的祭祀。『出門如見大賓，使民如承大祭』者，孔子告仲弓行仁之道，首須敬也。這就是待人辦事，都要規規矩矩，恭恭敬敬，不可隨便輕率也。『己所不欲，勿施於人』者，是推己也，就是大學的『絜矩之道』；此孔子告仲弓行仁之道，又須恕也。一個人能敬以待人，人亦自然敬他。能恕以待人，人亦自然愛他。無論仕於諸侯的邦國，或仕於卿大夫的家，自然無怨恨他的人。故曰『在邦無怨，在家無怨。』此孔子告仲弓敬與恕之效，亦即行仁之效也。

禮．唯謹獨．便是守之之法．或問出門使民之時．如此可也．未出門使民之時．如之何．曰．此儼若思時也．有諸中而後見於外．觀其出門使民之時．其敬如此．則前乎此者．敬可知矣．非因出門使民．然後有此敬也．愚按．克己復禮．乾道也．主敬行恕．坤道也．顏冉之學．其高下淺深．於此可見．然學者誠能從事於敬恕之間．而有得焉．亦將無己之可克矣．

司馬牛問仁。子曰：「仁者，其言也訒。」曰：「其言也訒，斯謂之仁矣乎？」子曰：「為之難，言之得無訒乎？」

司馬牛，孔子弟子，就是宋桓魋之弟。史記仲尼弟子列傳說他名耕，字子牛。但集解引孔註說他名犂。訒者，忍也。司馬牛問仁，孔子告以『仁者，其言也訒』者，就是說『能仁的人，他有難言之事，亦必忍而言之。』蓋忍而言正所以達其不忍之情也。當時牛之兄魋為惡，孔子以牛應涕泣而道，故告他行仁之道如此。司馬牛聽了孔子的話，不明白忍而言正所以達其不忍之情，以為仁者必有不忍之心，忍而言怎麼可說是仁呢？所以又問『其言也訒，斯謂之仁矣乎？』『為之難』的『為』與『夫子為衛君乎』之『為』同義，言為惡之人，等到身敗名裂，要救助他，是很難的。後來救助很難，故當趁早勸阻。既欲趁早勸阻，說話可以怕傷感情而不忍嗎？孔子這話把忍而言正所以達其不忍之情的意義，解釋得很明白。此劉氏正義說。朱注云『訒，忍也，難也。仁者心存而不放，故其言若有所忍而不易發。蓋其德之一端也。夫子以牛多言而躁，故告之以此。』又引楊氏曰『觀此及下章再問之語，牛之易其言可知。』與劉氏說異，但亦可通。

司馬牛．孔子弟子．名犂．向魋之弟．訒．音刃．訒．忍也．難也．仁者．心存而不放．故其言若有所忍而不易發．蓋其德之一端也．夫子以牛多言而躁．故告之以此．使其於此而謹之．則所以為仁之方．不外是矣．牛意仁道至大．不但如夫子之所言．故夫子又告之以此．蓋心常存．故事不苟．事不苟．故其言自有不得而易者．非強閉之而不出也．楊氏曰．觀此及下章再問之語．牛之易其言可知．

程子曰・雖爲司馬牛多言・故及此・然聖人之言・亦止此爲是・愚謂牛之爲人如此・若不告之以其病之所切・而泛以爲仁之大概語之・則以彼之躁・必不能深思以去其病・而終無自以入德矣・故其告之如此・蓋聖人之言・雖有高下大小之不同・然其切於學者之身・而皆爲入德之要・則又初不異也・讀者其致思焉・

司馬牛問君子。子曰：「君子不憂不懼。」曰：「不憂不懼，斯謂之君子矣乎？」子曰：「內省不疚，夫何憂何懼？」

向魋作亂・牛常憂懼・故夫子告之以此・夫・音扶・牛之再問・猶前章之意・故復告之以此・疚・病也・言由其平日所爲・無愧於心・故能內省不疚・而自無憂懼・未可遽以爲易而忽之也・晁氏曰・不憂不懼・由乎德全而無疵・故無入而不自得・非實有憂懼・而強排遣之也・

司馬牛自宋來學，知其兄桓魋有寵於宋景公而爲害於公，將有身敗名裂覆宗絕世之禍，故憂懼特甚。所以他問君子，孔子答以『君子不憂不懼』也。司馬牛聽了孔子的話，以爲不憂不懼怎麼就可以算爲君子呢？孔子又答道：『內省不疚，夫何憂何懼。』『內省』，是內心反省；『疚』是慚愧悔恨。『夫』音扶。君子不做對不住人的事，自己反省，毫無愧怍，還擔甚麼憂，還怕甚麼呢？』

司馬牛憂曰：「人皆有兄弟，我獨亡！」子夏曰：「商聞之矣：『死生有命，富貴在天。』君子敬而無失，與人恭而有禮，四海之內皆兄弟也」君子何患乎無兄

牛有兄弟而云然者・憂其爲亂而將死也・蓋聞之夫子・命稟於有生之初・非今所能移・天莫之爲而爲・非我所能必・但當順

受而已。既安於命。又當修其在己者。故又言苟能持己以敬而不間斷。接人以恭而有節文。則天下之人。皆愛敬之如兄弟矣。蓋子夏欲以寬牛之憂。故爲是不得已之辭。讀者不以辭害意可也。胡氏曰。子夏四海皆兄弟之言。特以廣司馬牛之意。意圓而語滯者也。唯聖人則無此病矣。且子夏知此　而以哭子喪明。則蔽於愛而昧於理。是以不能踐其言爾。

譖。莊蔭反。愬。蘇路反。浸潤。如水之浸灌滋潤。漸漬而不驟也。譖。毀人之行也。膚受。謂肌膚所受。利害切身。如易所謂剝牀以膚。切近災者也。愬。愬己之冤也。毀人者

弟也？」

『亡』今作無。桓魋有寵於宋景公而害於公，公將討之，未發，魋先謀公。公伐桓氏，魋叛，奔衛，又奔齊。見左傳哀十四年。司馬牛兄弟本有多人長於魋者，尚有向巢幼於魋者，尚有子頎子車。子頎子車皆黨惡；向巢伐魋不克，不得入國，入曹，又奔魯。牛亦致邑與珪而適齊，又適吳，後過魯而卒於魯東門之外。此章所記，或云在事發後，或云在事未發時。『死生有命』至『皆兄弟也』都是子夏平日所聞的成語，故以『商聞之矣』四字冠之。『死生有命，富貴在天』者，言一個人的死生富貴有命在天，不可以人力挽回。子夏引此二句，蓋以慰司馬牛。『敬而無失』者，敬以持己而沒有過失也。與人恭而有禮者，恭以待人而事事遵禮也。四海之內，皆兄弟也』者，能如此，則四海之內的人都願和他親近，都可算是他的兄弟了。『君子何患乎無兄弟也』句，是子夏引成語後自己所加的按語。

子張問明。子曰：「浸潤之譖，膚受之愬，不行焉，可謂明也已矣！浸潤之譖，膚受之愬，不行焉，可謂遠也已矣！」

『譖』音莊蔭反，以讒言毀人曰譖。『浸潤之譖』謂讒言毀人如水之浸物，漸漸浸透也。『愬』今作『訴』。『膚受』者，謂本無情實，徒爲皮膚外語也。文選東京賦云『末學膚受』，注云『膚受，謂皮傳之不經于心胸』。此集解馬說。朱注謂『愬』爲愬己之冤；『膚受』謂肌膚所受利害切身，

如易『剝牀以膚，切近災也』之義蓋訴寃之辭，儼似有切身之痛，則聽者易信爲眞也。其說亦說膚受者，言如皮膚之受塵埃，漸漸積成汚垢，則與浸潤之義同矣。尙書太甲云：『視遠惟明。』孝明之至也。周書謚法解云：『譖訴不行曰明。』與本章所說正同。

•漸漬而不驟，•則聽者不覺其入而信之深矣•愬寃者•急迫而切身•則聽者不及致詳•而發之暴矣•二者難察而能察之•則可見心之明•而不蔽於近矣•此亦必因子張之失而告之•故其辭繁而不殺•以致丁寧之意云•楊氏曰•驟而語之•與利害不切於身者•不行焉•有不待明者•能之也•故浸潤之譖•膚受之愬•不行然後謂之明•而又謂之遠•遠則明之至也•書曰•視遠惟明•

子貢問政。子曰：「足食，足兵，民信之矣。」子貢曰：「必不得已而去，於斯三者何先？」曰：「去兵。」子貢曰：「必不得已而去，於斯二者何先？」曰：「去食。自古皆有死，民無信不立。」

子貢問政，孔子答以『足食，足兵，民信之矣』者，以此三者爲政治的要項也。『足食』之食，指民食。『足兵』之兵，兼指軍器和徒卒。『民信之』，是使人民信仰政府。子貢又問：『萬一這三件事不能都做到，那一件可以暫時先去掉？』孔子答道：『去兵。』子貢又問：『萬一「足食」和「民信之」兩件事還不能都辦到，那末，又把那一件先去掉呢？』孔子又答道：『去食。』把足食的去了，不將有餓死的人嗎？故接下去說：『自古皆有死，民無信不立。』蓋『死』是自古以來人人所不能免的。人民如能信仰政府，則雖民食不充，軍備不足，亦能效死勿去，與國家共存亡；若爲政者失信於民，則兵

言倉廩實而武備修•然後教化行•而民信於我•不離叛也•去•上聲•下同•言食足而信孚•則無民而守固矣•民無食必死•然死者人之所必不免•無信則雖生而無以自立•不如死之爲安•故寧死而不失信於民•使民亦寧死而不失信於我也•程子曰•孔門

和食雖充足，民亦將叛之；『民爲邦本，』民叛之，國還能立嗎？劉氏正義謂『去兵』是去力役之征。『去食』是賦稅皆蠲除，又發倉廩以振貧窮。此是指國有災荒的時候而言。此別一解。

弟子善問・直窮到底・如此章者・非子貢不能問・非聖人不能答也・愚謂以人情而言・則兵食足・而後吾之信可以孚於民・以民德而言・則信本人之所固有・非兵食所得而先也・是以爲政者・當身率其民・而以死守之・不以危急而可棄也・

稱有若者・君臣之辭・用・謂國用・公意蓋欲加賦以足用也・

徹・通也・均也・周制・一夫受田百畝・而與同溝共井之人・通力合作・計畝均收・大率民得其九・公取其一・故謂之徹・魯自宣公稅畝・又逐畝什取其一・則爲什而取二矣・故有若但取專行徹法・欲公節用以厚民也・二・卽所謂什二也・公以有若不喻其旨・故言此以示加賦之意・

哀公問於有若曰：「年饑，用不足，如之何？」有若對曰：「盍徹*乎？」曰：「二，吾猶不足，如之何其徹也？」對曰：「百姓足，君孰與不足？百姓不足，君孰與足？」

哀公是魯哀公。他問有若道：『年年饑荒，國家的用度不足，怎麼辦呢？』

『盍』卽『何不』二字的急讀。『徹』者，古時田稅的名稱。通盤計算，取十分之一，叫做『徹』。

哀公因用度不足，問有若。有若對道：『何不行十分取一之徹稅呢？』

魯國自宣公十五年初稅畝，（見左傳）田稅已經十分取二。故哀公道：『二，吾猶不足，如之何其徹也？』言我現在取十分之二的稅，還不夠用，如何叫我取十分之一也。有若又對曰：『百姓足，君孰與不足？百姓不足，君孰與足。』孰，猶誰也。百姓與國君，猶一家人。百姓有財，自能供君之用，如此，則君那裏會不足呢？若百姓窮苦了，無財以供君之用，君那裏會足呢？

魯自宣公稅畝以來，已取十分之二之稅，有若豈有不知，『二猶不足，』何以反勸哀公行什一之稅呢？蓋按春秋時代，中國還是地廣人少，不開墾的土地甚多。哀公因國內不夠用，想把錢糧增加。不知徵稅過重，百姓因爲生活難以維持，只得捨田不耕，去另謀生活，或往別國謀生。於是種田的人，越發少了。種田的人一少，錢糧自然也越少。若把錢糧減輕，使種田的人，少出租稅，得以溫飽，或有贏餘則種田的人，自然多起來了。種田的人一多，錢糧自然也越多，用度也不會不足了。所以有若對哀公言何不改行十一之稅也。

民富則君不至獨貧・民貧則君不能獨富・有若深言君民一體之意・以止公之厚斂・爲人上者・所當深念也・楊氏曰・仁政必自經界始・經界正・而後井地均(穀祿平)・而軍國之需・皆量是以爲出焉・故一徹而百度舉矣・上下寧憂不足乎・以二猶不足・而教之徹・疑若迂矣・然什一天下之中正・多則桀・寡則貉・而不可改也・後世不究其本・而唯末之圖・故征斂無藝・費出無經・而上下困矣・又惡知盍徹之當務・而不爲迂乎・

子張問崇德、辨惑。子曰：「主忠信，徙義，崇德也。愛之欲其生，惡之欲其死，既欲其生，又欲其死，是惑也。「誠不以富，亦祇以異。」」

主忠信・則本立・徙義・則日新・惡・去聲・愛惡人之常情也・然人之生死有命・非可得而欲也・以愛惡而欲其生死・則惑矣・旣欲其生・又欲其死・則惑之甚也・此詩小雅我行其野之詞也・舊說・夫子引之・以明欲其生死者・不能使之生死如此詩所言・不足以致富・而適足以取異也・程子曰・此錯

崇德，就是尊重道德。辨惑，就是辨別怎樣是迷惑，使自己不至迷惑。子張問此二事於孔子也。孔子說『主忠信，』『徙義，』就是『崇德』之道。『主忠信』已見學而篇述而篇。記孔子以『聞義不能徙』爲憂，可見二事之重要。『惡』去聲；憎也。一般人對人往往隨愛憎爲轉移。所愛的人，要他活着；所惡的人，要他死去。或者我所愛的人，忽然厭惡他了，便又要他死去；我所惡的人，忽然見愛於我了，便又要他活着。這就是一種迷惑。

『誠不以富，亦祇以異』爲詩經小雅我行其野篇的詩句也。程子以爲『此錯簡，當在第十六篇』齊景公有馬千駟『之上。』宦氏論語稽則曰：『引詩者，斷章取義。「富」如「富哉言乎」之「富」，以富於聞見言；「異」如「異乎三子者之撰」之「異」，以異於庸俗言。言欲崇德辨惑，豈在富於見聞哉？亦只求存養省察之精，有以異於庸俗而已。』

簡。當在第十六篇。齊景公有馬千駟之上。因此下文。亦有齊景公字而誤也。楊氏曰。堂堂乎張也。難與並爲仁矣。則非誠善補過。不蔽於私者。故告之如此。

齊景公。名杵臼。魯昭公末年。孔子適齊。此人道之大經。政事之根本也。是時景公失政。而大夫陳氏厚施於國。景公又多內嬖。而不立太子。其君臣父子之間。皆失其道。故夫子告之以此。景公善孔子之言而不能用。其後果以繼嗣不定，啟陳氏弒君篡國之禍。楊氏曰。君之所以君。臣之所以臣。父之所以父。子之所以子。是必有道矣。景公知善夫子之言。而不知反求其所以然。蓋悅而不繹者。齊之所以卒於亂也。

齊景公問政於孔子。孔子對曰：「君君。臣臣。父父。子子。」公曰：「善哉！信如君不君，臣不臣，父不父，子不子，雖有粟，吾得而食諸？」

景公名杵臼，齊君；景是謚法。魯昭公末年，孔子遊歷齊國，景公問政，當在此時。孔子對他，只不過『君君臣臣，父父子子』八個字。這八個字，就是說爲君者，要盡君道；爲臣者要盡臣道；爲父者，要盡父道；爲子者，要盡子道。景公聽了，也稱贊道：『善哉！』又自己伸明道：『信如君不君，臣不臣，父不父，子不子，雖有粟，吾得而食諸？』『諸』爲『之乎』二字的合音，言雖有粟，吾亦不得而食之也。朱注曰：『是時景公失政，而大夫陳氏厚施於國；景公又多內嬖而不立太子。其君臣父子之間，皆失其道，故夫子告之以此。』又曰：『景公善孔子之言而不能用，其後果以繼嗣不定，啓陳氏弒君篡國之禍。』就事實觀察，是孔子確有先見之明也。

范氏曰。聽訟者。治其末。塞其流也。正其本。清其源。則無訟矣。楊氏曰。子路

子曰：「聽訟，吾猶人也；必也，使無訟乎？」

聽訟，就是審案。『吾猶人也』，是說『我也和人一樣的。』『必也，使無訟乎』者，是說爲政者，必使人不涉訟，方可貴也。孔子之意，以爲爲政者能道之以德，齊之以禮，則民有恥且格，自無爭奪之事，

便不至涉訟也。孔子此語亦見大學。

片言可以折獄・而不知以禮遜爲國・則未能使民無訟者也・故又記孔子之言・以見聖人不以聽訟爲難・而以使民無訟爲貴・

子張問政子曰「居之無倦行之以忠。」

『居之無倦』者言居官行政要始終如一不可始勤終怠也。『行之以忠』者言施政於民，要切切實實求其確於人民有益也。

居・謂存諸心・無倦・則始終如一・行・謂發於事・以忠・則表裏如一・程子曰・子張少仁・無誠心愛民・則必倦而不盡心・故告之以此・

子曰「君子成人之美不成人之惡小人反是。」

人家做好的事情，我去幫助他成功這是『成人之美』人家做不好的事情我不去幫助他，這是『不成人之惡』『小人反是』者小人喜成人之惡而不成人之美也。

成者・誘掖獎勸・以成其事也・君子小人・所存既有厚薄之殊・而其所好・又有善惡之異・故其用心不同如此・

季康子問政於孔子孔子對曰「政者，正也。子帥以正，孰敢不正？」

此章記季康子問政於孔子孔子即就『政』字的意義答之。『政者，正也。』是以音近爲訓。『政』訓中正之正，無非求上下皆歸於正也。但欲在下者歸於中正，必在上者自己先中正才行故又曰『子帥以正，孰敢不正？』『子』指季康子。『帥』今作『率』說文云『先道也。』言你是執政的人，自己先行中正之道，以爲表率，那麼在下的那個敢不歸於中正呢？朱註引胡氏曰『魯自中葉政由大夫，家臣效尤據邑背叛不正甚矣！故孔子以是告之。』

范氏曰・未有己不正而能正人者・胡氏曰・魯自中葉・政由大夫・家臣效尤・據邑背叛・不正甚矣・故孔子以是告之・欲康子以正自克・而改三家之故・惜乎康子之溺於利

欲而不能也・言子不貪欲・則雖賞民使之爲盜・民亦知恥而不竊・胡氏曰・季氏竊柄・康子奪嫡・民之爲盜・固其所也・盍亦反其本耶・孔子以不欲啟之・其旨深矣・奪嫡事見春秋傳・

爲・於虔反・爲政者・民所視效・何以殺爲・欲善・則民善矣・上・一作尙・加也・偃・仆也・尹氏曰・殺之爲言・豈爲人上之語哉・以身教者從・以言教者訟・而況於殺乎・

季康子患盜，問於孔子。孔子對曰：「苟子之不欲，雖賞之不竊。」

此章記孔子答季康子患盜之問與上章之旨同。欲，貪欲也。言「如果你自己不貪財聚貨，則人民都被你感化，就是賞他們去爲盜，他們也自知羞恥而不肯爲盜了。」大學說「堯舜率天下以仁，而民從之；桀紂率天下以暴，而民從之。」蓋儒家之道重在以身作則，以德化民也。按張栻論語解引張載云「假使以子不欲之物賞子使竊，子必不竊。故爲政者先乎足民。……蓋盜生於欲之不足。使之足乎此，則不欲乎彼。此古人弭盜之原也。」按此即孟子「使民菽粟如水火，焉有不仁」之意，義亦可通。

季康子問政於孔子曰：「如殺無道，以就有道，何如？」孔子對曰：「子爲政，焉用殺？子欲善而民善矣！君子之德風，小人之德草。草上之風，必偃。」

此章孔子答辭之旨仍與上二章同。季康子又問政於孔子道「如把無道的壞人殺掉，以成就有道的好人你以爲怎樣？」「子爲政焉用殺」者言「你辦政事何必殺人」也。「焉」平聲，安也，副詞。「子欲善而民善矣」者就是說「你自己想爲善，那麼人民自然都看你的樣也去爲善了。」「君達者，德孚於人，而行無不得之謂。子張務外，夫子蓋已知其發問之意，故反詰之，將以發其病而藥之也。

言名譽著聞也。

聞與達，相似而不同，乃誠僞之所以分，學者不可不審也。故夫子既明辨之，下文又詳言之。夫，音扶。下同。好下，皆去聲。

內主忠信，而所行合宜，審

子』指在上位者；『小人』指人民。『上』同尙，加也。草上之風，卽『草，加之以風。』言在上的君子好像風，在下的人民好像草，風吹在草上，草必跟着風倒來倒去的。說苑君道篇云：『夫上之化下，猶風靡草，東風則草靡而西，西風則草靡而東。』蓋本於此。韓詩外傳載：魯有父子訟者，康子欲殺之。孔子曰：『未可殺也。夫民爲不善，則是上失其道。上陳之敎而先服之，則百姓從風矣。』疑此云康子欲殺無道，卽指父子相訟之人。

子張問：「士何如斯可謂之達矣？」子曰：「何哉，爾所謂達者？」子張對曰：「在邦必聞，在家必聞。」子曰：「是聞也，非達也！*夫達也者，質直而好義，察言而觀色，慮以下人；在邦必達，在家必達。*夫聞也者，色取仁而行違，*居之不疑；在邦必聞，在家必聞。」

子張問孔子一個士人要怎樣方可叫做『達』。『你所說的「達」是什麼呢？』『何哉爾所謂達者』是倒裝句法，就是『爾所謂達者何哉』。子張同對道：『在邦必聞，在家必聞。』這就是子張對於『達』的界說。『邦』指諸侯之國；『家』指大夫之家；『聞』是聲聞之聞。孔子聽了又對他道：『是聞也，非達也。』蓋聞是聲譽，人人都曉得他之謂；『達』是人人都信服他而所行沒有窒礙也。孔子既告子張『在邦必聞，在家必聞』者，是聞而非達，又正式把如何纔可以『達』的道理告子張。所謂『達』者，必定質樸正直而好義，對人家能體察他的言語，觀察他的神色；又自己思慮周詳，態度謙遜，甘爲人下；因此，纔能夠仕於諸侯之國或大夫之家一定做到『達』的地步。『達』的道理，既說明了。又把所謂『聞』者再解說一番。『夫』音扶。『色取仁』者，臉色上表面上裝得像仁人一般。『而行違』者，做出來的事體，都和仁相違背。『居之不疑』者，像煞有介事地自以爲是一個仁人，一些沒有疑惑也。這種假仁假義的人仕於邦國，或大夫之家也，能得到虛譽浮名，使人人曉得他，而成『聞人』也。曾子嘗說：『堂堂乎張也，難與並爲仁矣！』大概子張爲人喜虛榮，尚表面，是個『色取仁而行違，居之不疑』的人，故孔子因其問而不憚反覆以告之也。

於接物而卑以自牧・皆自修於內・不求人知之事・然德修於己・而人信之・則所行自無窒礙矣・行・去聲・善其顏色以取於仁・而行實背之・又自以爲是・而無所忌憚・此不務實・而專務求名者・故虛譽雖隆・而實德則病矣・程子曰・學者須是務實・不要近名・有意近名・大本已失・更學何事・爲名而學・則是僞也・今之學者・大抵爲名・爲名與爲利・雖清濁不同・然其利心則一也・尹氏曰・子張之學・病在乎不務實・故孔子告之・皆篤實之事・充乎內而發乎外者也・當時門人・親受聖人之教・而差失有如此者・況後世乎・

樊遲從遊於舞雩之下，曰：「敢問崇德、脩慝、辨惑。」子曰：「善哉問！先事後得，非崇德與？攻其惡，無攻人之惡，非脩慝與？一朝之忿，忘其身以及其親，非惑與？」

慝・吐得反・胡氏曰・慝之字・從心從匿・蓋惡之匿於心者・脩者治而去之・善其切於爲己・

與・平聲・

先事後得・猶言先難後獲也・爲先所當爲・而不計其功・則德日積而不自知矣・專於治己而不責人・則己之惡・

『舞雩』是求雨的壇，已見前先進篇。樊遲從孔子在舞雩之壇的下面遊覽也。『崇德』『辨惑』已見前。『慝』音忒，惡之匿於心者；『脩慝』者，治匿於心之惡而去之也。孔子先答以『善哉問』者，稱樊遲問得好也。『先事後得』者，先勞力做事，然後取得報酬；這就是先義後利，先難後獲的意思。『攻其惡，無攻人之惡』者，攻治自己的惡，而不攻擊人家的惡也。『一朝之忿，忘其身以及其親』者，『一朝』猶云一旦，因一日裏偶然碰着的小事情，忿怒起來，甚至與人打架涉訟，不顧自己的性命，更不顧父母也。三『與』字皆同『歟』。

無所匿矣・知一朝之忿爲甚微・而禍及其親爲甚大・則有以辨惑而懲其忿矣・樊遲粗鄙近利・故告之以此三者・皆所以救其失也・范氏曰・先事後得・上義而下利也・人惟有欲利之心・故德不崇・惟不自省己過・而知人之過・故慝不脩・感物而易動者・莫如忿・忘其身以及其親・惑之甚者也・惑之甚者・必起於細微・能辨之於早・則不至於大惑矣・故懲忿所以辨惑也、

樊遲問仁。子曰：「愛人。」問知。子曰：「知人。」樊遲未達。子曰：「舉直錯諸枉，能使枉者直。」樊遲退見子夏曰：「鄉也吾見於夫子而問知，子曰：『舉直錯諸枉，能使枉者直。』何謂也？」子夏曰：「富哉言乎！舜有天下，選於衆，舉皋陶，不仁者遠矣！湯有天下，選於衆，舉伊尹，不仁者遠矣！」

上知・去聲・下如字・愛人・仁之施・知人・知之務・曾氏曰・遲之意・蓋以愛欲其周・而知有所擇・故疑二者之相悖爾・舉直錯枉者・知也・使枉者直・則仁矣・如此・則二者不惟不相悖・而反相爲用矣・

鄉・去聲・見・賢遍反・遲以夫子之言・專爲知者之事・而未達所以能使枉者直之理・歎其所包者廣

『問知』之『知』，今作智。樊遲問仁，孔子答以『愛人』；問智答以『知人』；樊遲未能通曉，故孔子又告以『舉直錯諸枉，能使枉者直』二語。樊遲疑此二語爲答非所問，故退而問之子夏也。『鄉』音向，去聲，同曏，昔也。『舉直錯諸枉』與爲政篇答哀公語同。舉直錯枉是智，使枉者直是仁。『富哉言乎！』是子張贊美孔子的話，含意很豐富。他贊美孔子的話以後，隨即引歷史上的事實來證明。如舜有天下的時候，在衆人中，舉用了一個皋陶；湯有天下的時候，在衆人中，舉用了一個伊尹，不久，那

・不止言知・遲・息戀反・陶・音遙・遠・如字・伊尹・湯之相也・不仁者遠・言人皆化而爲仁・不見有不仁者・若其遠去爾・所謂使枉者直也・子夏蓋有以知夫子之兼仁知而言矣・程子曰・聖人之語・因人而變化・雖若有淺近者・而其包含無所不盡・觀於此章可見矣・非若他人之言・語近則遺遠・語遠則不知近也・尹氏曰・學者之問也・不特欲聞其說・又必欲知其方・不獨欲知其方・又必欲爲其事・如樊遲之問仁知也・夫子告之盡矣・樊遲未達・故又問焉・而猶未知其何以爲之也・及退而問諸子夏・然後有以知之・使其未喻・則必將復問矣・既問於師・又辨諸友・當時學者之務實也・如是・

告・工毒反・道・去聲・友・所以輔仁・故盡其心以告之・善其說以道之・然以義合者也・故不可則止・若以數而見疏・則自辱矣・

講學以會友・則道益明・取善以輔仁・則德日進・

些不仁的人都變爲仁人，好像不仁的人都遠遠地避去了。舜與湯之舉臯陶伊尹是『舉直』，遠不仁者是『錯枉』，此卽『知』也；其使不仁的人都變爲仁人，是『使枉者直』，此卽『仁』也。『臯』音高，『陶』音遙。舜時臯陶爲士，執法不阿；伊尹，湯相，佐湯伐桀以有天下。

子貢問友。子曰：「忠告而善道之，不可則止，毋自辱焉！」

『告』，讀如『谷』。『道』，去聲，同導。此章記子貢問交朋友的道理，而孔子答之。『忠告而善道之』者，如果朋友有過處，要盡我的心委委婉婉地勸導他也。『不可則止毋自辱焉』者，他若不聽我的話，就不必多說；多說了他反以你爲不是，不要自己反取恥辱也。

曾子曰：「君子以文會友，以友輔仁。」

此章記曾子所說的話。『文』指詩書禮樂而言。『以文會友』者，講學以會友，卽易所謂『君子以朋友講習』也。輔，助也。『以友輔仁』者，德相勸，過相規，互相切磋，以進於仁也。此言以學問道德交友，賢於世之以酒食徵逐勢利相交者遠矣。

〔問題〕

(一)顏淵、仲弓、司馬牛、樊遲問仁，孔子答語有何不同？

(二)何謂『明』？

(三)孔子答子貢問政，有何三要事？三者之中，以何者爲最重要？

(四)哀公憂國用不足，何以有若反勸他減輕田賦？

(五)子張、樊遲問『崇德』『辨惑』，孔子答語有何不同？

(六)子路何以能片言折獄？

(七)何謂『成人之美』？

(八)季康子三次問政，孔子答他的要旨如何？

(九)『聞』與『達』有何分別？

(十)本篇所記交友之道如何？

子路篇

子路問政。子曰：「先之，勞之。」請益。曰：「無倦。」

子路問政於孔子，孔子答以『先之勞之。』子路以爲爲政之道，當不僅『先之勞之，』故請益；孔子又答以『無倦』也。『先之』者，以身作則，爲民先導也。大戴禮子張問入官云：『君子欲政之速行也，莫若以身先之也。』卽此章之旨。『勞』字有二音；一音如字；一音力報反。如『慰勞』之『勞』。下子張篇子夏曰：『君子信而後勞其民。』『先之，』卽所以立信『勞之，』卽勞其民也。國語魯語敬姜曰：『昔聖王之處其民也，擇瘠土而處之，勞其民而用之，故長王天下。夫民勞則思，思則善心生。逸則淫，淫則忘善，忘善則惡心生。沃土之民不材，淫也。瘠土之民向義，勞也。』卽闡發『勞之』之義。此『勞』字如字讀之解也。其音力報反者，卽孟子『勞之來之』之意。勞者，勸勉之也。謂不以刑趨迫之也。說亦可通。『無倦』者，言行此二事勿倦也。朱注引吳氏曰：『勇者喜於有爲，而不能持久，故以此告之。』

仲弓爲季氏宰，問政。子曰：「先有司，赦小過，舉賢才。」曰：「焉知賢才而舉之？」曰：「舉爾所知。爾所不知，人其舍諸？」

此處用作副詞。舍，今作捨。皇疏曰：『仲弓將往費，爲季氏采邑之宰，故先問孔子，求爲政之法也。』

勞，如字。蘇氏曰：凡民之行，以身先之，則不令而行。凡民之事，以身勞之，則雖勤不怨。無，古本作毋。吳氏曰：勇者喜於有爲，而不能持久，故以此告之。程子曰：子路問政，孔子旣告之矣。及請益，則曰：無倦而已。未嘗復有所告，姑使之深思也。有司，衆職也。宰兼衆職，然事必先之於彼，而後考其成功，則已不勞而事畢舉矣。過，失誤也。大者於事，或有所害，

不得不懲・小者赦之・則刑不濫・而人心悅矣・賢・有德者・才・有能者・舉而用之・則有司皆得其人・而政益修矣・

焉・於虔反・舍・上聲・

有司，指宰的屬官。『先有司』者。劉氏正義以爲先信任之，使得舉其職；論語稽曰：『先者，以身率之也。』似較劉氏爲長。『赦小過』者有司偶有失誤，其大者或於事情有礙，不得不懲；小者則當寬宥他，原諒他也。『舉賢才』者有德的人曰賢，有能的人曰才，舉而用之使有司得人，事無不舉也。孔子答仲弓爲政之法，就是這三項。『曰「焉知賢才而舉之」』者仲弓又問也。『焉』平聲，安也。言怎能知道某人是賢，某人是才，去舉用他呢？孔子又答道『只要把你所知道的賢才舉他出來，你所不知道的，別人肯舍棄他們嗎？』『舍』今作捨，棄置也。『諸』爲『之乎』二字之合音。

仲弓慮無以盡知一時之賢才・故孔子告之以此・程子曰・人各親其親・然後不獨親其親・仲弓曰・焉知賢才而舉之・子曰・舉爾所知・爾所不知・人其舍諸・便見仲弓與聖人用心之大小・推此義・則一心可以興邦・一心可以喪邦・只在公私之間爾・

范氏曰・不先有司・則君行臣職矣・不赦小過・則下無全人矣・不舉賢才・則百職廢矣・失此三者・不可以爲季氏宰・況天下乎・

子路曰：「衛君待子而爲政，子將奚先？」子曰：「必也正名乎？」子路曰：「有是哉！子之迂也！奚其正？」子曰：「野哉由也！君子於其所不知，蓋闕如也。名不正，則言不順；言不順，則事不成；事不成，則禮樂不興；禮樂不興，則刑罰不中；刑罰不中，則民無所措手足。故

衛君・謂出公輒也・是時魯哀公之十年・孔子自楚反乎衛・

是時出公不父其父而禰其祖・名實紊矣・故孔子以正名爲先・謝氏曰・正名雖爲衛君而言・然爲政之道・皆當以此爲先・

迂・謂遠於事情・言非今日之急務也・
野・謂鄙俗・責其不能闕疑・而率爾妄對也・
楊氏曰・名不當其實・則言不順・言不順・則無以考實而事不成・・
中・去聲・
范氏曰・事得其序之謂禮・物得其和之謂樂・事不成・則無序而不和・故禮樂不興・禮樂不興・則施之政事・皆失其道・故刑罰不中・
程子曰・名實相須・一事苟・則其餘皆苟矣・
胡氏曰・衛世子蒯聵・恥其母南子之淫亂

君子名之必可言也：言之必可行也。君子於其言，無所苟而已矣！」

衛君出公輒也。出公六年，即魯哀公十年，孔子自楚反衛；孟子言孔子於衛孝公爲公養之仕。先儒言孝公即出公。是時孔子居衛，凡六七年。子路之問，當在此時。輒爲衛靈公世子蒯聵之子。蒯聵惡南子淫亂，欲殺之，見逐於靈公。靈公欲立公子郢，郢辭。及靈公卒，南子又欲立郢，郢曰：『有亡人之子輒在。』乃立輒。按靈公生於魯昭公二年，卒年四十七。蒯聵有姊曰衛姬，而輒又爲蒯聵之子，則靈公卒時，輒年僅十歲左右耳。其二年，蒯聵入戚，衛人圍戚，此非輒之本意欲以武力拒父，而出於南子及其臣石曼姑等，灼然易見。蒯聵居戚，至出公十四年，凡十三年，絕無舉動，殆輒能以國養耳。若輒公然拒父，孔子豈肯留衛爲公養之仕乎？孔子適衛時，輒年約十六七，欲用孔子。孔子知衛人雖藉口於輒受祖父之命以拒父，而輒尚有不忍於其父之心，故欲以『正名』爲先。『正名』者，即上篇答齊景公所謂『君君臣臣父父子子』也。蒯聵欲藉他國之力以與子爭國，則父不父矣；輒藉口於祖父之命以拒父，則子不子矣。『正名』云者，蓋欲有善處其父子之間，以弭將來不測之禍耳。子路不知此旨，故曰：『你老先生的迂執竟有這樣厲害嗎？正名，正什麼名呢？』孔子聽子路這樣說，就申斥他道：『由啊！你這個人真粗鄙啊！君子對於自己所不知的道理，只有闕之而不說，不強以爲知而硬說。』蓋子路不知『正名』之重要，『正名』於當時的衛國之尤爲重要，而自以爲知，妄說孔子是迂，所以孔子先這樣把他申斥一番也。自『名不正』至『無所苟而已矣』，是孔子仔細解說『正名』之重要。無論做什麼事，名義不正，則你把這事說出去，人民將不來聽你也。對外宣布時，必不能理

・欲殺之・不果・而出奔・靈公欲立公子郢・郢辭・公卒・夫人立之・又辭・乃立蒯聵之子輒・以拒蒯聵・夫蒯聵欲殺母・得罪於父・而輒據國以拒父・皆無父之人也・其不可有國也明矣・夫子爲政・而以正名爲先・必將具其事之本末・告諸天王・請於方伯・命公子郢而立之・則人倫正・天理得・名正言順・而事成矣・夫子告之之詳如此・而子路終不喻也・故事輒不去・卒死其難・徒知食焉・不避其難之爲義・而不知食輒之食爲非義也・

正言直，而此事也無成功之望。故曰：『名不正則言不順，言不順則事不成。』禮所以別上下，以讓爲本；樂所以陶性情，以和爲主。事既不成，固無以興禮樂；即今以逆取得之，亦已違禮樂之本。故曰：『事不成則禮樂不興。』既不能興禮樂以化民治國，則必濫施刑罰，而不能使刑罰得當。故曰：『禮樂不興，則刑罰不中。刑罰不中，則民無所措手足』也。『中』，去聲。人民畏刑罰之濫，則跼天蹐地，不能自安，像手足無所安置。孔子既把正名的大道理說給子路聽了，又總結幾句道：『故君子名之必可言也；言之必可行也。君子於其言，無所苟而已矣！』這是說君子做事，必定先正其名義；名正，則理正言直，而可以言了。且可以見諸實行了。故君子對於他所說的話，決不苟且。孔子告子路這樣詳細，而子路終不悟；卒因事輒而死於孔悝之難，這是很可惜的。

樊遲請學稼。子曰：『吾不如老農。』請學爲圃。曰：『吾不如老圃。』樊遲出。子曰：『小人哉，樊須也！上好禮，則民莫敢不敬；上好義，則民莫敢不服；上好信，則民莫敢不用情。夫如是，則四方之民，襁負其子而至矣！焉用稼？』

種五穀曰稼・種蔬菜曰圃・小人・謂細民・孟子所謂小人之事者也・好・去聲・夫・音扶・襁・居丈反・焉・於虔反・禮・義・信・大人之事也・好義・則事合宜・情・誠實也・敬服用情・蓋各以其類而應也・襁・織

縷為之・以約小兒於背者・楊氏曰・樊遲遊聖人之門・而問稼圃・則陋矣・辭而闢之可也・待其出而後言其非・何也・蓋於其問也・自謂農圃之不如・則拒之者至矣・須之學疑不及此・而不能問・不能以三隅反矣・故不復・及其既出・則懼其終不喻也・求老農老圃而學焉・則其失愈遠矣・故復言之使知前所言者・意有在也・

朱注云：『種五穀曰稼；種蔬菜曰圃。』『小人』謂細民，即孟子『有大人之事，有小人之事』之『小人』。須，樊遲之名。三『好』字皆去聲。情，實也，誠也。『用情』者，以誠實對上也。『夫』音扶。『襁』音居丈反，亦作『繈』。襁褓，以布為之，負小兒於背之具。『焉』，平聲，安也。樊遲請學稼學圃，孔子以不如老農老圃答之。及遲出，始明言以曉之也。蓋以稼圃為小人之事；禮義信為大人之事。古者四民各有其業，為士者當致力於大人之事以治小人，不以無事而食為泰也。此章大旨，或謂樊遲見道不行，學稼學圃之問，蓋有激而發；故孔子不面斥其非，但云不如農圃，以微言答之；及其既出，始闡明本旨。或謂樊遲學稼學圃之請，殆亦如許行為神農之言，主並耕而治；故孔子所言，與孟子答陳相，明勞心而治人之君子與勞力而治於人之野人，各有專職，治天下不可耕且為之旨相同。或又謂當時士曠人稀，為農圃者少，樊遲以為士亦不妨兼營稼圃；故孔子答以上好禮義信，則四方之農民皆襁負其子而至，不必使士兼為稼圃。以上三說，雖見仁見智，各有不同，頗能持之有故，言之成理，故並記之。

魯・周公之後・衛・康叔之後・本兄弟之國・而是時衰亂・政亦相似・故孔子歎之・

子曰：「其身正，不令而行；其身不正，雖令不從。」

此章亦言為政當以身作則，與前篇『子帥以正，孰敢不正』之意相同。故治平當以修身為本。

子曰：「魯衛之政，兄弟也。」

魯是武王弟周公的封國，衛是武王弟康叔的封國。所以兩國的政治也多相同，像兄弟一樣。漢晉諸儒，解本章都如此說。朱註則就衰世言，謂兩國衰亂，政亦相似，故孔子有此嘆子適衞，冉有僕。子曰：「庶矣哉！」冉有曰：「既庶矣，又何加焉？」曰：「富之！」曰：「既富矣，又何加焉！」曰：「教之。」

適，往也。僕，御車也。庶，人民衆多也。『富之』者，使人民生計充裕也。『教之』者，民生既裕，加以教育也。按說苑建本篇『子貢問政。孔子曰「富之，既富乃教之也。」』與此章略同。此章之旨與孟子論仁政當先制民之產，使人民不飢不寒，足以仰事俯蓄，然後謹庠序之教，申之以孝弟之義，正同。孫中山先生的民族主義主張增加人口，就是要使之『庶』；民生主義主張平均地權，節制資本，使人民大家有飯吃，就是要『富之』；民權主義中的訓政時期，開發民知，訓練人民使能運用四權，就是『教之』。治國之道，三者盡之矣。

・僕・御車也・庶・衆也・庶而不富・則民生不遂・故制田里・薄賦斂以富之・富而不教・則近於禽獸・故必立學校・明禮義以教之・胡氏曰・天生斯民・立之司牧・而寄以三事・然自三代之後・能舉此職者・百無一二・漢之文明・唐之太宗・亦云庶且富矣・西京之教無聞焉・明帝尊師重傳・臨雍拜老・宗戚子弟・莫不受學・唐太宗大召名儒・增廣生員・教亦至矣・然而未知所以教也・三代之教・天子公卿・躬行於上・言行政事・皆可師法・彼二者・其能然乎・

子曰：「苟有用我者，朞月而已可也；三年有成。」

『朞』音基。注疏本作期。朞月者，週一年之歲月也。孔子自己說：『苟有人用我去治國，一週年工夫，已經可以見成效了，到了三年，種種政事都可成功。』按史記孔子世家，孔子這話是在衞國時所說。這時靈公說自己老，不能用孔子，所以孔子說這幾句話。

朞月・謂周一歲之月也・可者・僅辭・言綱紀布也・有成・治功成也・尹氏曰・孔子歎當時莫能用己也・故云然・愚按史記・此蓋爲衞靈公不能用而發也・

勝・平聲・去・上聲・爲邦百年・言相繼而久也・勝殘・化殘暴之人・使不爲惡也・去殺・謂民化於善・可以不用刑殺也・蓋古有是言・而夫子稱之・程子曰・漢自高惠至於文景・黎民醇厚・幾致刑措・庶乎其近之矣・尹氏曰・勝殘去殺・不爲惡而已・善人之功如是・若夫聖人・則不待百年 其化亦不止此・

子曰「善人爲邦百年，亦可以勝殘去殺矣。」誠哉是言也！」

「善人爲邦百年」者，言善人相繼治理邦國，到百年之久也。「勝殘」者，使殘暴兇惡的人，都化爲善也，「勝」平聲。「去殺」者，人都化善殺人之刑可廢去也。這是前人傳下來的老話，孔子以爲不錯，故曰「誠哉是言也！」

子曰：「苟正其身矣，於從政乎何有？不能正其身，如正人何？」

此章是說從政當先自正其身，與上「其身正，不令而行；其身不正，雖令不從，」同一義旨。

音義並見第七篇・說・音悅・被其澤則說・聞其風則來・然必近者說・而後遠者來也・

葉公問政。子曰：「近者說，遠者來。」

葉公是楚國大夫，見前述而篇。孔子到楚國時，葉公向孔子問政，孔子對答他道：「近者說，遠者來。」「說」同悅，言爲政當使近地方的人民能夠安居樂業而歡悅，則遠方的人民自然大家都要來做他的人民也。此事亦見韓非子難篇。

父・音甫・莒父・魯邑名・欲事之速成

子夏爲莒父宰，問政。子曰：「無欲速；無見小利。欲速，

・則急遽無序・而反不達・見小者之爲利・則所就者小・而所失者大矣・

程子曰・子張問政・子曰・居之無倦・行之以忠・子夏問政・子曰・無欲速・無見小利・子張常過高而未仁・子夏之病・常在近小・故各以切己之事告之・

恭主容・敬主事・恭見於外・敬主乎中・之夷狄不可棄・勉其固守而勿失也・

程子曰・此是徹上徹下語・聖人初無二語也・充之・則睟面盎背・推而達之・則篤恭而天下平矣・胡氏曰・樊遲問仁者三・此最先・先難次之・愛人其最後乎・

使・去聲・

此其志有所不

則不達；見小利，則大事不成。』

『父』音甫莒父是魯國的一個小邑。子夏做莒父的邑宰時，向孔子問政。孔子告以『無欲速，無見小利。』『無』同『毋』，禁止之詞。又伸說『欲速』和『見小利』之害道：『欲速則不達；見小利則大事不成。』辦事有一定的次序，有必需的時間，不能求速；若以欲速之故而不照次序，縮短時間，反弄得這事辦不成功；故曰『欲速則不達』也。辦事要從大處落墨，只要事體成功，遇些小小損失，是不能顧及的；若是處處貪小便宜，反弄得大事不能成功；故曰『見小利則大事不成』也。程子曰：『子張問政子曰「居之無倦行之以忠」子夏問政子曰「無欲速無見小利」子張常過高而未仁，子夏之病常在近小，故各以切己之事告之。』

樊遲問仁。子曰：『居處恭，執事敬，與人忠，雖之夷狄，不可棄也。』

『居處恭』者，言日常起居不可放肆也。『執事敬』者，言辦事不可懈怠輕忽也。『與人忠』者，言須以忠心待人也。之，往也。『雖之夷狄，不可棄也』者，言上面所說的三項，雖到野蠻地方去做人，也是不可棄掉的。按樊遲問仁，見於本書者，此已爲第三次。但問的先後，朱註採胡氏說，以爲此最先，『先難而後獲』次之，『愛人』又次之。

子貢問曰：『何如斯可謂之士矣？』子曰：『行己有

恥；使於四方，不辱君命，可謂士矣。」曰：「敢問其次。」曰：「宗族稱孝焉，鄉黨稱弟焉。」曰：「敢問其次。」曰：「言必信，行必果，硜硜然小人哉！抑亦可以為次矣。」曰：「今之從政者何如？」子曰：「噫！斗筲之人，何足算也！」

為・而其材足以有為者也・子貢能言・故以使事告之・蓋為使之難・不獨貴於能言而已・

弟・去聲・此本立而材不足者・故為其次・

行・去聲・硜・苦耕反・果・必行也・硜・小石之堅確者・小人・言其識量之淺狹也・此其本末皆無足觀・然亦不害其為自守也・故聖人猶有取焉・下此則市井之人・不復可為士矣・

筲・所交反・算・亦作筭・悉亂反・

今之從政者・蓋如魯三家之屬・噫・心不平聲・

子貢問『怎樣的人可以叫做「士」？』『子曰：「行己有恥，使於四方，不辱君命，可謂士矣。」』者，朱註曰『此其志有所不為，而其材足以有為者也。』『曰「敢問其次」』者子貢又問也第二個『曰』字以下是孔子的答話。『宗族稱孝鄉黨稱弟』者朱註曰『此本立而材不足者故為其次。』『弟』今作『悌』。子貢又問再次一等的士。『曰「言必信，行必果，硜硜然小人哉！抑亦可以為次矣」』者孔子又答也。『行』去聲。『硜』音苦耕反。朱註曰『硜，小石之堅確者。』按『硜硜』是以小石堅確之狀喻小人必信必果之貌也。『小人』指識量淺狹的人。『抑』語助詞。朱註又曰：『此其本末皆無足觀，然亦不害其為自守也故聖人猶有取焉。』劉氏正義引孟子離婁篇文說之曰：『「大人者言不必信行不必果唯義所在」明大人言行皆視乎義義所在則言必信行必果義所不在則言不必信行不必果反是者為小人。』子貢又問『現在一班做官的人怎樣呢？』子曰『「噫！斗筲之人何足算也！」』噫是歎詞。斗容十升；筲，竹器，容一斗二升。『斗筲』狀其人識量之小。一說謂其但事聚斂，算數也。言何足數及之。漢書公孫賀傳贊引此文，『算』作『選』。『選』，『算』一聲之轉，音近通用。

聲・斗・量名・容十升・筲・竹器・容斗二升・斗筲之人・言鄙細也・算・數也・子貢之問每下・故夫子以是警之・程子日・子貢之意・蓋欲爲皎皎之行・聞於人者・夫子告之・皆篤實自得之事・

子日：『不得中行而與之，必也狂狷*乎！狂者進取；狷者有所不爲也。』

中行者，能依乎中庸之道而行，無過與不及者也。狂者，有大志者也。狷者，有氣節者也。狂者進取，時或過乎中庸；狷者有所不爲，時或不及中庸：皆非『中行』。孔子不得中行而與之，故思其次耳。孟子盡心孔子在陳所記，與此略同。按伊尹爲聖之任者，其個性實近於進取之狂；伯夷爲聖之淸者，其個性實近於有所不爲之狷。惟孔子爲聖之時，所謂『時中』之君子，合乎『中行』者也。

狷・音絹・行・道也・狂者・志極高而行不掩・狷者・知未及而守有餘・蓋聖人本欲得中道之人而教之・然旣不可得・而徒得謹厚之人・則未必能自振拔而有爲也・故不若得此狂狷之人・猶可因其志節・而激厲裁抑之・以進於道・非與其終於此而已也・孟子日・孔子豈不欲中道哉・不可必得・故思其次也・如琴張・曾皙・牧皮者・孔子之所謂狂也・其志嘐嘐然・日・古之人・古之人・夷考其行・而不掩焉者也・狂者又不可得・欲得不屑不潔之士而與之・是狷也・是又其次也・

子日：『君子和而不同。小人同而不和。』

集解云：『君子心和；然其所見各異，故日不同。小人所嗜好者則同；然各爭利，故日不和。』朱注云：『和者，無乖戾之心；同者，有阿比之意。』按左傳昭二十年晏子與齊侯論和同之異，以『君所謂可而有否焉，臣獻其否以成其可，君所謂否而有可焉，臣獻其可以去其否』爲『和』；以『君所謂可

和者・無乖戾之心・同者・有阿比之意・尹氏日・君子尙義・故有不同・小人尙利・安得而和・

好・惡・並去聲・一鄉之人・宜有公論矣・然其間亦各以類自爲好惡也・故善者好之・而惡者不惡・則必其有苟合之行・惡者惡之・而善者不好・則必其無可好之實・

易・去聲・說・音悅・器之・謂隨其材器而使之也・君子之心公而恕・小人之心私而刻・天理人欲之間・每相反而已矣

曰可君所謂否曰否』爲『同』可與本章互證。

子貢問曰：「鄉人皆好之，何如？」子曰：「未可也！」「鄉人皆惡之，何如？」子曰：「未可也！不如鄉人之善者好之，其不善者惡之。」

『好』『惡』均讀去聲。此章有二種解說：一說以『好惡』屬我——子貢言一鄉之人，我皆好之；一鄉之人，我皆惡之；何如？孔子曰皆未可，不如於鄉人之中擇其善者好之，其不善者惡之。蓋一鄉之人未必皆善，亦未必皆不善，故我之或好或惡，亦不可以一律也。一說以『好惡』屬鄉人，言有人於此，一鄉之人皆好之，或一鄉之人皆惡之，則何如？孔子皆曰未可，不如鄉人之善者則好此人，鄉人之惡者則惡此人，方可斷定此人之爲善士。蓋一鄉之人皆好之，此人或爲同流合污之鄉愿；一鄉之人皆惡之，此人或爲衆所共嫉之惡人也。

子曰：「君子易事而難說也。說之不以道，不說也；及其使人也，器之。小人難事而易說也。說之雖不以道，說也；及其使人也，求備焉。」

此章所說的『君子』『小人』，都指在位者而言。『易』，去聲。『說』，今作悅。『器之』，隨其材器而使之也。『求備，』求全責備也。

在位者是君子，在他手下做事是容易的；要使他歡喜，却是難的。『說之不以道，則諂也。此君子之所惡小人之所喜。君子用人，因材器使，故易事；小人用人，求全責備，故難事。朱注云：『君子之心公而恕；小人之心私而刻。』

子曰：『君子泰而不驕；小人驕而不泰。』

『泰』是安舒。『驕』是恣肆。君子坦蕩蕩，故態度安舒；卑以自牧，敬以自持，故不恣肆。小人無忌憚，喜陵人，故態度恣肆；長戚戚，故不安舒也。君子循理，心中無罣無礙，所以能安舒。小人逞欲，心中常常不足，所以永不安舒。

君子循理．故安舒而不矜肆．小人逞欲．故反是．

子曰：『剛、毅、木、訥，近仁。』

訥，音納。公正無欲叫做『剛』。果敢堅忍叫做『毅』。性情樸實叫做『木』。說話遲鈍，叫做『訥』。中庸言『力行近乎仁』，剛毅故能力行。本書上文言『仁者其言也訒』，『訥』即『訒』也。『木訥』正與『巧言令色』相反，上文言『巧言令色鮮矣仁，』則木訥之近仁可知。

程子曰．木者質樸．訥者遲鈍．四者質之近乎仁者也．楊氏曰．剛毅．則不屈於物欲．木訥．則不至於外馳．故近仁．

子曰：『善人教民七年，亦可以即戎矣。』

即，就也。戎，兵戎。『即戎』者，去打仗也。孔子說：『善人把百姓教訓了七年工夫，也可以叫他們去打仗了。』按古時有『十年生聚，十年教訓』之語。此只言『教民』，必是已經生聚也。又言『七年，』而不言『十年』者，論語稽曰：『善人教之有法，故速也。』『可以』上加一『亦』字，是僅可而猶

教民者．教之以孝弟忠信之行．務農講武之法．即．就也．戎．兵也．民知親其上．死其長．故可以即戎．

有所未盡的語氣。至於所教之事，戰術以外，朱子以爲尙有孝弟忠信之行，務農之法。蓋民知親其上，死其長，始能力戰也。古時寓兵於農，有事之時爲兵，無事之時爲農，務農之法自亦不可不教也。

程子曰・七年云者・聖人度其時可矣・如云朞月・三年・百年・一世・大國五年・小國七年之類・皆當思其作爲如何・乃有益・

子曰：「以不教民戰，是謂棄之。」

以・用也・言用不教之民以戰・必有敗亡之禍・是棄其民也・

此章與上章相連。朱注『用不教之民以戰，必有敗亡之禍，是棄其民也。』孟子告子『魯欲使愼子爲將軍。孟子曰：「不教民而用之謂之殃民。」』與此章同意。

〔問題〕

(一)子路仲弓葉公子夏問政，孔子答語如何？

(二)子貢子路問政，孔子答語如何？

(三)樊遲問仁見於本書者凡三，孔子答語如何？

(四)孔子居衞何以爲政必先正名？

(五)樊遲請學稼學圃，其本意如何？

(六)孔子論政有『庶』、『富』、『教』三步，其旨如何？

(七)孔子自言朞月已可，三年有成；論善人爲邦，則期之百年，王者亦必世後仁；其

(八)言似自誇者，試申論之。

(九)『和』與『同』，『泰』與『驕』，區別如何？

(十)剛毅木訥何以近仁？

憲・原思名・穀・祿也・邦有道不能有爲・邦無道不能獨善・而但知食祿・皆可恥也・憲之狷介・其於邦無道穀之可恥・固知之矣・至於邦有道穀之可恥・則未必知也・故夫子因其問而并言之・以廣其志・使知所以自勉・而進於有爲也・

憲問恥。子曰：『邦有道，穀，邦無道，穀，恥也。』

憲是原憲。此章或是憲自記，故不稱字，不加姓。憲問孔子『甚麼是可羞恥的事？』孔子告他道：『邦有道穀，邦無道穀，恥也。』『穀』指俸祿。古時候做官的俸祿，都是給穀米的。集解孔曰：『邦有道，當食祿，君無道而在其朝，食其祿，是恥辱。』朱注云：『邦有道，不能有爲；邦無道，不能獨善而但知食祿，皆可恥也。』與孔說異，但亦可通。

居・謂意所便安處也・

子曰：『士而懷居，不足以爲士矣！』

『士』即子貢、子路所問的士。『懷居』即左傳所謂『懷安敗名』的『懷安』。『居』字所包甚廣，凡宮室之安，口體之奉，皆居也。士者，事也。既名爲士，則顧名思義，當有無窮責任，無窮事業，怎麼可以貪戀安逸呢？故曰『不足以爲士』也。

行孫・並去聲・危・高峻也・孫・卑順也・尹氏曰・君子之持身・不可變也・至於言・

子曰：『邦有道，危言危行。邦無道，危行言孫。』

行，讀去聲。孫，今作遜。廣雅云：『危，正也。』『危言』者，不顧甚麼，據理直言也。『孫』，即今『遜』字，當爲『遜避』之義。邦無道時，往往以言語文字觸犯忌諱，而致殺身之禍，故行動確仍舊不可失理，而說則當遜避，此明哲保身之旨。

•則有時而不一致盡•以避禍也•然則爲國者•使士言孫•豈不殆哉•

有德者•和順積中•英華發外•能言者•或便佞口給而已•仁者•心無私累•見義必爲•勇者•或血氣之強而已•尹氏曰•有德者•必有言•徒能言者•未必有德也•仁者•必有勇•徒能勇者•未必有仁也•

子曰「有德者必有言；有言者不必有德。仁者必有勇；勇者不必有仁」。

有道德的人，和順積中而英華發外；故曰「有德者必有言。」會說話的人，或爲便佞口給，未必有道德；故曰「有言者不必有德。」孔子嘗言「志士仁人無求生以害仁，有殺身以成仁。」死都不怕，自然見義勇爲；故曰「仁者必有勇。」勇者雖甚麼都不怕但或爲血氣用事未必有愛人利人之心故曰「勇者不必有仁」。

蘇氏曰•愛而勿勞•禽犢之愛也•忠而勿誨•婦寺之忠也•愛而知勞之•則其爲愛也深矣•忠而知誨之•則其爲忠也大矣•

子曰「愛之，能勿勞乎？忠焉，能勿誨乎？」

勞勤勞。愛之而勿令勞是聽其逸樂也所謂「禽犢之愛」而已忠於某人而當其有錯誤時，並不規誨是長惡也所謂「婦寺之忠」而已。

易•去聲•處貧難•處富易•人之常情•然人當勉其難•而不可忽其易也•

子曰「貧而無怨，難；富而無驕，易。*」

「易」去聲。貧而無怨，就是樂道的君子；富而無驕，就是好禮的君子。孔子此言，是要人勉爲其難，而亦不忽於其易。

知・去聲・成人・猶言全人・武仲・魯大夫・名紇・莊子・魯卞邑大夫・言兼此四子之長・則知足以窮理・廉足以養心・勇足以力行・藝足以泛應・而又節之以禮・和之以樂・使德成於內・而文見乎外・則材全德備・渾然不見一善成名之迹・中正和樂・粹然無復偏倚駁雜之蔽・而其爲人也亦成矣・然亦之爲言・非其至者・蓋就子路之所可及而語之也・若論其至・則非聖人之盡人道・不足以語此・復加日字者・已答而復言也・授命・言不愛其生・持以與人也・久要・舊約也・平生・平日也・有是忠信之實・則雖其才知禮樂・有所未備・亦可以爲成人之次也・

子路問成人。子曰：「若臧武仲之知，公綽之不欲，卞莊子之勇，冉求之藝，文之以禮樂，亦可以爲成人矣！」曰：「今之成人者何必然？見利思義，見危授命，久要不忘平生之言，亦可以爲成人矣！」

『成人』者，成德之人，猶現在說人格完全的人也。臧武仲爲魯大夫臧孫紇。『知』，同智。公綽，即孟公綽；不欲，不貪財也。卞莊子亦魯大夫，卞邑名。卞莊子是一個勇士，史記陳軫傳記其刺虎事，韓詩外傳及新序記其戰死事。求也藝，已見前篇。孔子之意，是要把四個人的長處合爲一人，又能夠節之以禮，和之以樂，也可以算爲完人了。按說苑辨物篇孔子答顏淵問成人之行，陳義極高，此僅合四人之長，文之以禮樂，故曰『亦可以爲成人』也。

孔子說了上節的話，以後移時又說：故加『曰』字。言『今之成人者何必然』者，更退一步，說較次的一種完人也。朱注引胡氏說，則謂此節是子路之言。『見利思義，見危授命』，即曲禮所云，『臨財毋苟得，臨難毋苟免』也。『授命』猶言致命。要，約也。平生，猶云平時。平時期約，雖過得長久了，仍舊不忘記也。孔子之意，是現在時候，能這樣忠信做人，雖比上節所說的完人，又覺不如，但也可以算一個完人也。

程子曰・知之明・信之篤・行之果・天下之達德也・若孔子所謂成人・亦不出此三者・武仲・知也・公綽・仁也・卞莊子・勇也・冉求・藝也・須是合此四人之能・文之以禮樂・亦可以爲成人矣・然而論其大成・則不止於此・若今之成人・有忠信而不及於禮樂・則又其次者也・又曰・臧武仲之知・非正也・若文之以禮樂・則無不正矣・又曰・語成人之名・非聖人孰能之・孟子曰・唯聖人・然後可以踐形・如此・方可以稱成人之名・胡氏曰・今之成人以下・乃子路之言・蓋不復聞斯行之之勇・而有終身誦之之固矣・未詳是否・

公叔文子・衛大夫公孫拔也・公明姓・賈名・亦衛人・文子爲人・其詳不可知・然必廉靜之士・故當時以三者稱之・厭者・苦其多而惡之之辭・事適其可・則人不厭・而不覺其有是矣・是以稱之或過・而以爲不言不笑不取也・然此言也・非禮義充溢於中・得時措之宜者不能・文子雖賢・疑未及此・但君子與人爲善・不欲正言其非也・故曰其然・豈其然乎・蓋疑之也・

子問公叔文子於公明賈曰：「信乎，夫子不言，不笑，不取乎？」公明賈對曰：「以告者過也。夫子時然後言，人不厭其言；樂然後笑，人不厭其笑；義然後取，人不厭其取。」子曰：「其然？豈其然乎？」

公叔文子，衛大夫，姓公孫，名拔。（左傳作發）『文』是謚。（檀弓謂謚貞惠文子）公明賈，亦衛國人，姓公明名賈。『夫子』指稱文子。孔子初到衛國，聽見人家說公叔文子有此三項德行，自己不能相信，所以問公明賈也。『以告者過也』者，言來告訴你的人，話說得過甚也。文子這個人，在他應當說話的時候，然後說話，所以人家不討厭他所說的話；在應當歡樂的時候，纔有笑臉，所以人家不討厭他的笑；對於財物，應該取的始肯取，所以人家不討厭他的取。

『子曰「其然豈其然乎」』者，因公明賈說文子的德行，竟無異聖人，孔子不大相信；不過當面，不便直說，所以說出這兩句疑而不斷的話來。

子曰：「晉文公譎而不正。齊桓公正而不譎。」

譎，讀決。晉文公名重耳。齊桓公名小白。二人都曾爲諸侯盟主，攘夷狄以尊周室。但桓公則下拜受胙，不敢踰越名分；伐楚而責包茅之不貢，問昭王之不返；所以爲正而不譎。文公則踐土之會實召周王；其於諸侯則以報恩怨爲快；所以爲譎而不正也。『譎』，詐也。『正』，直也。王引之經義述聞謂『正』爲經，『譎』爲權；譎非貶辭。文公能行權而不能守經，桓公能守經而不能行權，各有所長，各有所短也。此別一解。

譎・古穴反・晉文公・名重耳・齊桓公・名小白・譎・詭也・二公皆諸侯盟主・攘夷狄以尊周室者也・雖其以力假仁・心皆不正・然桓公伐楚・仗義執言・不由詭道・猶爲彼善於此・文公則伐衛以致楚・而陰謀以取勝・其譎甚矣・二君他事・亦多類此・故夫子言此・以發其隱・

子路曰：「桓公殺公子糾，召忽死之，管仲不死。」曰：「未仁乎？」子曰：「桓公九合諸侯，不以兵車，管仲之力也。如其仁！如其仁！」

齊僖公生諸兒、糾、小白。僖公卒，諸兒立，是爲襄公。襄公無道，鮑叔牙知亂將作，奉小白奔莒。及襄公從弟無知弑公自立，召忽管仲奉糾奔魯。齊人殺無知，小白自莒先入，立爲桓公。魯以師納糾。齊師敗之乾時。齊使魯殺糾，執管召送之齊。召忽自殺。管仲囚而至齊，桓公釋而相之。詳見左傳及史記。『未仁乎』，爲子路問語；以上是子路敘事語；故加『曰』字以別之。

管子小匡云：『兵車之會六，乘車之會三。』史記齊世家及封禪書則云：『兵車之會三，乘車之會六。』此云『九合』，總數雖同，但又云『不以兵車。』穀梁傳莊二十七年言衣裳之會十有一，兵車之

糾・居黝反・召・音邵・按春秋傳・齊襄公無道・鮑叔牙奉公子小白奔莒・及無知弑襄公・管夷吾召忽奉公子糾奔魯・魯人納之未克・而小白入・是爲桓公。使魯殺子糾而請管召・召忽死之・管仲請囚・鮑叔牙言於桓公以爲相・子路疑管仲忘君事

讎・忍心害理・不得爲仁也・九・春秋傳作糾・督也・古字通用・不以兵車・言不假威力也・如其仁・言誰如其仁者・又再言以深許之・蓋管仲雖未得爲仁人・而其利澤及人・則有仁之功矣・

會四。衣裳之會,似即所謂『不以兵車』,而次數又異。注家雖歷舉桓公合諸侯之事以實之,而所說又各不同。朱注謂『九』與『糾』通,即左傳之『糾合諸侯』。(按見僖公九年)其說較長。不以兵車者,言不假威力也。如,乃也。見王引之經傳釋詞。言功業如此,乃其仁也。

子貢曰:「管仲非仁者與?桓公殺公子糾,不能死,又相之。」子曰:「管仲相桓公,霸諸侯,一匡天下,民到于今受其賜!微管仲,吾其被髮左衽矣!豈若匹夫匹婦之爲諒也,自經於溝瀆而莫之知也?」

與・平聲・相・去聲・子貢意不死猶可・相之則已甚矣・被・皮寄反・衽・而審反・霸與伯同・長也・匡・正也、攘夷狄・尊周室・皆所以正天下也・微・無也・衽・衣衿也・被髮左衽・夷狄之俗也・諒・小信也・經・縊也・莫之知・人不知也・後漢書・引此文・莫字上有人字・程子曰・桓公

『與』同『歟』。『相』去聲。子貢此問,與子路同。相,輔也。霸,伯也,諸侯之長;孟子云:『以德行仁者王,以力假仁者霸。』此對『王』而言也。匡,正也。桓公北伐山戎,南伐楚,驅狄存衛,攘夷尊王,以正天下。鄭玄謂『一匡』指陽穀之會,明天子之禁。按孟子盛言葵丘之會,似亦可指爲『一匡。』『一匡天下,』但言桓公之霸,天下自此一正耳;不必指一事以實之。微,無也。被髮左袵,夷狄之俗。袵,即衣襟。那時候,夷狄的人,都是不梳頭,披着髮,故曰『被髮』;中國人衣服的大襟向右扣;夷狄的衣服,大襟是向左扣的,故曰『左袵。』這句話的意思,就是說:『如沒有管仲,我們都要做披着頭髮,衣襟向左扣的夷狄了!』匹夫匹婦,指無知識的小百姓。諒,小信也。『自經,』自縊而死也。溝瀆,田間水道。劉氏

正義引宋翔鳳論語發微謂溝瀆是地名，即子糾被殺處，左傳作生竇，史記作笙瀆，集解引賈逵曰：『魯地句瀆也』。此解殊勝。『莫之知』謂無功績，人莫知之。此言管仲之生愈於召忽之死也。

•兄也•子糾•弟也•仲我於所事•輔之以爭國•非義也•桓公殺之雖過•而糾之死實當•仲始與之同謀•遂與之同死•可也•知輔之爭爲不義•將自免以圖後功•亦可也•故聖人不責其死而稱其功•若使桓弟而糾兄•管仲所輔者正•桓奪其國而殺之•則管仲之與桓•不可同世之讎也•若計其後功•而與其事桓•聖人之言•無乃害義之甚•啟萬世反覆不忠之亂乎•如唐之王珪魏徵•不死建成之難•而從太宗可謂害於義矣•後雖有功•何足贖哉•愚謂管仲有功而無罪•故聖人獨稱其功•王魏先有罪而後有功•則不以相掩可也•

子曰：『其言之不怍，則爲之也難。』

『言之不怍』即今人所說的『大言不慚』也。專說大話的人，若教他真真實實做起事體來，是一定做不到的，故曰『則爲之也難。』

大言不慙•則無必爲之志•而不自度其能否矣•欲踐其言•豈不難哉•

子路問事君。子曰：『勿欺也，而犯之。』

欺，是欺瞞。犯，是犯顏諫諍。劉氏正義曰：『子路仕季氏，夫子恐其爲具臣，又季氏伐顓臾，子路力未能諫止。故此告子路以勿欺；而又嫌其意不明，故更云：「而犯之。」』

犯•謂犯顏諫爭•范氏曰•犯非子路之所難也•而以不欺爲難•故夫子教以先勿欺而後犯也•

子曰：『君子上達。小人下達。』

『上達，』力求上進，即朱子所謂『日進乎高明』也。『下達，』日趨於下流，即朱子所謂『日究乎汙下』也。人無生而爲君子者，亦無生而爲小人者；到後來有的求上進，有的趨下流，於是有君子小人之分了。孔子所謂『君子上達，小人下達，』就是這個意思。何解：『本爲上，末爲下。』皇疏：『上達者，達於仁義也；下達謂達於財利。』按大學曰：『德者，本也；財者，末也。』故何皇二說，是相通的。總

君子循天理•故日進乎高明•小人徇人欲•故日究乎汙下•

之：行仁義，就是務本，就是朱子所謂『循天理，』也就是力求上進，日進乎高明的方法；謀財利，就是舍本就末，就是朱子所謂『徇人欲，』也就是日趨於下流，日究乎汙下的原因。

子曰：「古之學者爲己，今之學者爲人。」

爲．去聲．程子曰．爲己．欲得之於己也．爲人．欲見知於人也．程子曰．古之學者爲己．其終至於成物．今之學者爲人．其終至於喪己．愚按聖賢論學者用心得失之際．其說多矣．然未有如此言之切而要者．於此明辨而日省之．則庶乎其不昧於所從矣．

朱注引程子曰：『爲己，欲得之於己也；爲人，欲見知於人也。』荀子勸學云：『古之學者爲己；今之學者爲人。君子之學也，以美其身；小人之學也，以爲禽犢。』楊倞注云：『禽犢，饋獻之物也。』可與本章參閱。『爲』字去聲。

蘧伯玉使人於孔子，孔子與之坐而問焉，曰：「夫子何爲？」對曰：「夫子欲寡其過而未能也。」使者出，子曰：「使乎！使乎！」

使．去聲．下同．蘧伯玉．衛大夫．名瑗．孔子居衛．嘗主於其家．旣而反魯．故伯玉使人來也．與之坐．敬其主以及其使也．夫子．指伯玉也．言其但欲寡過而猶未能．則其省身克己．常若不及之意可見矣．使者之言愈自卑約．而其

蘧伯玉，名瑗，衛賢大夫，諡成子。孔子在衛國的時候，常主其家，見孟子。蘧伯玉派使者來望孔子，孔子和他同坐，而問他道：『夫子何爲？』夫子，指蘧伯玉。使者答道：『夫子欲寡其過而未能也。』意思是說蘧伯玉想少做錯些事體而不能夠也。劉氏正義曰：『……淮南子原道訓「蘧伯玉年五十而知四十九年非。」觀此，是伯玉欲寡過而常若未能無過，亦是實語。其平居修省，不自滿假之意可見。使者直對以實，能尊其主，非只爲謙辭。』按使者這句話，確是不亢不卑，很得體的。故孔子於使者出門以後，稱讚他道：『使乎！使乎！』

主之賢益彰・亦可謂深知君子之心・而善於辭令者矣・故夫子再言使乎以重美之・按莊周稱伯玉・行年五十・而知四十九年之非・又曰・伯玉行年六十・而六十化・蓋其進德之功・老而不倦・是以踐履篤實・光輝宣著・不惟使者知之・而夫子亦信之也・

行・去聲・恥者・不敢盡之意・過者・欲有餘之辭・

知・去聲・自責以勉人也・道・言也・自道・猶云謙辭・尹氏曰・成德以仁爲先・進學以知爲先・故夫子之言・其序有不同者・以此・

夫・音扶・方・比也・乎哉・疑辭・比方人物・而較其短長・雖亦窮理之事・然專務爲此・則心馳於外・而所以自治者疏

子曰：『君子恥其言而過其行*。』

朱註云：『恥者，不敢盡之意；過者欲有餘之辭。』按『而』字用同『之』字，言『君子恥其言之過其行也。』尚書大傳云：『君子恥其言而不見從，恥其行而不見隨。』（詩周頌疏引。）二『而』字亦作『之』字用。如宋說，則『恥其言』是一事，『過其行』是一事，意雖是而文義殊不可通。

子曰：『君子道者三，我無能焉！仁者不憂，知者不惑*。勇者不懼。』子貢曰：『夫子自道也。』

『知，』今作智。『仁者不憂……』三句，已見前子罕篇。孔子以此三者爲君子之道，而自謙爲不能也。子貢聽了孔子的話，知道孔子是謙遜，不肯自己承認有這三種美德，故曰：『夫子自道也。』言『仁者，』『知者，』『勇者，』孔子就是說自己也。

子貢方人。子曰：『賜也賢乎哉？*夫我則不暇。』

方，通謗。夫音扶。鄭玄註曰：『方人，言人之過惡。』按言人過惡即謗也。『方』即『謗』字，因聲近而通借。子貢喜歡講別人的過惡。孔子對他說：『賜也賢乎哉？夫我則不暇。』就是說『賜啊！你自己的行爲，種種都好嗎？爲甚麼要講別人的過惡呢？至於我，則自治還來不及，沒有閒工夫講別人的過惡的。』按舊解除鄭註及劉氏正義外，如孔註皇疏邢疏朱註都把『方人』解爲『比方人，』恐不合原意。孔子曾問子貢與回孰愈；子貢曾問子張與子夏孰賢，孔子也沒有說他不當問；此皆比方人也。這時怎麼又責備子貢呢？

矣．故褒之而疑其辭．復自貶以深抑之．謝氏曰．聖人責人．辭不迫切．而意已獨至如此．

子曰：「不患人之不己知，患其不能也。」

「不己知，」就是人家不曉得我。「不能」是我自己不能有道德學問。按學而篇云：「不患人之不己知，患不知人也。」里仁篇云：「不患莫己知，求為可知也。」下衛靈公篇云：「君子病無能焉，不病人之不己知也。」意義均與本章大致相同而文小異。朱註云：「聖人於此一事，蓋屢言之，其丁寧之意亦可見矣。」

凡章指同而文不異者．一言而重出也．文小異者．屢言而各出也．此章凡四見．而文皆有異．則聖人於此一事．蓋屢言之．其丁寧之意．亦可見矣．

或曰：「以德報怨，何如？」子曰：「何以報德？以直報怨，以德報德。」

或，或人之意以為人有怨於我，而我報以恩德，這是最好沒有的了。不料孔子卻反駁他的話道：「何以報德？」蓋別人有怨於我，而我報以恩德，則有恩德於我者我用甚麼去報他呢？「以直報怨，以德報德」二句是孔子駁了或人的話，繼續說明報答他人之道。意思是人家有怨於我，我以直道報他，人家有恩德於我，我也用恩德報他。所謂直道者，朱註所謂「愛憎取舍，一以至公無私」是也。

或人所稱．今見老子書．德．謂恩惠也．言於其所怨．既以德報之矣．則人之有德於我者．又將何以報之乎．於其所怨者．愛憎取舍．一以至公而無私．所謂直也．於其所德者．則必以德報之．不可忘也．或人之言．可謂厚矣．然以聖人之言觀之．則見其出於有意之私．而怨德之報．皆不得其平也．必如夫子之言．然後二者之報．各得其所．然怨有不讎．而德無不報．則又未嘗不厚也．此章之言．明白簡約．而其指意曲折反復．如造化之簡易易知．而微妙無窮．學者所宜詳玩也．

夫．音扶．夫子自歎．以發子貢之問也．不得於天．而不怨天．不合於人．而不尤人．但知下學而自然上達．此但自言其反己自修．循序漸進耳．無以甚異於人．而致其知也．然深味其語意．則見其中自有人不及知．而天獨知之之妙．蓋在孔門．惟子貢之智．幾足以及此．故特語以發之．惜乎其猶有所未達也．

程子曰．不怨天．不尤人．在理當如此．又曰．下學上達．意在言表．又曰．學者須守下學上達之語．乃學之要．蓋凡下學人事．便是上達天理．然習而不察．則亦不能以上達矣．

子曰：『莫我知也夫*！』子貢曰：『何爲其莫知子也？』

子曰：『不怨天，不尤人；下學而上達；知我者，其天乎？』

『夫』音扶。孔子說：『沒有人知道我了罷？』這是孔子自歎之言。子貢聽了，問孔子道：『爲甚麼沒有人知道夫子呢？』『不怨天，不尤人』者，明『莫我知』之歎，並非怨天尤人也。尤，責也。『下學而上達』者，明已爲學之道；學爲已而不爲人，並不求人知也。『下學』指博文約禮，所謂文章可得而聞者也。『上達』指盡性知天，所謂天道不可得而聞者也。登高自卑，行遠自邇，故曰『下學而上達』。『知我者其天乎』者，言我固非時人之所能知也。

與．平聲．石門．地名．晨門．掌晨啟門．蓋賢而隱於抱關者也．自．從也．問其何所從來也．胡氏曰．晨門知世之不可而不爲．故以是譏孔子．然不知聖人之視

子路宿於石門。晨門曰：『奚自？』子路曰：『自孔氏。』曰：『是知其不可而爲之者與*？』

與今作歟。『石門』，鄭玄注曰：『魯城外門』也。『宿』者，到石門已晚，因宿於石門外也。『晨門』，是晨起管開城門的人。子路宿於石門，次日早起，行至城門邊。管城門的人問子路道：『你從那裏來？』子路答道：『我從孔家來。』管城門的人聽得說孔家，知道是孔子，即對子路說：『就是明知道不能行，而仍是奔波勞苦想行道的那個孔先生嗎？』『知其不可而爲之』，正是孔子救世的精神。這

天下・無不可爲之時也・荷・去聲・磬・樂器・荷・擔也・蕢・草器也・此荷蕢者・亦隱士也・聖人之心・未嘗忘天下・此人聞其磬聲而知之・則亦非常人矣・硜・苦耕反・莫己之己音紀・餘音以・揭・起例反・硜硜石聲・亦專確之意・以衣涉水曰厲・攝衣涉水曰揭・此兩句・衛風匏有苦葉之詩也・譏孔子人不知己而不止・不能適淺深之宜・果哉・歎其果於忘世也・末・無也・聖人心同天地・視天下猶一家・

個管城門的人，也是有道之士避世不仕，而自隱姓名者，故能知孔子也。

子擊磬於衛，有荷蕢而過孔氏之門者，曰：「有心哉，擊磬乎！」既而曰：「鄙哉，硜硜乎！莫己知也，斯已而已矣！『深則厲，淺則揭。』」子曰：「果哉！末之難矣。」

磬，是一種樂器。孔子居衛國的時候，有一日，擊磬消遣。「荷」，去聲，負也。蕢，草製之器。有一個負草器的人，走過，聽了擊磬的聲音，知道這擊磬的是個有心人，故卽贊了一句道：「有心哉！擊磬乎。」「既而曰」者，過一會又說也。說文云：「硜，古文磬。」釋名云：「磬，罄也。其聲罄罄然堅緻也。」「硜硜」是磬的聲音。鄙，狹也。（見孟子盡心趙注）樂記云：「哀心感者，其聲噍以殺。」注云：「噍，踧也。殺，減也。」言其心有哀感者，則樂音踧踖，衰減，不安舒也。此云：「鄙哉硜硜乎，」是言磬聲鄙狹，擊磬者其有哀感乎。「莫己知也，斯已而已矣」者，言人不知我，則已耳。「斯已」之「已」，作「止」字解；「而已矣，」語助詞。「深則厲，淺則揭，」引詩衛風匏有苦葉篇句。「揭，」音起例反。揭者，揭衣也。以衣涉水爲厲，由膝以下爲揭；由膝以下爲揭，由膝以上爲厲。見爾雅釋水。蓋以涉水當視水之深淺不同而異其法，爲喻明君子於道可行則行，不可則止，人莫己知，不必悲觀也。「果哉，」集解謂孔子以荷蕢者未知己志而譏己爲果。朱注則謂孔子言荷蕢者果於忘世。「末之難矣，」言出處若但如涉水之以深淺而或厲或揭，亦無難矣。朱注與劉氏正義同。按「果哉」，猶今言「果然這樣嗎？」「末之難矣」之「難」，當讀去聲；言我亦無以難之也。孔子於避世之士，向以尊敬的態度對之，故聞荷蕢者之言，僅如此云云耳。

中國猶一人。不能一日忘也。故聞荷蕢之言。而歎其果於忘世。且言人之出處。若但如此。則亦無所難

好易。皆去聲。謝氏曰。禮達而分定。故民易使。

子曰：「上好*禮，則民易*使也。」

「好」，「易」，均讀去聲。言在上位者，事事遵禮而行，則在下的人民，自然也沒有敢不敬的了。敬則自然聽從使命，而不違抗故易使也。

修己以敬。夫子之言。至矣盡矣。而子路少之。故再以其充積之盛。自然及物者告之。無他道也。人者。對己而言。百姓。則盡乎人矣。堯舜猶病。言不可以有加於此。以抑子路。使反求諸近也。蓋聖人之心無窮。世雖極治。然豈能必知四海之內。果無一物不得其所哉。故堯舜猶以安百姓爲病。若曰吾治已足。則非所以爲聖人矣。程子曰。君子修己以安百姓。篤恭而天下平。唯上下一於恭敬。則天地自位。萬物自育。氣無不和。而四靈畢至矣。此體信達順之道。聰明睿知。皆由是出。以此事天饗帝。

子路問君子。子曰：「脩己以敬。」曰：「如斯而已乎？」曰：「脩己以安人。」曰：「如斯而已乎？」曰：「脩己以安百姓，脩己以安百姓，堯舜其猶病諸！」

君子指在上位的人。『脩己以敬』者，以敬脩自己，隨事隨時尊尊敬敬，不失禮怠忽也。『脩己以安百姓』，『安人』之『人』，是指左右及上下百官而言。『安人』使這班人都安心辦事也。『脩己以安百姓』者，再進一步要使全國百姓，都能安居樂業也。然而要使全國百姓，都安居樂業，是很不容易的事情，雖使堯舜在位，也未必能做到這個地步。故又曰『脩己以安百姓，堯舜其猶病諸』也。病，難之也。『諸』，爲『之乎』二字之合音。

孫弟。並去聲。長。上聲。叩。音口。脛。其

原壤夷俟。子曰：「幼而不孫弟；長而無述焉；老而不

死是爲賊』以杖叩其脛*。

原壤，魯人，孔子故友。『夷』同踦，蹲也，箕踞也。古時席地而坐，兩足向後，在臀下，今日本之俗猶然。伸兩脚，則其形如箕也。俟，待也。孔子去見原壤，原壤蹲夷而待，不出迎也。『孫』同遜。『弟』同悌。原壤母死，不哭而歌。故孔子罵他年幼的時候，不知謙遜孝悌也。『長』上聲。『長而無述焉』者，年紀大了，一些沒有可稱述的善行也。這種人早可以死了；現在到老而還不死，徒然敗常害俗，故曰『老而不死是爲賊』也。孔子說到這裏，就拿起手裏的杖，擊原壤的脚脛。原壤蓋老氏之流，自放於禮法之外者也。

定反・原壤・孔子之故人・母死而歌・蓋老氏之流・自放於禮法之外者・夷・蹲踞也・俟・待也・言見孔子來・而蹲踞以待之也・述・猶稱也・賊者・害人之名・以其自幼至老・無一善狀・而久生於世・徒足以敗常亂俗・則是賊而已矣・脛・足骨也・孔子既責之・而因以所曳之杖・微擊其脛・若使勿蹲踞然・

〔問題〕

(一)邦有道當如何？邦無道當如何？

(二)『德』與『言』『仁』與『勇』關係如何？

(三 本篇所記孔子對於管仲的批評如何？

(四 何謂『成人』？

(五)孔子對於齊桓公晉文公的批評如何？

(六)何謂『方人』？

(七)孔子何以不贊成『以德報怨』？

(八)晨門荷蕢如何批評孔子？

(九)孔子何以痛責原壤？

衞靈篇

陳・去聲・陳・謂軍師行伍之列・俎豆・禮器・尹氏日・衞靈公・無道之君也・復有志於戰伐之事・故答以未學而去之・

從・去聲・孔子去衞適陳・興・起也・見・賢遍反・何氏日・濫・溢也・言君子固有窮時・不若小人窮則放溢爲非・程子日・固窮者・固守其窮・亦通・愚謂聖人當行而行・無所顧慮・處困而亨・

衞靈公問陳於孔子孔子對曰：「俎豆之事，則嘗聞之矣！軍旅之事，未之學也。」明日遂行。

「陳，」即今「陣」字。字本作「敶。」作「陳，」省。顏氏家訓謂「陣」字始見於王羲之小學章，則俎豆禮器。軍旅古代軍隊編制的名稱；軍萬二千五百人，旅五百人。衞靈公以戰陣之事問於孔子，孔子對曰：「關於禮制的事，我倒聽見過。練兵打仗的事體，我是沒有學過。」明日就離開衞國。按此事在魯哀公二年。據史記孔子世家其明日見靈公與之語靈公仰視飛鴻去志乃益決云。

在陳絕糧，從者病，莫能興。子路慍見曰：「君子亦有窮乎？」子曰：「君子固窮，小人窮，斯濫矣！」

孔子在陳國的時候，糧食斷絕。「從，」去聲。從者，從孔子的弟子。興，起也。「莫能興」者，言不能夠起來走也。

「見，」音現。「慍見」者，帶着一種怨恨的神色去見孔子也。子路見孔子，恨恨地道：「君子亦有窮乎？」窮，困也。孔子聽了子路的話，對子路說：「君子固然免不了有窮困的時候。若是小人，到了窮困的時候，就無事不做了。」一說「固窮」者，固守其窮。「濫」者，溢出做人的範圍，而無惡不作也。

以上二章，朱註合爲一章。注疏及皇本分爲二章，而以「明日遂行」句屬後一章。按史記世家孔

無所怨悔・於此可見・學者宜深味之・

女・音汝・識・音志・與・平聲・下同・子貢之學・多而能識矣・夫子欲其知所本也・故問以發之・

方信而忽疑・蓋其積學功至・而亦將有得也・

說見第四篇・然彼以行言・而此以知言也・

謝氏曰・聖人之道大矣・人不能徧觀而盡識宜・其以為多學而識之也・然聖人豈務博者哉・如天之於衆形・匪物物刻而雕之也・故曰・予一以貫之・德輶如毛・毛猶有倫・上天之載・無聲無臭・至矣・尹氏曰・孔子之於曾子・不待其問而直告之以此・曾子復深諭之曰唯若子貢・則先發其疑而後告之・而子貢終亦不能如曾子之唯也・二子所學之淺深・於此可見、愚按夫子之於子貢・屢有以發之・而他人不與焉・則顏曾以下諸子・所學之淺深・又可見矣・

子去衛後，尚有適曹適宋適鄭，然後至陳，絕糧事在魯哀公六年。江永鄉黨圖考以為當在哀公四年。與去衛事隔數年，以分二章為是。但『明日遂行，』明指去衛，不當屬後一章。

子曰：「賜也，女以予為多學而識之者與？」對曰：「然！非與？」曰：「非也！予一以貫之。」

『女，』今作『汝。』『識，』今作『誌。』『與，』今作『歟。』賜是子貢的名。孔子呼子貢之名而告之曰：『你以為我是求很多的學問，而記在心裏的嗎？』子貢以為孔子的賢聖多能，是『多學而識之』的；現在聽了孔子的話，又像不是多學而識之者，故曰：『然；非歟？』『曰「非也，予一以貫之」』者，孔子告子貢也。『非也』是言我確不是『多學而識之。』『予一以貫之』者言我明白了『一貫』的道理，能用這個道理來應付各種事情，推求各種物理也。按里仁篇孔子曾告曾子曰：『吾道一以貫之。』曾子釋之，以為『夫子之道，忠恕而已矣。』各家釋『一貫，』已見里仁篇注中。朱注則云：『彼以行言，此以知言。』阮元則謂『多學而識』是『知』『一貫』是『行。』焦循補疏則謂此一貫仍指『忠恕。』『忠恕者，成已以成物也。孟子所稱大舜之善與人同，舍已從人，樂取人以為善，卽是忠恕。不恕則執一，恕則可以一貫；不恕則入主出奴，為我兼愛，各執一端，恕則執兩端而用其中，天下之知皆我之知，無俟乎多學而識矣。』其說亦通。

子曰：「無爲而治者，其舜也與？夫何爲哉？恭己正南面而已矣！」

『與』，今作『歟』。『夫』，音扶。此章言舜爲政篇『爲政以德，譬如北辰，居其所而衆星共之』的話，同旨。舜之恭己無爲，即雍也篇首章所云：『居敬而行簡』也。舜何以能無爲而治呢？因爲他手下的百官，任用得好，所以自己只要恭恭敬敬地居於君位。中庸曰：『詩云：「不顯惟德，百辟其刑之。」是故君子篤恭而天下平。』亦可與本章互發。

子張問行。子曰：「言忠信，行篤敬，雖蠻貊之邦行矣！言不忠信，行不篤敬，雖州里行乎哉？立，則見其參於前也；在輿，則見其倚於衡也。夫然後行。」子張書諸紳。

子張問孔子『做人要如何可以行得通？』『子曰』以下是孔子的答話。『篤』上、『不』上的兩『行』字，去聲。忠者，言語發自中心，即不說違心之言也。信者，不說誑話，不失約也。一個人能夠不說違心之言，不說誑話，不失約，就叫做『言忠信』。篤者，厚厚實實。敬者，恭恭敬敬。這樣做人，叫做『行篤敬』。『蠻貊之邦』是野蠻人的國度。一個人能『言忠信，行篤敬』，雖然在野蠻人的國裏，

與・平聲・夫・音扶・無爲而治者・聖人德盛而民化・不待其有所作爲也・獨稱舜者・紹堯之後・而又得人以任衆職・故尤不見其有爲之迹也・恭己者・聖人敬德之容・既無所爲・則人之所見如此而已・

・猶問達之意也・行篤行不之行・去聲・貊・亡百反・子張意在得行於外・故夫子反於身而言之・猶答干祿問達之意也・篤・厚也・蠻・南蠻・貊・北狄・二千五百家爲州・參・七南反・夫・音扶・其者・指忠信

篤敬而言。參焉之參。言與我相參也。衡。軛也。言其於忠信篤敬念念不忘。隨其所在。常若有見。雖欲頃刻離之而不可得。然後一言一行。自然不離於忠信篤敬。而蠻貊可行也。

紳。大帶之垂者。書之。欲其不忘也。

程子曰。學要鞭辟近裏著己而已。博學而篤志。切問而近思。言忠信。行篤敬。立則見其參於前。在輿則見其倚於衡。即此是學。質美者明得盡。查滓便渾化。却與天地同體。其次惟莊敬以持養之。及其至。則一也。

也可以行得通。『州里』者，猶云本省本鄉也。若一個人『言不忠信，行不篤敬，』雖在自己的家鄉，也是行不通的。所以一個人對於『忠信』『篤敬』要時刻不忘。『參』，七南反。朱註云：「參，讀如『毋往參焉』之『參』，言與我相參也。」王引之經義述聞謂『參』可訓『直』。直，相當也。俞樾羣經平議謂『參』當為『厽』，積纍之意，言見其積纍於前也。輿，車子。衡，車前的橫木。言譬如立着似乎有個『忠信篤敬』在我眼前；坐在車子裏時，似乎有個『忠信篤敬』在車前的橫木上。要這樣，然後行得通也。紳是大帶子。子張聽了孔子的話，寫在衣帶上面，俾隨時可看到也。

史，官名。魚，衛大夫，名鰌。如矢，言直也。史魚自以不能進賢退不肖。既死猶以尸諫。故夫子稱其直。事見家語。

伯玉出處。合於聖人之道。故曰君子。卷。收也。懷。藏也。如於孫林父甯殖放弒之謀。不對而出。亦其事也。

楊氏曰。史魚之直。未盡君子之道。若蘧伯玉。然後可免於亂世。若史魚之如矢。則雖欲卷而懷之。有不可得也。

知。去聲。

子曰：「直哉史魚！邦有道如矢，邦無道如矢。君子哉蘧伯玉！邦有道則仕，邦無道則可卷而懷之。」

史魚，集解引孔曰：「衛大夫史鰌也。」朱註曰：「史，官名。」「如矢」者，孔子形容史魚之直也。按史魚以不能進蘧伯玉而退彌子瑕，死而以尸諫，見韓詩外傳。蘧伯玉已見前。『卷』，今亦作捲。『卷而懷之』者，言其退隱不仕，好像一幅畫捲攏來藏在懷裏，使人不見其才也。

子曰：「可與言而不與之言，失人。不可與言而與之言，失言。* 知者不失人，亦不失言。」

『知』今作『智』。知者能知人，可與言者則與之言，不可與言者則不與之言；『不失人，亦不失言』也。

子曰：「志士仁人，無求生以害仁，有殺身以成仁。」

朱註云：『志士，有志之士；仁人，成德之人。』此言如生而至於害仁則不求生；死如可以成仁則可殺身也。孟子魚我所欲也章言『舍生取義』可與本章互相發明。

子貢問爲仁。子曰：「工欲善其事，必先利其器。居是邦也，事其大夫之賢者，友其士之仁者。」

『爲仁』猶云『用力於仁』。子貢蓋問所以爲仁之道。『工欲善其事，必先利其器，』是以做工的人，必須器械銳利，然後能造精巧的器物爲比喻。故『爲仁』的人在一個國內要擇其大夫中之賢者而師事他；擇其士中之有仁德者而和他做朋友，以收切磋輔仁之益。

子曰：「人無遠慮，必有近憂。」

此言人當思患預防。此二句亦見易既濟卦象辭。張栻論語解云：『慮之不遠，其患卽至，故曰近

志士・有志之士・仁人・則成德之人也・理當死而求生・則於其心有不安矣・是害其心之德也・當死而死・則心安而德全矣・

程子曰・實理得之於心自別・實理者・實見得是・實見得非也・古人有捐軀隕命者・若不實見得・惡能如此・須是實見得生不重於義・生不安於死也・故有殺身以成仁者・只是成就一箇是而已・

賢・以事言・仁・以德言・夫子嘗謂子貢悅不若己者・故是以告之・欲其有所嚴憚切磋・以成其德也・

程子曰・子貢問爲仁・非問仁也・故孔子告之以爲仁之資而已・

蘇氏曰・人之所履者・容足之外・皆爲無用之地・而不可廢也・故慮

不在千里之外・則患在几席之下矣・遠・去聲・責己厚・故身益修・責人薄・故人易從・所以人不得而怨之・

如之何・如之何者・熟思而審處之辭也・不如是而妄行・雖聖人亦無如之何矣・

好・去聲・小惠・私智也・言不及義・則放辟邪侈之心滋・好行小慧・則行險僥倖之機熟・難矣哉者・言其無以入德・而將有患害也・

孫・去聲・義者・制事之本・故以爲質

憂。』

子曰：『躬自厚，而薄責於人，則遠*怨矣！』

遠，讀去聲。躬，身也，指自己。『躬自厚』者，責自己厚也。『薄責於人』者，責他人薄也。如此，則人之怨恨遠矣！按顏淵篇答樊遲云：『攻其惡，無攻人之惡。』與此章之旨相近。

子曰：『不曰「如之何如之何」者，吾末如之何也已矣！』

『如之何，』就是俗語說的『怎麼呢。』朱註曰：『「如之何如之何」者，熟思而審處之辭也。不如是而妄行，雖聖人亦無如之何矣。』按『如之何如之何』亦是慮其事之不善，而望有以改善之辭。『不曰如之何如之何』者，必自甘暴棄之人，或諱疾忌醫之人，則雖孔子亦無如之何也。此章語雖簡而含意甚廣，朱子僅舉其一端而已。

子曰：『羣居終日，言不及義，好*行小慧，*難矣哉！』

羣居，許多人同住在一處也。『好，』去聲。小慧，小聰明也。『難矣哉』者，孔子以爲這種人，難以使改善也。

子曰：『君子義以爲質，禮以行之，孫*以出之，信以成

榦・而行之必有節文・出之必以退遜・成之必在誠實・乃君子之道也・

程子曰・義以爲質・如質榦然・禮行此・孫出此・信成此・此四句・只是一事・以義爲本・又曰・敬以直內・則義以方外・義以爲質・則禮以行之・孫以出之・信以成之・

范氏曰・君子學以爲己・不求人知・然沒世而名不稱焉・則無爲善之實可知矣・

謝氏曰・君子無不反求諸己・小人反是・此君子小人所以分也・

楊氏曰・君子

之，君子哉！」

質，本質。『孫』今作『遜』。言君子做人，以義爲本質，照禮而行，出以謙遜，而成之以信。信即誠也。能誠實則禮不至成爲虛文，義亦不至變爲假義。能如此，則成爲一個君子。故曰『君子哉！』

子曰：「君子病無能焉；不病人之不己知也。」

病，患也。本章與里仁篇『不患莫己知，求爲可知也；』憲問篇『不患人之不己知，患其不能也；』意均相同。

子曰：「君子疾沒世而名不稱焉。」

『沒世』謂死也。疾，恨也。朱註引范氏曰：『君子學以爲己，不求人知；然沒世而名不稱焉，則無爲善之實可知矣。』故君子之所疾，在不能立德，以致不朽之名，並不在有善之實而無善之名。學者不可不辨之！按史記孔子世家子曰：『弗乎弗乎！君子疾沒世而名不稱焉，吾何以自見於後世哉！』以此爲孔子作春秋時語。

子曰：「君子求諸己，小人求諸人。」

按中庸云：『正己而不求於人。』即本章『君子求己』之旨，本章與前兩章義相連貫。『君子病無能焉，不病人之不己知，』即君子求諸己；『君子疾沒世而名不稱，』雖似求名，實在也求自己有爲善之實而已故曰『君子求諸己。』小人則只求人之知己，不問己之能不能；只求人之譽己，不問自己有沒有爲善之實；故曰『小人求諸人。』

子曰：『君子矜*而不爭，羣而不黨。』

朱註曰。『莊以持己曰矜。和以處衆曰羣。』劉宗周論語學案云：『矜者，兢兢自持；不爭，則非絕物矣。羣者，油油與人；不黨，則非徇物矣。』

子曰：『君子不以言舉人，不以人廢言．』

『有言者不必有德，』故君子不以言舉人。芻蕘之言，聖人擇焉；故其言有可采，亦不以其人之無可取而廢之。

子貢問曰：『有一言而可以終身行之者乎？』子曰：『其恕乎！己所不欲，勿施於人。』

劉氏正義云：『「一言」謂一字。』故孔子以一『恕』答之。『恕』是求仁之方．『己所不欲，勿施於人』二句，是『恕』字的定義。此但就消極方面而言；其積極方面，即是『己欲立而立人，己欲達而達人』也。子貢曾說：『我不欲人之加諸我也，吾亦欲無加諸人。』他的話，正和這裏孔子所說『己所不欲，勿施於人』的意義相同。

雖不病人之不己知．然亦疾沒世．而名不稱也．雖疾沒世而名不稱．然所以求者．亦反諸己而已．小人求諸人．故違道干譽．無所不至．三者文不相蒙．而義實相足．亦記言者之意．

莊以持己曰矜．然無乖戾之心．故不爭．和以處衆曰羣．然無阿比之意．故不黨．

推己及物．其施不窮．故可以終身行之．尹氏曰．學貴於知要．子貢之問．可謂知要矣．孔子告以求仁之方也．推而極之．雖聖人之無我．不出乎此．終身行之．不亦宜乎．

子曰「吾之於人也，誰毀誰譽？如有所譽者，其有所試矣！斯民也，三代之所以直道而行也。」

朱註云『毀者，稱人之惡而損其真；譽者，揚人之善而過其實；夫子無是也。』又引尹氏曰『孔子之於人也，豈有意毀譽之哉？其所以譽之者，蓋試而知其美故也。斯民也，三代之所以直道而行，豈得容私意於其間哉？』按漢書藝文志云『孔子曰「如有所譽，其有所試。」唐虞之隆，殷周之盛，仲尼之業，已試之效也。』包慎言溫故錄據此，謂『斯民也……』二句，卽言三代已嘗試之，非謂身試之。此別一解。

譽，平聲。毀者，稱人之惡，而損其真。譽者，揚人之善，而過其實，夫子無是也。然或有所譽者，則必嘗有以試之，而知其將然矣。聖人善善之速，而無所苟如此。若其惡惡，則已緩矣。是以雖有以前知其惡，而終無所毀也。斯民者，今此之人也。三代，夏商周也。直道，無私曲也。言吾之所以無所毀譽者，蓋以此民，卽三代之時，所以善其善，惡其惡，而無所私曲之民。故我今亦不得而枉其是非之實也。尹氏曰：孔子之於人也，豈有意於毀譽之哉？其所以譽之者，蓋試而知其美故也。斯民者，三代所以直道而行，豈得容私意於其間哉。

子曰「巧言亂德。小不忍，則亂大謀。」

孔子嘗云「惡佞，恐其亂義也。」「巧言亂德」與佞之亂義同。忍是忍耐。於小事不能忍耐，則亂大謀。「大謀」猶云「大計劃」。劉氏正義引吳嘉賓說，謂「不忍」爲「仁」，「小不忍」則似仁而非仁，足以亂大謀。吳氏之意殆以婦人姑息之愛爲「小不忍」。朱註曰「小不忍如婦人之仁，匹夫之勇皆是。」兼有二義，其說較長。

巧言，變亂是非，聽之，使人喪其所守。小不忍，如婦人之仁，匹夫之勇，皆是。

子曰「衆惡之，必察焉。衆好之，必察焉。」

好惡，並去聲。楊氏曰：惟仁

者・能好惡人・衆・好惡之而不察・則或蔽於私也・

弘・廓而大之也・人外無道・道外無人・然人心有覺・而道體無爲・故人能大其道・道不能大其人也・

張子曰・心能盡性・人能弘道也・性不知檢其心・非道弘人也・

過而能改・則復於無過・唯不改・則其過遂成・而將不及改矣・

此爲思而不學者言之・蓋勞心以必求・不如遜志而自得也・李氏曰・夫子非思而不學者・特垂語以敎人爾・

餒・奴罪反

耕所以謀食・而未必得食・學所以謀道・而祿在其中・然其學也・憂

『惡』，『好』，均讀去聲。蓋衆之好惡，未必能公而當，故必察之。此章之意，與前子路篇『鄉人皆好』『鄉人皆惡』云云大致相同。

子曰：「人能弘道，非道弘人。」

弘，大也，此作動詞用。道待人而明，待人而行，故曰『人能弘道。』人之明道行道，志在乎道，非欲以張已尊己也，故曰『非道弘人。』

子曰：「過而不改，是謂過矣！」

韓詩外傳云：『孔子曰：「過而改之，是不過也。」』即本此文而反言之，可以互發。

子曰：「吾嘗終日不食，終夜不寢，以思，無益，不如學也！」

此即爲政篇『思而不學則殆』之意。『思』，指不學而思者言。爲政篇又云：『學而不思則罔。』是『學』仍有待於『思』也。

子曰：「君子謀道不謀食。耕也，餒在其中矣！學也，祿在其中矣！君子憂道不憂貧。」

不得乎道而已，非爲憂貧之故，而欲爲是以得祿也。尹氏曰：君子治其本而不恤其末，豈以在外者，爲憂樂哉。

此章之旨，重在『君子謀道不謀食』句。言君子謀道不謀食，非如農夫之耕田，其志全在謀食也。但因謀食而耕，有時年歲饑荒，亦難免挨餓；況本不謀食者乎？學成而仕，固可得祿，但君子所憂者在道之不明不行，不在祿之不得，故又曰『君子憂道不憂貧』也。

子曰：『知*及之仁不能守之，雖得之，必失之。知及之，仁能守之不莊以涖*之，則民不敬。知及之仁能守之，莊以涖之，動之不以禮，未善也。』

知，去聲。知足以知此理，而私欲間之，則無以有之於身矣。涖，臨也。謂臨民也。知此理，而無私欲以間之，則所知者，在我而不失矣。然猶有不莊者，蓋氣習之偏，或有厚於內，而不嚴於外者，是以民不見其可畏而慢易之。下句放此。動之，動民也。猶曰鼓舞而作興之云爾。禮，謂義理之節文。愚謂學至於仁，則善有諸己，而大本立矣。涖之不莊，動之不以禮，乃其氣稟學問之小疵，然亦非盡善之道也。故夫子歷言之，使知德愈全，則責愈備，不可以爲小節而忽之也。

本章指治國爲政而言。『知』，今作『智』。『知及之』者，言其才智足以治國爲政也。『仁』者，大公無私之德。『知及之仁不能守之』者，言智足以知治國爲政之道，而無以勝其私欲，則雖得其道，終必失之也。『涖』臨也。臨政臨民，皆可曰臨。智足以知之，仁足以守之而不以莊敬臨之，則民亦不敬之也。能臨之以敬矣，而施治行政，不能以禮行之，猶未爲善。『動之』指發號施令之政治行動而言。朱註以『動民』釋之，恐未妥。

子曰：『君子不可小知，而可大受也。小人不可大受，

此言觀人之法。知，我知之也。受，彼所

受也。蓋君子於細事。未必可觀。而材德足以任重。小人雖器量淺狹。而未必無一長可取。

而可小知也。』

朱註云『知我知之也。受彼所受也。』是『小知』者，以一長見知於人；『大受』者，以器識擔當大事也。君子必能以細事見長，卻能擔當大事；小人則不能擔當大事，而亦有一長足錄。此君子小人之別。

當仁。以仁為己任也。雖師亦無所遜。言當勇往而必為也。蓋仁者人所自有。而自為之。非有爭也。何遜之有。程子曰。為仁在己。無所與遜。若善名在外。則不可不遜。

子曰：『當仁，不讓於師。』

此章極言行仁之不可緩。為弟子者，於各種事體對師都須謙讓；只有當着仁的事體，要趕先去做，雖師還沒有去做，我也不妨先做也。

貞。正而固也。諒。則不擇是非而必於信。

子曰：『君子貞而不諒。』

集解採孔曰『貞正諒信也。君子之人，正其道耳，言不必小信。』按本章孟子所說：『大人者言不必信，行不必果，唯義所在。』同一意義。

後。與後獲之後同。食。祿也。君子之仕也。有官守者修其職。有言責者盡其忠。皆以敬吾之事而已。不可先有求祿之心也。

子曰：『事君，敬其事而後其食。』

邢疏云『此章言為臣事君之法也。言當先盡力敬其職事，必有勳績而後食祿也。』

人性皆善。而其類有善惡之殊者。氣習之染也。故君子

子曰：『有教無類。』

『有教無類』者，就是不分貧富，不分貴賤，不分智愚賢不肖，凡來學者，無不教以做人的道理也。

有教·則人皆可以復於善·而不當復論其類之惡矣·

爲·去聲·不同·如善惡邪正之類·

辭取達意而止·不以富麗爲工·

見·賢遍反·師·樂師·瞽者·冕名·再言某在斯·歷舉在坐之人以詔之·與·平聲·聖門學者·於夫子之一言一動·無不存心

孔子弟子，富如子貢；貧如顏回、原憲；孟懿子等則爲貴族，子路則爲卞之野人；曾參之魯，高柴之愚，顓孫師之辟；皆爲高弟。故東郭子惠有『夫子之門何其雜也』之歎。不知『有教無類，』正是孔子偉大之處。

子曰：『道不同，不相爲謀。』*

『爲』，去聲。按孔子時，已有老子之道；稍後，孔子又有墨子、楊子之道。周秦諸子的各稱道術，盛行於戰國之世者，大多萌芽於孔子前後。孔子明知各家倡道的人總以自己所倡的道爲是，以他人所倡的道爲非，故只有各行其道而不相謀，不謀者，不必使你從我，我從你也。故曰『道不同，不相爲謀。』後世學者，往往攻擊他家他人，而孔子則不然。此孔子之所以爲大也。

子曰：『辭，達而已矣！』

『辭』者，言辭、文辭也。在口裏的言語，稱爲『言辭。』在紙上用筆寫的，稱爲『文辭。』孔子以爲這兩種辭——言辭、文辭——以能達出意思，使聽的人，看的人，都能明白爲主；故曰『辭達而已矣！』

師冕見，及階，子曰：『階也。』及席，子曰：『席也。』皆坐，子告之曰：『某在斯，某在斯。』師冕出，子張問曰：『與師言之道與？』*? 子曰：『然！固相師之道也。』*

『師』，樂師。冕，樂師名。『見』音現，來見也。古時樂師皆是瞎子。所以他走到階前，孔子告知他道：

省察如此。相。去聲。

相。助也。古者。瞽必有相。其道如此。蓋聖人於此。非作意而爲之。但盡其道而已。

尹氏曰。聖人處己爲人。其心一致。無不盡其誠故也。有志於學者。求聖人之心。於斯亦可見矣。

范氏曰。聖人不侮鰥寡。不虐無告。可見於此推之。天下無一物不得其所矣。

『階也。』他上了階，走到坐席前，孔子又告知他道：『席也。』大家都坐下了，又告之曰：『某人坐在這裏，某人坐在這裏。』師冕出去後，子張問孔子道：『這些是和樂師講話之道嗎？』孔子說：『是的！剛纔這樣的招呼，是扶助樂師應盡的道理。』『道與』之『與』，今作『歟』。『相，』去聲，扶助的人叫做『相』，此作動詞用。

〔問題〕（一）孔子何以不答問陳？
（二）何謂『多學而識』？何謂『一貫』？
（三）何謂『無爲而治』？
（四）何謂『殺身成仁』？
（五）孔子謂何種人最沒出息？
（六）本篇論君子如何？
（七）何謂『有教無類』？

季氏篇

季氏將伐顓臾，冉有、季路見於孔子曰：「季氏將有事於顓臾。」

季氏，季康子也。『顓，』音專。『臾，』音俞。顓臾，是魯國境內的一個小國，其君風姓，伏羲之後。他的朝貢不達於天子，而附於魯侯，所謂『附庸』也。冉有、子路，這時正做季氏的家臣，故以季氏的事來告孔子。『有事，』指伐顓臾。按季氏伐顓臾事，不見於春秋經傳，殆因孔子之言而中止也。

孔子曰：「求！無乃爾是過與？夫顓臾，昔者先王以為東蒙主，且在邦域之中矣。是社稷之臣也！何以伐為？」

孔子之意，對於季氏之伐顓臾，是大不以為然的，所以獨呼冉有之名而斥之者，以子路曾因公伯寮之愬為季孫所疑；冉有嘗為季氏聚斂，獨得信任也。『是，』實也。見王引之經傳釋詞『與，』今作『歟』。『夫，』音扶。東蒙山名。顓臾封在東蒙山的地方，是先王叫他主祭祀東蒙山的，故曰『昔者先王以為東蒙主』也。『邦域』即國境。為魯國附庸，故曰『是社稷之臣也。』『為，』語末助詞。朱

顓・音專・臾・音俞・顓臾國名・魯附庸也・見・賢遍反・按左傳史記・二子仕季氏不同時・此云爾者・疑子路嘗從孔子自衞反魯・再仕季氏・不久而復之衞也・與・平聲・冉求爲季氏聚斂・尤用事・故夫子獨責之・夫・音扶・東蒙・山名・先王封顓臾於此山之下・使主其祭・在魯地七百里之中・社稷・猶云公家・是時四分魯國・・季氏取其二・孟孫

叔孫各取其一・獨附庸之國・尚爲公臣・季氏又欲取以自益・故孔子言顓臾乃先王封國・則不可伐・在邦域之中・則不必伐・是社稷之臣・則非季氏所當伐也・此事理之至當・不易之定體・而一言盡其曲折如此・非聖人不能也・

夫子・指季氏・冉有實與謀・以夫子非之・故歸咎於季氏・

任・平聲・焉・於虔反・相・去聲・下同・周任・古之良史・陳・布也・列・位也・相・瞽者之相也・言二子不欲・則當諫・諫而不聽・則當去也・

兕・徐履反・柙・戶甲反・櫝・音獨・與・平聲・兕・野牛也・柙・檻也・櫝・匱也・言在柙而逸・在櫝而

注云：「社稷，猶云公家。是時四分魯國，季氏取其二，孟孫叔孫各取其一；獨附庸之國尚爲公臣，季氏又欲取以自益故孔子言顓臾乃先王封國則不可伐在邦域之中則不必伐是社稷之臣則非季氏所當伐也。」

冉有曰「夫子欲之，吾二臣者，皆不欲也。」

「夫子」指季氏。「二臣，」謂己與子路也。

孔子曰「求！周任有言曰『陳力就列，不能者止。』危而不持，顚而不扶，則將焉用彼相矣？且爾言過矣！虎兕出於柙，龜玉毀於櫝中，是誰之過與？」

「求者呼冉有之名以告之也。『任』平聲。集解馬曰『周任古之良史』按左傳隱六年，昭五年，皆引周任之言不言爲史官杜預注云『周太史』路史注以爲商太史江永羣經補義疑卽書盤庚之遲任『陳力就列，不能者止』兩句是周任的話，孔子引之。

朱注云『陳布也列位也』劉氏正義云『止謂去位也』按『陳力』謂施展貢獻其才力；『就列』卽就職位言既就其位當陳其力不能陳力便當去位也『焉』平聲安也『相』去聲扶持瞎子的人叫做相此以相瞽者爲喻言如瞽者遭遇危險顚仆而不扶持則那個相還有什麼用呢？『矣』字用與『乎』字同見王引之經傳釋詞冉有答語諉爲『夫子欲之』而欲自卸其責故直斥之曰

毀・責守者不得辭其過・明二子居其位而不去・則季氏之惡・已不得不任其責也・

『且爾言過矣』『過』錯誤也。兕，野牛。柙，是關虎、兕的木柵。虎與兕，應該關在柙裏的。龜，玉，古人都視爲寶貝。櫝是藏龜、玉的匣子。言季氏之伐顓臾有如把虎兕從柙中放出，把匣中的龜、玉毀壞也。季氏伐顓臾，一動兵必要殺人，好像柙中的虎兕跑出來傷人也。顓臾在魯國境內，好像藏在匣子中的龜、玉；季氏伐而滅之，又像把龜、玉毀壞也。此黃式三說。虎、兕出柙，是管獸禁者之過；龜、玉毀壞，是守龜、掌玉者之過；季氏之伐顓臾，則是爲家臣者不諫止之過也。

夫・音扶・固・謂城郭完固・費・季氏之私邑・此則冉求之飾辭・然亦可見其實與季氏之謀矣

冉有曰：『今夫顓臾，固而近於費；今不取，後世必爲子孫憂。』

此冉有又爲季氏辨也。『夫』音扶。費此處音祕。固言顓臾的城郭，很堅固。費音祕，是季氏的食邑，與顓臾相近。故曰『今不取後世必爲子孫憂』也。

夫・音扶・舍・上聲・欲之・謂貪其利・寡・謂民少・貧・謂財乏・均・謂各得其分・安・謂上下相安・季氏之欲取顓臾・患寡與貧耳・然是時季氏據國・而魯公無民・則不均也・君弱臣強・互

孔子曰：『求！君子疾夫舍曰欲之，而必爲之辭。丘也，聞有國有家者，不患寡而患不均，不患貧而患不安；蓋均無貧，和無寡，安無傾。夫如是，故遠人不服，則脩文德以來之！既來之，則安之！今由與求也，相夫子，遠人不服而不能來也，邦分崩離析而不能守也。而謀生嫌隙・則不安矣・均則不患於貧而和・和則不患於寡而安・安則不相疑忌・而無傾覆之患・夫・音扶・內治修・然後遠人服・有不服・則修德以來之・亦不當勤兵於遠・

子路雖不與謀・而素不能輔之以義・亦不得爲無罪・故幷責之・遠人謂顓臾・分崩離析・謂四分公室・家臣屢叛・干・楯也・戈・戟也・蕭牆・屏也・言不均不和・內變將作・其後哀公果欲以越伐魯・而去季氏・謝氏曰・當是

動干戈於邦內，吾恐季孫之憂，不在顓臾，而在蕭牆之內也。」

此孔子聽了冉有的話，又呼其名而斥之也。疾，惡也，恨也。『夫，』音扶。『舍，』今作捨。『舍曰欲之，而必爲之辭』者，心裏實在貪圖這個利益，卻捨掉這句話，不肯說，而必另外想出一種話來掩飾也。這種事情，是君子所最惡的。孔子既斥其非，又把治國安家的原理，講出來給他聽，『丘』是孔子稱自己的名。『有國』指諸侯；『有家』指卿大夫。此二句疑當作『不患貧而患不均，不患寡而患不和。』蓋『貧』與『均，』指財言；『寡』與『和，』指人言。『不均，』謂貧富相懸，『不和』謂上下不協，下言『均無貧，和無寡，』卽其證。春秋繁露度制篇，魏書張普惠傳引，亦均作『不患貧而患不均。』（參閱俞樾古書疑義舉例）孫中山先生民生主義謂中國僅有大貧小貧，故社會問題不如泰西各國嚴重；主張平均地權，節制資本，爲曲突徙薪之計，卽所謂『不患貧而患不均也。』財均人和，則安而無傾覆之患矣。『夫，』音扶。『如是，』指上文所說治國家的原理。因爲如此，故遠地方的人，還有不服者，我惟有修己之德以招徠之。文德正對武力而言。遠人來歸了，則安撫之。『相，』去聲，助也。現在由與求相助季氏，遠人不服，而不能修文德以來之；邦國分崩離析，有土崩瓦解之虞，而不能固守之；還要在國內打起仗來。『動干戈，』卽指伐顓臾之事，吾恐季孫之可憂者，倒不在國而近於費的顓臾，而在自己的家內也。『蕭牆』卽八佾篇之『塞門。』後來季氏家臣陽虎囚季桓子，果然不出孔子所料。一說，蕭牆惟國君有之，蕭牆之內，隱指魯君。此時哀公欲去三桓，（卽季孫、孟孫、叔孫三家。）而顓臾世爲魯社稷之臣，又近於費。季氏懼其爲公家之助，故欲伐之。如克，則取以爲己有；不克，則公家之師已憊於外，不能復伐己；此齊陳恆弒吳之故智也。冉有謂季氏恐顓臾將爲子孫憂，時・三家強・公室弱・冉求又欲伐顓臾以附益之・夫子所以深罪之・爲其瘠魯以肥三家也・洪氏曰・二子仕於季氏・凡季氏所欲爲・必以告於夫子・則因夫子之言而救止者・宜亦多矣・伐顓臾之事・不見於經傳・其以夫子之言而止也

不得不伐之;故孔子直斥其隱也。見方觀旭偶記

便・平聲・辟・婢亦反・友直則聞其過・友諒則進於誠・友多聞則進於明・便・習熟也・便辟・謂習於威儀而不直・善柔・謂工於媚說而不諒・便佞・謂習於口語而無聞見之實・三者損益・正相反也・尹氏曰・自天子以至於庶人・未有不須友以成者・而其損益・有如是者・可不謹哉・

孔子曰:「益者三友,損者三友。友直,友諒,友多聞,益矣!友便辟,友善柔,友便佞,損矣!」

此孔子論交友有益或有損也。三種益友:一種是「友直,」就是結交正直的朋友;這種朋友,能規勸我的過處,故有益。一種是「友諒,」就是結交誠實的朋友,這種朋友不會欺騙我,故有益。一種是「友多聞,」就是結交多見聞的朋友;這種朋友,能指導我不明白的事理,故有益。三種損友:一種是「友便辟,」就是結交「足恭」「體柔」而不「直」的人;一種是「友善柔,」就是結交「令色」「面柔」而不「諒」的人;一種是「友便佞,」就是結交「巧言」「口柔」而無聞見之實的人;這三種朋友,都和前三種相反,故有損。「便,」平聲;「辟」音僻。(參閱公冶長篇「巧言令色足恭」注。)

樂・五教反・禮樂之樂・音岳・驕樂宴樂之樂・音洛・節・謂辨其制度聲容之節・驕樂・則侈肆而不知節・佚

孔子曰:「益者三樂,損者三樂。樂節禮樂,樂道人之善,樂多賢友,益矣!樂驕樂,樂佚遊,樂宴樂,損矣!」

「禮樂」之「樂,」如字讀;「驕樂,」「宴樂」之「樂,」音洛,其餘「樂」字,皆音耀。與「仁者樂山,知者樂水」之「樂」同,是愛好的意思。一個人不能無所愛好。孔子說:「愛好的事也有三件

遊・則惰慢而惡聞善・宴樂・則淫溺而狎小人・三者損益・亦相反也・尹氏曰・君子之於好樂・可不謹哉・

君子・有德位之通稱・愆・過也・瞽・無目・不能察言觀色・尹氏曰・時然後言・則無三者之過矣・

血氣・形之所待以生者・血陰而氣陽也・得・貪得也・隨時知戒・以理勝之・則不爲血氣所使也・范氏曰・聖人同於人者・血氣也・異於人者・志氣也・

是有益處的三件是有損害的。』『樂節禮樂』者，愛好行動都以禮樂爲節也；『樂道人之善』者，愛好說別人的好處，不說別人的壞處也；『樂多賢友』者，愛好多交益友也；這三種愛好，是於自己有益處的。『樂驕樂』者，愛好驕傲他人以爲快樂也；『樂佚遊』者，愛好不做事而遊戲過日子也；『樂宴樂』者愛好與人酒食徵逐以取樂也；這三種愛好，於自己是都有損害的。

孔子曰：「侍於君子有三愆：言未及之而言，謂之躁；言及之而不言，謂之隱；未見顏色而言，謂之瞽。」

『侍於君子』，是侍坐在君子旁邊。愆，過失也。是不到應該說話的時候就說話，則有急躁的過失；魯論讀『躁』爲『傲』，意思是言未及之而言，是以已所知者傲人之不知也。到了應該說話的時候而不說，則有隱匿的過失；不看見別人的顏色而亂話，則有瞽的過失；『瞽』者，言好像瞎了眼睛一樣也。

孔子曰：「君子有三戒：少之時，血氣未定，戒之在色。及其壯也，血氣方剛，戒之在鬭。*及其老也，血氣既衰，戒之在得。」

鬭，音豆。少年血氣未定，情竇初開，正是知好色，慕少艾的時候，故『戒之在色。』壯是三四十歲，體力最強壯的時候，血氣方剛，好勝心正盛，故『戒之在鬭。』所謂『鬭』者，不僅指好勇鬭狠而言，凡意氣血氣有時而衰・志氣則無時而衰也・少未定・壯而剛・老而衰者・血氣也・戒於色・戒於鬪・戒於得者・志氣也・君子養其志氣・故不爲血氣所動・是以年彌高而德彌劭也・

之爭皆是也。年紀老了，則血氣已衰，只想爲子孫打算，弄幾個錢享享老福，故『戒之在得。』試看現在社會上，青年人往往鬧戀愛問題；壯年人往往因意氣之爭，而不顧大局；老年人往往日暮途窮，不惜出賣人格，此章所記，真是孔子勘透人情之言。

困・謂有所不通・言人之氣質不同・大約有此四等・楊氏曰・生知學知・以至困學・雖其質不同・然及其知之一也・故君子惟學之爲貴・困而不學・然後爲下・

孔子曰：『生而知之者，上也。學而知之者，次也。困而學之，又其次也。困而不學，民斯爲下矣！』

凡一事一物，都有一種道理，『生而知之者』，對於種種事物，一看見，就明白牠的道理也。這是最聰明的上等人，好像生出來就知道的。其次則對於種種事物，未能一見就知牠的道理，但能自己用學問的工夫去求知；結果，對於各種道理，也明白了。『困而學之』者，對事物的道理，固然不能一見就知；不遇到困難，也還不肯去學；一定要到因不明白道理，而發生困難，才肯用學問的工夫去求知。這種人，又次一等。如果遇到困難，還是不肯去學，這種人，必終身做一愚蠢的人，是最下一等的。按中庸云：『或生而知之，或學而知之，或困而知之；及其知之，一也。』『困而知之』，即此所云：『困而學之。』『困而不學，』是雖困而終不能知；故曰『民斯爲下』也。『民』與『人』同。

難・去聲・視無所蔽・則明無不見・聽無所壅・則聰無不聞・色・見於面者・貌・舉身而言・思問・則疑不蓄・思難・則

孔子曰：『君子有九思：視思明，聽思聰，色思溫，貌思恭，言思忠，事思敬，疑思問，*忿思難，*見得思義。』

『視思明』者，言看一種事物，要想看得很明白，把細微曲折，都看出來也。『聽思聰』者，言聽人忿必懲・思義・則得不苟・程子曰・九思・各專其一・謝氏曰・未至於從容中道・無時而不自省察也・雖有不存焉者寡矣・此之謂思誠・探・吐南反・真知善惡而誠好惡之・顏曾閔冉之徒・蓋能之矣・語・蓋古語也・求其志・守其所達之道也・達其道・行其所求之志也・蓋惟伊尹太公之流・可以當之・當時若顏子・亦庶乎此・然隱而未見・又不幸而蚤死・故夫子云然・

的言語要想聽得仔仔細細，沒有錯誤也。『色思溫』者，言對別人臉上的顏色，常常要想溫和也。『貌思恭』者，言待人接物時容貌常常要想恭敬也。『言思忠』者，言對人說話，常常要想忠實誠懇也。『事思敬』者，言做事常常想到慎重，不肯輕忽怠慢也。『疑思問』者，言有疑惑的時候，常常想問個明白也。『忿思難』者，言當氣忿的時候，常常想到患難，不肯因一朝之忿，忘其身以及其親也。『難』去聲。『見得思義』者，言遇見可得的利益，應想一想這利益是應該得的，還是不應該得的，所謂『臨財毋苟得』也。這九件是君子所常常思考的。

孔子曰：「『見善如不及，見不善如探湯；』吾見其人矣，吾聞其語矣。『隱居以求其志，行義以達其道；』吾聞其語矣，未見其人也！」

『見善…』二句，『隱居…』二句，皆古語。『見善如不及』者，見了善人，常常像自己不及他一般，因而努力為善想及他也。即『見賢思齊』之意。湯是沸水，手探下去，是要燙壞的。所以湯，是探他不得，要避開牠纔好。見了不善的人，也如不敢探湯一樣，總是避開他，唯恐自己染到他的惡習，故曰『見不善如探湯』也。即大戴記曾子立事所謂『見不善者恐其及己也。』孔子說：『這種人我親眼看見過；這句古語我也聽見人說過了。』孟子云：『故士窮不失義，達不離道。』與此章同旨。程瑤田論學小記云：『隱居以求其志，求其所達之道也；當其求時，猶未及行，故謂之『志』；行義以達其道，行其所求之志也；及其行時，不止於求，故謂之『道』。志與道，通一無二，故曰『士何事？曰尚志。』最是闡明此章之志。

亢・音剛・亢以私意窺聖人・疑必陰厚其子・事理通達・而心氣和平・故能言・品節詳明・而德性堅定・故能立・當獨立之時・所聞不過如此・其無異聞可知・遠・去聲・尹氏曰・孔子之教其子・無異於門人・故陳亢以爲遠其子・

陳亢*問於伯魚曰：『子亦有異聞乎？』對曰：『未也。嘗獨立，鯉趨而過庭，曰「學詩乎？」對曰「未也。」「不學詩無以言！」鯉退而學詩。他日又獨立，鯉趨而過庭，曰「學禮乎？」對曰「未也。」「不學禮，無以立！」鯉退而學禮。聞斯二者。』陳亢退而喜曰『問一得三：聞詩，聞禮，又聞君子之遠*其子也。』

皇疏曰・『陳亢卽子禽也。』已見前學而篇。伯魚名鯉，孔子之子，陳亢的意思，以爲孔子教兒子，當與教學生不同，故問伯魚有異聞否。『對曰，』伯魚對陳亢也。『未也，』言未有異聞。以下卽述所聞二事以證其未有異聞。詩爲寫人情事理的文學作品，且多比興之作，故與言辭有關，禮者，人之所履，孔子嘗云『立於禮，』故不學禮無以立也。陳亢退而自喜，以爲問一事而得了三種知識：一是學詩則可以言；一是學禮，則可以立；一是君子之對兒子，是不十分接近的。』『遠，』去聲。司馬光家範引此文，說之云：『遠者，非疏遠之謂也。謂其進見有說，接遇有禮，不朝夕嘻嘻相褻狎也。』

〔問題〕（一）孔子謂季孫之憂不在顓臾而在蕭牆之內，其意何在？
（二）『益友』有何三種？『損友』有何三種？
（三）何謂『三愆』？

(四)何謂『三戒』?
(五)何謂『三畏』?
(六)何謂『九思』?
(七)何謂『隱居求志』『行義達道』?

陽貨篇

陽貨欲見孔子，孔子不見。歸孔子豚；孔子時其亡也，而往拜之，遇諸塗。謂孔子曰：『來！予與爾言。』曰：『懷其寶而迷其邦，可謂仁乎？曰：不可。好從事而亟失時，可謂知乎？曰：不可。日月逝矣！歲不我與。』孔子曰：『諾！吾將仕矣！』

歸如字・一作饋・陽貨・季氏家臣・名虎・嘗囚季桓子而專國政・欲令孔子來見己・而孔子不往・貨以禮・大夫有賜於士・不得受於其家・則往拜其門・故瞰孔子之亡・而歸之豚・欲令孔子來拜而見之也

好亟知・並去聲・

懷寶迷邦・謂懷藏道德・不救國之迷亂・亟・數也・失時・謂不及事機之會・將者・且然而未必之辭・貨語皆

陽貨，史記作陽虎，劉氏正義云：『貨虎一聲之轉，疑貨是名，虎是字也。』此時魯國的政權，全在季氏手裏，陽貨是季氏最信用的家臣，以陪臣而執國政。『歸』同『饋』，古論作『饋』。豚，小豬。時，伺也。『時其亡也而往拜之』者，伺陽貨不在，而往拜謝之也。孟子滕文公篇云：『陽貨欲見孔子而惡無禮。大夫有賜於士，不得受於其家，則往拜其門。陽貨矙孔子之亡也，而饋孔子蒸豚。孔子亦矙其亡也，而往拜之。當是時，陽貨先，豈得不見？』所記較詳。孔子本來是不願意和陽貨見面的，所以時其亡也而往拜之，不料偏在街路上遇着他。『諸』即『之於』二字的合音；『塗』路也。陽貨既在路上遇見孔子，便對孔子道：『來！予與爾言。』『曰：懷其寶……』以下，仍是陽貨的話；他既在路上遇到孔子，便邀到自己家中和孔子說也。寶，譬喻道德才學；『懷其寶而迷其邦』者，說孔子有了道德，才學而不肯出來做官治國也。胡紹勳論語拾義謂「寶」指身，「懷寶」謂藏身，亦通。「好」去聲。「亟」音器。「知」今作智。「好從事而亟失時」喜歡做事而屢次失了可做事的時機也。二「不可」通解以爲皆孔子答語。毛奇齡稽求篇、王引之經傳釋詞均謂陽貨自爲問答，蓋以懷寶迷邦之不可謂仁，好從事亟失時之不可爲知，二者皆必然之理也。逝，往也。言日月都像水的流去不會再同轉來，人的年紀也一年一年的老去，歲數是不會給我增添的。意思是勸孔子及早出來做官。「諾！吾將仕矣」句是孔子的答話，故特加「孔子曰」三字。

識孔子。而諷使速仕。孔子固未嘗如此。而亦非不欲仕也。但不仕於貨耳。故直據理答之。不復與辯。若不喻其意者。陽貨之欲見孔子。雖其善意。然不過欲使助己爲亂耳。故孔子不見者。義也。其往拜者。禮也。必時其亡而往者。欲其稱也。遇諸塗而不避者。不終絕也。隨問而對者。理之直也。對而不辯者。言之孫。而亦無所詘也。揚氏曰。揚雄謂孔子於陽貨也。敬所不敬。爲詘身以信道。非知孔子者。蓋道外無身。身外無道。身詘矣。而可以信道。吾未之信也。

子曰：「性相近也，習相遠也。」

性，生而然者也。天生的性質善惡不甚相遠，故曰「性相近也」。一個人處在某個環境裏，到後來就有某種習慣，如在善良的環境裏長大就有善的習慣；在惡濁的環境裏長大就有惡的習慣，因爲各人的環境不同，所以各人的習慣也就差得很遠，而不能一樣，故曰「習相遠也」。

孔子說性，只說相近，不言善惡。後來孟子便說人性是善的，荀子又說人性是惡的，世碩與公都子言性有善有惡，告子又言性無善無不善，或可以爲善，可以爲不善；揚雄、王充、韓愈等也紛紛說性，至宋儒則以論性爲專家學問，其實都不如孔子只輕輕八個字說得包括無遺。

此所謂性。兼氣質而言者也。氣質之性。固有美惡之不同矣。然以其初而言。則皆不甚相遠也。但習於善則善。習於惡則惡。於是始相遠耳。程子曰。此言氣質之性。非言性之本也。若言其本。則性卽是理。理無不善。孟子之言性善是也。何相近之有哉。

子曰：「唯上知*與下愚，不移。」

『知』今作智。一個人的性是相近的，差不多的。至於一個人的天資，則各有不同：有絕頂聰明的人，所謂『生而知之』者；有絕頂呆笨的人，所謂『困而不學』者；也有中等的人。絕頂聰明的人與絕頂呆笨的人從小到老總不會改變的，但此等人不過千萬人中之一二個。其餘的都是中等天資，就不免隨着環境而改變，習於惡則惡，習於善則善也。

知・去聲・此承上章而言・人之氣質・相近之中・又有美惡一定・而非習之所能移者・程子曰・人性本善・有不可移者・何也・語其性・則皆善也・語其才・則有下愚之不移・所謂下愚有二焉・自暴・自棄也・人苟以善自治・則無不可移・雖昏愚之至・皆可漸磨而進也・惟自暴者・拒之以不信・自棄者・絕之以不為・雖聖人與居・不能化而入也・仲尼之所謂下愚也・然其質・非必昏且愚也・往往強戾而才力有過人者・商辛是也・聖人以其自絕於善・謂之下愚・然考其歸・則誠愚也・或曰・此與上章當合為一・子曰二字・蓋衍文也・

子之武城，聞弦歌之聲，夫子莞爾而笑，曰：「割雞焉*用牛刀？」子游對曰：「昔者偃也聞諸夫子曰：『君子學道則愛人，小人學道則易*使也。』」子曰：「二三子！偃之言是也。前言戲之耳。」

之，往也。武城，魯邑。這時子游做魯國武城縣的縣令。孔子到武城地方，聽得有弦歌的聲音也。『弦』是樂器，如琴瑟之類；『歌』是歌詩。子游教武城的百姓都學禮樂，故聞弦歌之聲。『莞爾』微笑貌。『割雞焉用牛刀？』是譬喻之辭，猶言治天下移風易俗要用禮樂，如今治一個小小的縣，何必費這樣的大氣力呢？偃是子游的名。他對答孔子道：『從前我曾經聽得夫子說過：「在上位的君子，能夠

弦・琴瑟也・時子游為武城宰・以禮樂為教・故邑人皆弦歌也・莞・華版反・焉・於虔反・莞爾・小笑貌・蓋喜之也・因言其治小邑・何必用此大道也・易・去聲・君子小人・以位言之・子游所稱・蓋夫子

之常言・言君子小人・皆不可以不學・故武城雖小・亦必教以禮樂・嘉子游之篤信・又以解門人之惑也・治有大小・而其治之・必用禮樂・則其爲道一也・但衆人多不能用・而子游獨行之・故夫子驟聞而深喜之・因反其言以戲之・而子游以正對・故復是其言・而自實其戲也・

學禮樂等等，則能愛護人民，在下面的人民，能夠學禮樂等等，則容易使他們做事。」」孔子聽了子游的話，『二三子，』指同到武城去的幾個學生。牛刀割雞之喻，孔子自認是戲言；其實是可惜子游不得行其化於天下國家，只能小試於縣耳。

行是五者・則心存而理得矣・於天下・言無適而不然・猶所謂雖之夷狄不可棄者・五者之目・蓋因子張所不足而言耳・任・倚仗也・又言其效如此・張敬夫曰・能行此五者於天下・則其心公平・而周徧可知矣・然恭其本與・李氏曰・此章與六言六蔽五美四惡之類・皆與前後文體・大不相似・

子張問仁於孔子。孔子曰：『能行五者於天下，爲仁矣！』「請問之。」曰：『恭、寬、信、敏、惠。恭則不侮，寬則得衆，信則人任焉，敏則有功，惠則足以使人。』

子張問仁，孔子告以『能行五者於天下，爲仁矣。』五者，即指『恭、寬、信、敏、惠』五種德行。『恭則不侮』者，在上者能夠恭敬，則人民不會侮慢他也。『寬則得衆』者，能夠以寬弘大量待人，則人民的心，必歸服他也。『信則人任焉』者，能夠不失信於人民，則人民都信任他也。『敏則有功』者，爲政能夠敏捷而不遲鈍，自然會有功績也。『惠則足以使人』者，有恩惠及於人民，則使人民服役時，人民都願盡力也。朱注引李氏曰：『此章與「六言六蔽」「五美四惡」之類，皆與前後文體大不相似。』按論語文例，記與君大夫問答，則稱『孔子』；記與弟子問答，則稱『子。』此章記弟子問亦稱孔子，體例上亦極不合。

女・音汝・下同・蔽・遮掩也・語・去聲・禮・君子問更端則起而對・故孔子諭子路・使還坐而告之・好知・並去聲・六言皆美德・然徒好之而不學以明其理・則各有所蔽・愚・若可陷可罔之類・蕩・謂窮高極廣而無所止・賊・謂傷害於物・勇者剛之發・剛者勇之體・狂・躁率也・范氏曰・子能勇於爲善・其失之者・未能好學以明之也・故告之以此・曰勇・曰剛・曰信・曰直・又皆所以救其偏也・

夫・音扶・小子・弟子也

子曰：「由也，女聞六言六蔽矣乎？」對曰：「未也。」「居！吾語女。好仁不好學，其蔽也愚。好知不好學，其蔽也蕩。好信不好學，其蔽也賊。好直不好學，其蔽也絞。好勇不好學，其蔽也亂。好剛不好學，其蔽也狂。」

『女』今作『汝』。『語』、『好』均去聲。『知』今作『智』。『六言六蔽』當是古代成語。名六言，即指『仁、知、信、直、勇、剛』六字。蔽者被一件東西遮蔽，不能通明也。六蔽，指『愚、蕩、賊、絞、亂、狂』六者，因不好學，故各有所蔽，而生此六病也。『居吾語汝』者，子路起對，故孔子命之坐，而後詳語之也。所謂六言六蔽者，好仁而不好學，一味以仁愛待人，則將如宋襄公之不敎不成列，不重傷，不擒二毛，有類於愚人。有才智的人而不好學，勢必汪洋自恣，泛濫無所歸，流蕩無所止。則性知重然諾而不明事理之是非，謹厚者則爲硜硜之小人，剛強者則爲輕身殉人之游俠，而皆足以害事賊義。好信而不好學，好直而不好學，必過於急切，好譏刺他人，即絞也。此與前篇『直而無禮則絞』同意。好勇而不好學，必至和人爭鬥，可以釀成亂事。此與下文『君子有勇而無義爲亂』同意。好剛而不好學，雖然能夠無欲，不至曲求，但必流而爲愎，師心自用，則成狂妄之人。孔子因爲子路有好仁、好知、好信、好直、好勇、好剛的六項美德；所以勸他加以學問，使六項美德，不至有缺憾的地方也。

子曰：「小子！何莫學夫詩？詩可以興，可以觀，可以羣，感發志意・考見得失・和而不流・怨而不怒・人倫之道・詩無不備・二者舉重而言・其緒餘・又足以資多識・學詩之法・此章盡之・讀是經者・所宜盡心也・

可以怨邇之事父，遠之事君，多識於鳥獸草木之名。」

『小子，』孔子稱諸弟子也。『夫，』音扶。言何不學詩也：詩指三百五篇之詩經詩爲文學作品，感人最易，可以興感人之情意，故曰『可以興。』詩皆美刺政治，抒寫人情之作，可以攷見得失，了解人情，並可以觀察各時代各地方之風俗，春秋時列國大夫多賦詩見志，故曰『可以觀。』詩教溫柔敦厚，且通於樂，樂以和爲主，故曰『可以羣。』詩所以寫哀怨之情，亦用以諷刺政治，但怨而不怒，哀而不傷，不務言理而言情，不務勝人而感人，故曰『可以怨。』小之則寫家庭之情感，故近之可以事父；大之則陳政治之美刺，故遠之可以事君。其中多託物比興，用鳥獸草木爲譬，故其緒餘，又足以資多識也。

敬而將之以玉帛・則爲禮・和而發之以鐘鼓・則爲樂・遺其本・而專事其末・則豈禮樂之謂哉・程子曰・禮只是一箇序・樂只是一箇和・只此兩字・含蓄多少義理・天下無一物無禮樂・且如置此兩椅・一不正・便是無序・無序便乖・乖便不和・又如盜賊・至爲不道・然亦有禮樂・蓋必有總屬・必相聽順・乃能爲盜・不然・則叛亂無統・不能一日相聚而爲盜也・禮樂無處無之・學者須要識得・荏・而審反・與・平聲・厲・威嚴也・荏

子曰：「禮云禮云，玉帛云乎哉？樂云樂云，鐘鼓云乎哉？」

禮之本在敬，樂之本在和。茲徒有玉帛之幣，鐘鼓之音而遺其本，此豈足云禮樂哉？

子曰：「色厲而內荏，譬諸小人，其猶穿窬之盜也與？」

·柔弱也·小人·細民也·穿·穿壁·窬·踰牆·言其無實盜名·而常畏人知也·

鄉者·鄉俗之意·原·與愿同·荀子原慤註·讀作愿是也·鄉原鄉人之原者也·蓋其同流合汙·以媚於世·故在鄉人之中·獨以原稱夫子·以其似德非德·而反亂乎德·故以爲德之賊而深惡之·詳見孟子末篇·

雖聞善言·不爲已有·是自棄其德也·

王氏曰·君子多識前言往行·以蓄其德·道聽塗說·則棄之矣·

與·平聲·

鄙夫·庸惡陋劣之稱·

何氏曰·患得之·謂患不能

『與』今作歟。色厲者言人的面色嚴厲而莊重也。『荏』音忍。內荏者，言人的心裏沒有骨氣，柔而不剛也。『小人』細民也。『窬』穴也。『穿窬之盜』就是挖壁洞偷東西的竊賊。集解引孔云：『穿，穿壁；窬，窬牆。』是以『窬』爲『踰』之借字。朱注云『言其無實盜名而常畏人知也。』

子曰：「鄉原，德之賊也！」

『原』同『愿』，善也。『鄉原』就是一鄉都以爲是好人的。按孟子盡心篇答萬章問，引孔子曰：『過我門而不入我室，我不憾焉者，其惟鄉原乎？鄉原，德之賊也。』又釋之曰：『「生斯世也，爲斯世也，善斯可矣」，閹然媚於世也者，是鄉原也。』又曰：『非之無舉也，刺之無刺也，同乎流俗，合乎汙世；居之似忠信，行之似廉潔，衆皆悅之，自以爲是而不可與入堯舜之道，故曰德之賊也。』又引孔子曰：『惡似而非者……惡鄉原，恐其亂德也。』釋本章之義最爲明白。集解所舉二說皆誤。

子曰：「道聽而塗*說，德之棄也。」

『塗』同『途』。『道聽塗說』者，在街道上聽了胡言亂語，不問真假，不管是非，自以爲是，也到路途上去說給人聽也。此以喻人云亦云，不知辨別審擇的人，是有德者所棄，亦是自棄其德，故曰『德之棄也』。

子曰：「鄙夫可與事君也與*哉？其未得之也，患得之。既得之，患失之。苟患失之，無所不至矣！」

鄙夫者，卑鄙之人。『可與』即『可以』，見王引之經傳釋詞。『與哉』之『與』，今作『歟』。下文即申明鄙夫不可以事君之故。『患』者，勞心焦慮於此也。鄙夫所貪念者，無非是富貴祿位，未得的時候只勞心焦慮以求必得，既得之後又只勞心焦慮以防失去，這種人專顧自己的祿位，不顧君主與國家的好歹，既怕祿位失去，於是卑鄙下流之事無所不爲了。

得之・小則吮癰舐痔・大則弒父與君・皆生於患失而已・

胡氏曰・許昌靳裁之有言曰・士之品・大概有三・志於道德者・功名不足以累其心・志於功名者・富貴不足以累其心・志於富貴而已者・則亦無所不至矣・志於富貴・即孔子所謂鄙夫也・

子曰：『惡紫之奪朱也，惡鄭聲之亂雅樂也，惡利口之覆邦家者。』

三『惡』字皆去聲，厭惡也。朱，大紅正色；紫，紅而稍帶黑者，閒色。禮記玉藻言『玄冠紫緌，自魯桓公始。』管子言『齊桓公好服紫衣，齊人尚之。』蓋春秋時服色好用紫，而不知其非正色也。鄭聲，其音淫，雅樂，周代之正樂。利口，即所謂『言僞而辨』者，足以覆亡國家。此三者皆時人所喜尚，而孔子所深惡者也。

惡・去聲・覆・芳服反・朱・正色・紫・閒色・雅・正也・利口・捷給・覆・傾敗也・

范氏曰・天下之理・正而勝者常少・不正而勝者常多・聖人所以惡之・言利口之人・以是爲非・以非爲是・以賢爲不肖・以不肖爲賢・人君苟悅而信之・則國家之覆也・不難矣・

子曰：『予欲無言。』子貢曰：『子如不言，則小子何述焉？』子曰：『天何言哉？四時行焉，百物生焉。天何

學者多以言語觀聖人・而不察其天理流行之實・有不待言而著者・是以徒得其言・

言哉』

孔子本以身教，恐弟子徒於言語求之，故曰『予欲無言。』小子，弟子自稱。詩日月『報我不述，』毛傳云：『述，循也。』言夫子如不言，則弟子何所遵行也。禮哀公問曰：『孔子云：「無為而物成，是天道也」』故此以天不言而四時成，百物生為喻。

孺悲欲見孔子，孔子辭以疾。將命者出戶，取瑟而歌，使之聞之。

孺悲是魯人，曾學士喪禮於孔子，見禮記雜記。是孺悲亦孔子弟子。此云欲見孔子，當是始見之時。儀禮士相見禮疏謂孺悲不由紹介，故孔子辭以疾。將命者，傳達言語的人也。傳達言語的人，走出戶外，把孔子有病不見的話，去對孺悲說時，孔子故意取了瑟，一面鼓瑟，一面唱起歌來，使孺悲聽見，知道夫子並不生病，要他自已想想有何不合禮的地方；此孟子所謂『不屑教誨是亦教誨之』也。

宰我問三年之喪：『期已久矣；君子三年不為禮，禮必壞；三年不為樂，樂必崩。舊穀既沒，新穀既升，鑽燧

而不得其所以言，故夫子發此以警之。子貢正以言語觀聖人者，故疑而問之。四時行，百物生，莫非天理發見流行之實，不待言而可見。聖人一動一靜，莫非妙道精義之發，亦天而已，豈待言而顯哉。此亦開示子貢之切，惜乎其終不喻也。程子曰，孔子之道，譬如日星之明，猶患門人未能盡曉，故曰予欲無言。若顏子則便默識，其他則未免疑問，故曰，小子何述。又曰，天何言哉，四時行焉，百物生焉，則可謂至明白矣。愚按此與前篇無隱之義相發，學者詳之。

孺悲，魯人，嘗學士喪禮於孔子。當是時，必有以得罪者，故辭以疾，而又使知其非疾，以警教之也。程子曰，此孟子所謂不屑之教誨，所以深教之也。

期，音基，下同。

期，周年也。恐居喪不習而崩壞也。

鑽，祖官反。

改火，期可已矣！』子曰：『食夫稻，衣夫錦，於女安乎？』曰：『安。』『女安則爲之！夫君子之居喪，食旨不甘，聞樂不樂，居處不安，故不爲也。今女安，則爲之。』宰我出，子曰：『予之不仁也！子生三年，然後免於父母之懷。夫三年之喪，天下之通喪也，予也有三年之愛於其父母乎！』

此『三年之喪，』指父母喪。鄭玄謂喪期實際爲二十七月。『期，』音基。一周年也。宰我問三年之喪於孔子，以爲三年時候太長久，故曰『期已久矣』云云。古人居喪，種種事體都不做，所以宰我又說：『君子三年不爲禮，禮必壞；三年不爲樂，樂必崩。』壞崩，猶云荒廢也。沒，盡也。升，成也，登也。古時候鑽木取火；所用的木頭，四時不同，春天用楡、柳，夏天用棗、杏，季夏用桑、柘，秋天用柞、楢，冬天用槐、檀。過了一年，四時取火的木頭，改鑽已遍了。宰我說穀與取火，意思是人情本依天道，天道一年則週而復始，人情亦宜法此，故曰：『期可已矣！』就是說居喪滿一年，可以止了！『夫，』音扶。『衣，』去聲，動詞。『女』今作『汝。』下同。古時候居喪止食黍稷，不食稻粱！止服麻衣，不衣錦帛。故孔子對宰我說：『父母死後，未滿三年，你就吃稻粱的飯，穿絲織的錦，於你的心裏安嗎？』宰我答道：『安的。』『聞樂，不樂，』上『樂』字，是音樂之『樂。』下『樂』字，是歡樂之『樂。』孔子又說道：『你既然心裏

沒・盡也・升・登也・燧・取火之木也・改火・春取楡柳之火・夏取棗杏之火・夏季取桑柘之火・秋取柞楢之火・冬取槐檀之火・亦一年而周也・已・止也・言期年則天運一周・時物皆變・喪至此可止也・尹氏曰・短喪之說・下愚且恥言之・宰我親學聖人之門・而以是爲問者・有所疑於心・而不敢強焉爾・

夫・音扶・下同・衣・去聲・女・音汝・下同・

禮・父母之喪・既殯食粥・麤衰・既喪・疏食水飲・受

以成布．期而小祥．始食菜菓．練冠縓緣．要絰不除．無食稻衣錦之理．夫子欲宰我反求諸心．自得其所以不忍者．故問之以此．而宰我不察也．樂．上如字．下音洛．

安的，就自己去行罷！至於君子的居喪，因為過於悲苦，所以即使吃好的東西，也不覺得甘美；即使聽音樂，也不歡樂；即使住在華美舒服的地方，也不安適。因此，衣食住都不求好的了。現在你既然食稻、衣錦，是心裏安的，那麼你就去食稻衣錦罷！』宰我走出去後，孔子又對別個弟子說：『予之不仁也！』『予』是宰我的名。仁以親親為大，孝是為仁之本，故以『不仁』斥之。『子生三年』以下云云，是說明父母喪所以必須規定三年的理由。父母之喪三年，自天子以至於庶人，都是這樣的，故曰『通喪』。『予也有三年之愛於其父母乎，』說宰我這個人，對於他的父母，有三年的恩愛去報答過了嗎？

此夫子之言也．旨．亦甘也．初言女安則為之．絕之之辭．又發其不忍之端．以警其不察．而再言女安則為之．以深責之．宰我既出．夫子懼其真以為可安而遂行之．故深探其本而斥之．言由其不仁．故愛親之薄如此也．懷．抱也．又言君子所以不忍於親．而喪必三年之故．使之聞之．或能反求．而終得其本心也．范氏曰．喪雖三年而止．然賢者之情則無窮也．特以聖人為之中制而不敢過．故必俯而就之．非以三年之喪為足以報其親也．所謂三年然後免於父母之懷．特以責宰我之無恩．欲其有以跂而及之耳．

惡．去聲．下同．唯惡者之惡如字．訕．所諫反．訕．謗毀也．窒．不通也．稱人惡．則無仁厚之意．下訕上．則無忠敬之心．勇無禮．則為亂．果而窒．則妄作．

子貢曰：『君子亦有惡乎？』子曰：『有惡：惡稱人之惡者，惡居下流而訕上者，惡勇而無禮者，惡果敢而窒者。』曰：『賜也亦有惡乎？』『惡徼以為知者，惡不孫以為勇者，惡訐以為直者。』

『稱人之惡』的『惡』為善惡之『惡』，餘均為好惡之『惡』，去聲。訕讀如『山』，去聲，謗毀也。子貢說：『君子也有所憎惡的嗎？』孔子答道：『有的。專說人家壞處的，在下位而謗毀在上者的，徒憑勇力而不講禮的，果敢而窒塞於事理不通恕道的（依戴望註）是君子所憎惡的。』朱註以『賜也亦有惡乎』一句為孔子問子貢的話，『惡徼以為知者』以下，是子貢對孔子說的話。集解孔曰：『徼，抄也。抄人之意以為己有。』鄭玄本『徼』作『絞』。絞，急也。『知』今作『智』。『徼以為智』，謂於事急迫自炫其能也。較王說為長。『孫』今作『遜』，亦以不遜讓為勇也。『訐』音吉。攻發人之陰私也。中論覈辨篇云孔子曰：『小人毀訾以為辨，絞急以為智，不遜以為勇，斯乃聖人所惡』。即據本章，但以為孔子所惡，則誤。

．故夫子惡之．徼．古堯反．知孫．並去聲．訐．君謁反．惡徼以下．子貢之言也．徼．伺察也．訐．謂攻發人之陰私．楊氏曰．仁者無不愛．則君子疑若無惡矣．子貢之有是心也．故問焉．以質其是非．侯氏曰．聖賢之所惡如此．謂唯仁者．能惡人也．

【問題】

（一）陽貨饋孔子蒸豚，孔子何以時其亡也而往拜之？

（二）何謂『性近習遠』？何謂『上知下愚不移』？

（三）何謂『割雞焉用牛刀』？

（四）何謂『六言六蔽』？

（五）孔子何以謂『鄉原』為『德之賊』？

（六）何謂『患得患失』？

（七）何謂『不言之教』？

（八）孔子既以疾辭孺悲，何以又取瑟而歌？

（九）孔子和子貢所惡的是那幾種人？

微子篇

微箕・二國名・子・爵也・微子紂庶兄・箕子比干紂諸父・微子見紂無道・去之以存宗祀・箕子比干皆諫・紂殺比干・囚箕子以爲奴・箕子因佯狂而受辱・三人之行不同・而同出於至誠惻怛之意・故不拂乎愛之理・而有以全其心之德也・楊氏曰・此三人者各得其本心・故同謂之

歸・如字・或作饋・朝・音潮・季桓子・魯大夫名斯・按史記定公十四年・孔子爲魯司寇・攝行相事・齊人懼・歸

微子去之，箕子爲之奴，比干諫而死。孔子曰：「殷有三仁焉。」

集解引馬曰：『微，箕，二國名；子，爵也。微子，紂之庶兄；箕子，比干，紂之諸父。』朱注同。論語稽則曰：「微箕非國，皆殷圻內之地，……蓋以其食邑之地稱之者也。子，非爵，乃男子之美稱。」按微子名啓，後受周封於宋，見史記宋微子世家。孟子告子云：『以紂爲兄之子，且以爲君，而有微子啓王子比干』，似微子亦爲紂之諸父矣。微子因紂王無道，屢諫不聽，所以跑到別處去了，故曰『去之。』箕子諫了不聽，不忍跑去，被髮佯狂而爲奴，故曰『爲之奴。』比干諫之不已，爲紂所殺，故曰『諫而死。』孔子以爲三人的行徑雖不同，而其不忍國家陷於危亡，人民困於水火，則一；故皆稱之爲仁人，而云『殷有三仁焉。』

齊人歸女樂，季桓子受之，三日不朝。孔子行。

『歸』同『饋』。『樂』，音樂之樂。『朝』，音潮。上章是記孔子去齊，此章是記孔子去魯。時孔子在魯國做司寇的官，參與政權，齊國恐魯用孔子，國強起來，於齊國有害，所用犂沮之計，以選了許多會歌舞的美女，來送給魯君。季桓子，魯大夫季孫斯也，是魯國最有權力的人。這時齊陳女樂，於魯城南高門外，桓子先微服往觀，乃語魯君為周道游。受之，接連三日不上朝。孔子見了這種情形，知道政事辦不成，所以離去魯國。按此事史記敘在定公十四年。據孟子則受女樂以後，郊又不致膰於大夫，於是孔子行。

女樂以沮之。尹氏曰：受女樂而怠於政事如此，其簡賢棄禮，不足與有為可知矣。夫子所以行也。所謂見幾而作，不俟終日者與。范氏曰：此篇記聖賢之出處，而折衷以聖人之行，所以明中庸之道也。

楚狂接輿歌而過孔子曰：「鳳兮鳳兮！何德之衰？往者不可諫，來者猶可追。已而！已而！今之從政者殆而！」孔子下，欲與之言。趨而辟*之，不得與之言。

接輿，楚人，佯狂避世。夫子時將適楚，故接輿歌而過其車前也。鳳有道則見，無道則隱。接輿以比孔子，而譏其不能隱，為德衰也。來者可追，言及今尚可隱去。已，止也。而，語助辭。殆，危也。接輿蓋知尊孔子而趨不同者也。辟，去聲。孔子下車，蓋欲告之以出處之意。接輿自以為是，故不欲聞而辟之也。

楚狂接輿者，楚國的狂人，姓接名輿也。皇邢疏均據高士傳以為姓陸名通字接輿。後人又有謂「接輿」非姓名亦非字，而為與孔子之輿相接者。劉氏正義已引莊子秦策楚辭史記等書證明其非是矣。「歌而過孔子」者，舊解謂過孔子的車前。說以莊子「孔子適楚，楚狂接輿游其門」，為證，以為是走過孔子的門前。「鳳兮」以下云云，就是狂人所唱的歌。意思是比孔子為鳳凰；鳳凰是禽類中的聖鳥，天下有道則見，無道則隱。今孔子棲棲皇皇，無道不隱，故曰「何德之衰」也。「往者不可諫，來者猶可追」者，言過去的棲棲皇皇，不必說了；今後隱居，還來得及也。「已而已而」者，猶言「可以休矣，可以休矣。」「今之從政者殆而」，是說現在從事於政治的人是危險的。戴望註據莊子解此文曰：「往，往世。諫，正也。言禍亂相尋，已往不可以禮義正之。來，來世也。言待來世之治，猶可追沮・七余反・溺・乃歷反・二人隱者・耦・並耕也・時孔子自楚反平蔡・津・濟渡處・夫・音扶・與・平聲・執輿・執轡在車也・蓋本子路御而執轡・今下問津・故夫子代之也・知津・言數周流・自知津處・徒與之與・平聲・滔・土刀反・辟・去聲・耰・音憂・滔滔・流而不反之意・以猶與也・言天下皆亂・將誰與變易之・而

耶？明不可追，殆疑也。昭王欲以書社地封孔子，令尹子西沮之，故言今之從政者見疑也。」此別一解。『孔子下，』一說謂下車；一說謂下堂出門。『趨』走得快；『辟』卽今避字。接輿見孔子來，就很快的走着避開了孔子想和他說話，而不得也。

長沮、桀溺耦而耕，孔子過之，使子路問津焉。長沮曰：「夫執輿者，爲誰？」子路曰：「爲孔丘。」曰：「是魯孔丘與？」曰：「是也。」曰：「是知津矣。」問於桀溺。桀溺曰：「子爲誰？」曰：「爲仲由。」曰：「是魯孔丘之徒與？」對曰：「然。」曰：「滔滔者，天下皆是也；而誰以易之？且而與其從辟人之士也，豈若從辟世之士哉？」耰而不輟。子路行以告。夫子憮然曰：「鳥獸不可與同羣！吾非斯人之徒與而誰與？天下有道，丘不與易也。」

・汝也・辟人・謂孔子・辟世・桀溺自謂・耰・覆種也・亦不告以津處・憮、音武・與如字・

憮然・猶悵然・惜其不喻己意也・言所當與同羣者・斯人而已・豈可絕人逃世以爲潔哉・天下若已平治・則我無用變易之・正爲天下無道・故欲以道易之耳・程子曰・聖人不敢有忘天下之心・故其言如此也・張子曰・聖人之仁・不以無道必天下而棄之也・

『沮，』音居。長沮、桀溺，是兩個人名。金履祥集注考證謂『長沮桀溺』之字皆從水，子路問津，一時何自識其姓名；諒以物色名之，如荷蕢、晨門、荷蓧丈人之類。蓋二人耦耕於田，其一人長而沮洳，其一人桀然高大而塗足，因以名之。按沮洳，水泥相和也。此說亦近情理。耦耕者，兩人拿著耜同在一地方耕田也。津是過渡的地方。『夫』音扶。『與』今作『歟』，下同。『執輿者』就是在車上執轡的人。此時子路前去問路，孔子自己執轡，故子路說：『爲孔丘。』長沮又問：『是魯孔丘與？』子路又答道：『是也。』長沮又說：『是知津矣』者，意思是說孔子周流已久，當已知濟渡處也。長沮既不肯說，反譏笑孔子，故子路又去問於桀溺。桀溺還問子路：『子爲誰？』子路答道：『爲仲由。』桀溺又問：『是魯孔丘之徒與？』子路答道：『然。』

『滔滔者』以下桀溺又說也。滔滔，大水橫流之貌。意思是說時局的不安定。『天下皆是，』言到處一樣也。『易』音亦。『而誰以易之』者，言天下大勢如此，誰能夠把牠改變也。『而』汝也。『辟，』今作『避』字。『辟人之士，』指孔子；『辟世之士，』指自己。言你與其跟從避人的人，不如跟從避世的人也。『耰而不輟』者，仍舊只顧自己種田，不把器具放下，來指引子路的路徑也。『憮，』音武。『易』音亦。子路同到孔子面前，把長沮桀溺二人的話，告訴孔子。憮然，猶悵然，失意之貌。劉氏正義曰：『沮溺不達己意，而妄非己，故夫子有此容』者。孔子意思是說：『現在天下的人，都和鳥獸一樣；不可和他們同夥做事。長沮、桀溺，是兩個有道德的隱士。我不是和這種人相與，和誰相與呢？然而我不肯隱居者，正因爲天下無道，所以奔波勞碌，辛辛苦苦的，想把我的道，去改易天下的無道也。若是天下有道，我也不去改易牠了。』按集解引孔曰：『隱居於山林，是與鳥獸同羣也。』又曰：『吾自當與此天下人同羣，安能去人從鳥獸居乎？』皇疏、邢疏及朱註解『鳥獸不可與同羣』二句，亦均依孔說，與上說不同。

蓧・徒弔反・植・音值・丈人・亦隱者・蓧・竹器・分・辨也・五穀不分・猶言不辨菽麥爾・責其不事農業・而從師遠遊也・植・立之也・芸・去草也・知其隱者敬之也・食・音嗣・見・賢遍反・孔子使子路反見之・蓋欲告之以君臣之義・而丈人意子路必將復來・故先去之以滅其跡也・亦接輿之意也・長・去聲・子路述夫子之意如此・蓋丈人之接子路甚倨・而子路益恭・丈人因見其二子焉・則

子路從而後，遇丈人，以杖荷蓧*。子路問曰：『子見夫子乎？』丈人曰：『四體不勤，五穀不分，孰爲夫子？』植其杖而芸*。子路拱*而立，止子路宿，殺雞爲黍而食*之，見其二子焉。明日，子路行以告。子曰：『隱者也。』使子路反*見之，至，則行矣。子路曰：『不仕無義。長幼之節，不可廢也；君臣之義，如之何其廢之？欲潔其身而亂大倫！君子之仕也，行其義也。道之不行，已知之矣！』

子路從孔子行，在後面，相離遠，而不見孔子也。丈人，老人也。蓧，集解引包曰：『竹器。』說文作『莜』。段氏註：『子路見丈人用手杖莜加於肩，行來至田，則置杖於地，用莜芸田。』是蓧當是芸草器也。荷，背負也。子路遇見此用杖背着芸草器的老人，便問他：『你看見我的夫子嗎？』『四體』，即四肢，謂兩手兩脚。『五穀』，稻、粱、麥、黍、稷五種穀類也。丈人言：『像你們這種人，手脚不動，五穀尚不能分辨；那個是你的夫子，我怎麼認得他呢？』說完了話，把拐杖插在田邊，拿着蓧去芸他的田了。子路知這丈人也是個有道德的隱士，所以恭恭敬敬地拱手立着，看他芸田。止，留也。爲黍，做飯也。過了一會，天色已晚，丈人留子路到他家裏去宿夜，又殺雞烹飯，請子路吃也。吃飯時丈人又令他兩個兒子來見子路。『食』音飼。『見』音現。『反』同返。第二日子路趕上孔子，把遇見丈人及宿夜的事體告知孔子。孔子說：『隱者也。』又使子路同到原處去見丈人，和丈人說話。子路同到原處，那丈人已出門去，不在家了。子路因丈人不在家，就把話和丈人的兩個兒子說，使他們轉達丈人。『不仕無義』者，言『不做官，則廢君臣之義』也。昨晚丈人令兩個兒子見子路，是知道長幼的禮節之不可廢。但君臣、長幼同屬人倫，那麼君臣之義怎麼可以廢掉呢？隱居不仕者，不過看得官場惡濁，要自己身子清潔些；不知因此把君臣一項的大倫亂掉了。君子的出仕做官，並不是爲得爵祿起見，是爲着要盡君臣之義。現在的時局，不能行道，是早已知道了！

於長幼之節・固知其不可廢矣・故因其所明以曉之・倫・序也・人之大倫有五・父子有親・君臣有義・夫婦有別・長幼有序・朋友有信・是也・仕・所以行君臣人之義・故雖知道之不行・而不可廢・然謂之義・而事之可否・身之去就・亦自有不可苟者・是以雖不潔身以亂倫・亦非忘義以徇祿也・福州有國初時寫本・路下有反子二字・以此・爲子路反而夫子言之也・未知是否・范氏曰・隱者爲高・故往而不返・仕者爲通・故溺而不止・不與鳥獸同羣・則決性命之情・以饕富貴・此二者・皆惑也・是以依乎中庸者爲難・惟聖人不廢君臣之義・而必以其正・所以或出或處・而終不離乎道也・

〔問題〕（一）何爲殷之『三仁』？
（二）孔子何以去魯？
（三）本篇所記隱逸之士有幾？對孔子的批評如何？

致命・致其命・猶言授命也・四者立身之大節・一有不至・則餘無足觀・故言士能如此・則庶乎其可矣・焉・於虔反・亡・讀作無・下同・

賢與之與・平聲・子夏之言迫狹・子張譏之是也・但其所言亦有過高之弊・蓋大賢雖無所不容・然大故亦所當絕・不賢固不可以拒人・然損友亦所當遠・學者不可不察・

子張曰：『士，見危致命，見得思義，祭思敬，喪思哀，其可已矣！』

『士』卽子張篇子貢子路所問的士也，『見危致命』者，遇着應該做的事情，雖有危險，不顧性命；卽孔子所說的『殺身成仁』，孟子所說的『舍生取義』是也。『見得思義』者，見有利益可得，要想一想這個利益是應該不應該得的；應該得的則受；不應該得的，則不受也。『祭思敬喪思哀』者，逢着祭祀，要想到恭敬，有了喪事，要想着哀戚也。子張以爲如此做士，也算好了，故曰：『其可已矣！』

子夏之門人問交於子張，子張曰：『子夏云何？』對曰：『子夏曰：「可者與之，其不可者拒之。」』子張曰：『異乎吾所聞！君子尊賢而容衆，嘉善而矜不能。我之大賢與*，於人何所不容？我之不賢與*，人將拒我，如之何其拒人也？』

子夏的學生，去問子張交友之道。子張問子夏的學生道：『子夏如何說』？呢子夏的學生對答子張道：『子夏曰「可者與之，其不可者拒之。」』與，今作歟。子張聽了子夏門人述子夏的話，不以爲然，故說：『這和我所聽到的交友之道不同。』矜，憐也。言君子交友之道當尊賢而容衆，嘉善而矜不能；不當「可者與之，其不可者拒之」也。下兩『與』字均同『歟』。我若是大賢人，對於他人我都能夠容納他；我自己若是不賢，人家將拒絕我，不和我結交，我怎麼還要拒絕人家呢？按集解引包曰：『友交當如子夏；汎交當如子張。』此言是也。孔子所謂『汎愛衆，而親仁；』『汎愛衆』即汎交；『親仁，』即友交也。

子夏曰：『雖小道，必有可觀者焉；致遠恐泥，是以君子不爲也。』

『小道』者，不過是一技一藝之長，但也必有可取可觀的地方也。『泥，』去聲，滯陷不通也。這種小道，想久遠行去，恐怕要行不通，所以君子不去學它。按集解云：『小道，謂異端。』焦循補疏云：『聖人一貫，則其道大；異端執一，則其道小。』

子夏曰：『日知其所亡，月無忘其所能，可謂好學也已矣！』

『亡，』今作『無』。『好，』去聲。『日知其所亡』者，知新也；『月無忘其所能』者，溫故也。能溫故而知新，『可謂好學也已矣！』

泥・去聲・小道・如農圃醫卜之屬・泥・不通也・楊氏曰・百家衆技・猶耳目口鼻皆有所明・而不能相通・非無可觀也・致遠則泥矣・故君子不爲也・

亡・讀作無・好・去聲・亡・無也・謂己之所未有・尹氏曰・好學者・日新而不失・四者・皆學問

思辨之事耳．未及乎力行而為仁也．然從事於此則心不外馳．而所存自熟．故曰．仁在其中矣．程子曰．博學而篤志．切問而近思．何以言仁在其中矣．學者要思得之．了此．即是徹上徹下之道．又曰．學不博．則不能守約．志不篤．則不能力行．切問近思在己者．則仁其中矣．又曰．近思者以類而推．蘇氏曰．博學而志不篤．則大而無成．泛問遠思．則勞而無功．

子夏曰：「博學而篤志，切問而近思，仁在其中矣」。

『博學』是對於各種學問都要去學牠。『篤志』集解及皇邢疏皆訓『志』為『識』，同誌；『篤志』即牢牢的記誌。朱注『志』如字讀，謂篤志好學，其義較長。切切實也，切問，則不泛。皇疏謂『切猶急也』，言所學有不明白的，應急去問人。近思者問明白以後，再實心體認一番也。按中庸言『博學之，審問之，慎思之，明辯之，篤行之』，又言『力行近乎仁』。此言博學篤志切問近思，皆學問思辨之道，未及力行；但能從事於此，則仁自在其中也。

文．去聲．文．飾之也．小人憚於改過．而不憚於自欺．故必文以重其過．

子夏曰：「小人之過也必文。」

過，是過失；文，去聲，就是掩飾。小人憚於改過，而不憚於自欺，所以做錯了事，一定自己要掩飾，不肯認錯也。若是君子則做錯了事情，就老老實實認錯，不過下回小心，不再做錯罷了。這是君子與小人不同的地方。

儼然者．貌之莊．溫者．色之和．厲者．辭之確．程子曰．他人儼然則不溫．溫則不厲．惟孔子全之．謝氏曰．此非有意於變．蓋並行而不相悖也．

子夏曰：「君子有三變：望之儼然，即之也溫，聽其言也厲。」

『三變』者，在他人視之有三種不同的態度，不是君子有意做出這三種態度也。『望之儼然』者，一時望見他，覺得他的容貌十分莊重也。『即之也溫』者，去和他接近時，他又是顏色溫和也。『聽其言也厲』者，他雖然待人和氣，但說出來的話，又是很嚴正的也。

子夏曰：『君子信而後勞其民；未信，則以爲厲己也。信而後諫；未信，則以爲謗己也。』

君子，指在位之人。對人民，必須自己先有信用，然後再使人民做勞苦的工役；若沒有信用，就要使人民做勞苦的工役，則人民必以爲是虐政。厲，害也。對國君，也必先使國君信任自己，然後去諫；若國君不信任而去諫，則必以我之諫爲謗毀他，不但於事無濟，而反受其禍也。

子夏曰：『大德不踰閑；小德出入可也。』

閑，音賢。『閑』，猶現在一般人所常說的『範圍』。做人，只要大處不踰越範圍；至於小事體，日常的瑣碎言動，就是在範圍內外偶然出入些，也可以的。按此爲拘小節而壞大防者發。書曰：『不矜細行，終累大德。』故『出入』兩字，只是出入於範圍的內外，不能太違於範圍。

子游曰：『子夏之門人小子，當洒埽應對進退則可矣！抑末也！本之則無，如之何？』子夏聞之曰：『噫！言游過矣！君子之道，孰先傳焉？孰後倦焉？譬諸草木區

・如良玉溫潤而栗然・信・謂誠意惻怛・而人信之也・厲・猶病也・事上使下・皆必誠意交孚・而後可以有爲・

大德小德・猶言大節小節・閑・闌也・所以止物之出入・言人能先立乎其大者・則小節雖或未盡合理・亦無害也・吳氏曰・此章之言・不能無弊・學者詳之・

洒・色賣反・掃・素報反・子游譏子夏弟子・於威儀容節之間則可矣・然此小學之末耳・推其本・如大學正心誠意之事・則

以別*矣！君子之道焉可誣也？有始有卒者其惟聖人乎？』

此章是子游批評子夏之教學生也。『洒』同灑。『埽』同掃。言『子夏的學生，對於洒水埽地，對付人家說話，以及關於進退等種種儀節，是都學得不錯。但這些都是末務；至於做人的根本，却沒有學到，這是什麼教法』也。子夏聞子游的批評，不以為然，故加以辨駁說明。『噫』歎詞。『君子之道』即子游所謂『本』也。傳，傳授也；倦即『誨人不倦』之倦。言君子之道，誰當為先而傳之，誰當為後而倦教。施教貴於因材。人之材質，譬如草木，種類不同。若欲概以君子之道傳之，是誣君子之道也。此豈可乎？按漢書薛宣傳用此，『誣』作『憮』。注引蘇林曰：『憮，同也。』言君子之道，焉可一律以之教人也。始卒，即始終，亦即本末。大學言『物有本末，事有終始，』是其證。『有始有卒』即本末兼具，此惟聖人能之，非可責之門人也。

無有・別，必列反，焉，於虔反・倦，如誨人不倦之倦・區，猶類也・言君子之道・非以其末為先而傳之・非以其本為後而倦教・但學者所至・自有淺深・如草木之有大小・其類固有別矣・若不量其淺深・不問其生熟・而概以高且遠者・強而語之・則是誣之而已・君子之道・豈可如此・若夫始終本末・一以貫之・則惟聖人為然・豈可責之門人小子乎・程子曰・君子教人有序・先傳以小者近者・而後教以大者遠者・非先傳以近小・而後不教以遠大也・又曰・洒掃應對・便是形而上者・理無大小故也・故君子只在謹獨・又曰・聖人之道・更無精粗・從洒掃應對・與精義入神・貫通只一理・雖洒掃應對・只看所以然如何・又曰・凡物有本末・不可分本末為兩段事・洒掃應對是其然。必有所以然・又曰。自洒掃應對上・便可到聖人事・愚按程子第一條・說此章文意・最為詳盡・其後四條皆以明精粗本末・其分雖殊・而理則一・學者當循序而漸進・不可厭末而求本・蓋與第一條之意・實相表裏・非謂末即是本・但學其末而本便在此也・

子夏曰：『仕而優則學。學而優則仕。』

優者，有餘裕之意。言仕而有餘力仍須求學。學而有餘裕始可仕也。

優・有餘力也・仕與學・理同而事異・故當其事者・必

先有以盡其事・而後可及其餘・然仕而學・則所以資其仕者益深・學而仕・則所以驗其學者益廣・

陽膚・曾子弟子・散・謂情義乖離・不相維繫・謝氏曰・民之散也・以使之無道・教之無素・故其犯法也・非迫於不得已・則陷於不知也・故得其情・則哀矜而勿喜也・

惡居之惡・去聲・下流・地形卑下之處・衆流之所歸・喻人身有汙賤之實・亦惡名之所聚也・子貢言此・欲人常自警省・不可一置其身於不善之地・非謂紂本無罪・而虛被惡名也・

孟氏使陽膚爲士師，問於曾子。曾子曰：『上失其道，民散久矣。如得其情，則哀矜而勿喜。』

陽膚是曾子的弟子。士師猶現在的管獄員。陽膚要去做管獄員，故來問曾子也。『上失其道，民散久矣』者，言在上位的人，久已失了教養人民之道，因之民心離散，而爲種種犯法的事體也。按當時世卿如季氏等類，皆剝民以肥私，民之陷於罪，其情確有不可言不忍言者。『如得其情，則哀矜而勿喜』者，謂查得其犯罪行爲的實情，要哀憐他，不要以爲他作了惡犯了罪，被我查出，自以爲能而歡喜也。哀矜者，哀其罹刑，憐其無知，或有所不得已也。

子貢曰：『紂之不善，不如是之甚也。是以君子惡居下流，天下之惡皆歸焉。』

兩『惡』字上爲好惡之『惡』，下爲善惡之『惡』。紂，卽殷朝亡國的君主。言紂的不好，實在沒有如一般人所傳說的那樣厲害。『下流』本謂江河將入海之處，上流的水都流到這裏入海，故所有的濁水下流裏都有。一個人做了惡事，後人把種種罪惡都歸在他身上，好像居在江河下流，濁水都流到這裏也。所以君子不肯自居於下流，以致天下的罪惡都歸在他身上。近人顧頡剛曾作紂七十罪惡一篇文章。他從各種古書上搜集說紂王罪惡的言語，共有七十件大罪。但他所述最古的書，

更・平聲・

說紂王的不過幾句平常罪惡的事體。這很可爲本章『紂之不善不如是之甚，』及『天下之惡皆歸焉』諸語的實證。

子貢曰：『君子之過也，如日月之食焉：過也，人皆見之；更也，人皆仰之。』

子夏曾說『小人之過也必文。』此章子貢說君子之過不文，而且能改過也。『食，』即『蝕』字。子貢說：『君子做錯了事好像日蝕月蝕。』君子對於錯處，並不遮瞞，所以大家都看見他好像日蝕月蝕時大家都看見日月的失明也。『更』就是『改。』君子能夠改過；等到改了以後人家仍舊信仰他是個君子，這又好像日蝕月蝕之後，人們仰望日月見其明然如故也。

衛公孫朝問於子貢曰：『仲尼焉學？』子貢曰：『文武之道，未墜於地，在人；賢者識其大者，不賢者識其小者；莫不有文武之道焉。夫子焉不學？而亦何常師之有？』

朝・音潮・爲・於虔反・公孫朝・衛大夫・識・音志・焉・於虔反・文武之道・謂文王武王之謨訓功烈・與凡周之禮樂文章皆是也・在人・言人有能記之者・識・記也・

『朝』音潮。『焉學』『焉不學』的『焉，』均平聲副詞。『識，』今作『誌。』公孫朝是衛國的大夫。當時魯有成大夫公孫朝，楚有武城尹公孫朝（均見左傳）鄭子產之弟亦叫公孫朝（見列子」故此標『衛』字以別之。公孫朝向子貢問道：『孔子學於甚麼人？』『文武之道，』指周文王武王所定一切禮樂文章。『未墜於地，』言未亡失也。賢人記得文武之道之重大的；不賢的人記得文武之道之細小的。是賢者與不賢者都有文武之道保守着也。夫子無所不學，那裏有一定的師呢？按孔子學琴於師襄，問禮於老聃，訪樂於萇弘，問官於郯子，卽其無常師之證。

語・去聲・朝・音潮・武叔・魯大夫・名州仇・牆卑室淺・七尺日仞・不得其門・則不見其中之所有・言牆高而宮廣也・此夫子・指武叔・

叔孫武叔語*大夫於朝*曰：「子貢賢於仲尼。」子服景伯以告子貢。子貢曰：「譬之宮牆：賜之牆也及肩，窺見室家之好。夫子之牆數仞；不得其門而入，不見宗廟之美，百官之富。得其門者或寡矣！夫子之云，不亦宜乎？」

叔孫武叔，魯國的大夫叔孫州仇也。『武，』是他的謚。『語，』去聲。『朝，』音潮。叔孫武叔在上朝的時候，對大夫們說子貢賢於孔子也。子服景伯，已見前憲問篇注。他聽了叔孫武叔的話去告訴子貢。宮牆，是房屋的圍牆；古時候自天子以至士，所居都可稱『宮』。仞，是長度的名稱，或言七尺，或言八尺；論語稽謂以周禮溝洫、澮深廣之文考之，當以八尺爲斷。兩『夫子，』前指孔子，後指叔孫武叔。子貢言以房屋的圍牆作譬，我的牆不過和人的肩部這般高，所以在牆外，可以看見牆裏人家房屋的美好。孔子的牆，高到幾仞了。如果你找不到牠的門，不能走進去，便不能見到裏面祖廟的華美，朝

量・去聲・
無以爲・猶言無用爲此・
土高曰丘・大阜曰陵・日月喻其至高・
自絕・謂以謗毀自絕於孔子・
多與祇同・適也・
不知量・謂不自知其分量・

爲恭・謂爲恭敬・推遜其師也・
知・去聲・責子禽不謹言也・
階・梯也・大可爲也・化不可爲也・故曰・不可階而升

堂官吏的衆多。一般人不明白夫子的高深之道，好像這所房屋的門，能夠找到的少，裏面的情形能夠看見的也少。叔孫武叔自然也不能夠明白夫子之道，他說我賢於夫子，不是應該的嗎？

叔孫武叔毀仲尼。子貢曰：「無以爲也！仲尼不可毀也。他人之賢者，丘陵也，猶可踰也；仲尼日月也，無得而踰焉。人雖欲自絕，其何傷於日月乎？多見其不知量也*！」

叔孫武叔謗毀仲尼，故子貢發此論。「無以爲，」猶云無用爲此毀也。他人之賢，譬如丘陵，尚可踰越；仲尼之聖，則如日月，至高至明，無人得而踰越之。「多，」祇也，適也。人雖欲自絕於日月，於日月何害，適足以見不知自度其德，自量其力而已。皇疏解「量」爲聖人之度量，言祇見汝之愚闇，不知聖人之度量而已，亦可通。

陳子禽謂子貢曰：「子爲恭也，仲尼豈賢於子乎？」

子貢曰：「君子一言以爲知*，一言以爲不知*，言不可不慎也！夫子之不可及也，猶天之不可階而升也。夫子之得邦家者，所謂立之斯立，道之斯行，綏之斯來，動之斯和。其生也榮，其死也哀，如之何其可及也？」

也・道・去聲・立之・・謂植其生也・道・引也・謂教之也・綏・安也・來・歸附也・動・謂鼓舞之也・和・所謂於變時雍・言其感應之妙・神速如此・榮・謂莫不尊親・哀・則如喪考妣・程子曰・此聖人之神化・上下與天地同流者也・謝氏曰・觀子貢稱聖人語・乃知晚年進德・蓋於極高遠也・夫子之得邦家者・其鼓舞羣動・捷於桴鼓影響・人雖見其變化・而莫窺其所以變化・蓋不離於聖・而有不可知者存焉・聖而進於不可知之之神矣・此殆難以思勉及也・

陳子禽皇疏說不是孔子的弟子陳亢（按見前學而篇）當是另一同姓名的人。他見子貢時時稱贊孔子，所以對子貢說：『是你對先生恭敬而已；孔子豈能比你好嗎？』『知』今作『智』。子貢答陳子禽說：『君子說一句話，說得不錯則人家以為他智；說錯了則人家以為他不智。說話是不可不謹慎的。孔子之不可及，好像天一般是不可用階梯升上去的。孔子如果得國而為諸侯，得家而為大夫，其於人民，立之以禮則人立；導之以教令則人行；安撫之則近悅而遠來；役使之則心悅而誠服；（此從皇疏）活着的時候人人敬愛，非常榮顯；死了，人人為他悲哀。像夫子這樣的人，怎麼能夠及得上呢？』

〔問題〕

（一）子夏子張論交友之道有何不同？

（二）何謂『日知所亡，月無忘所能』？

（三）何謂『博學篤志，切問近思』？

（四）小人君子有過失時有何不同？

（五）何謂『君子有三變』？

（六）何謂『大德不踰閑，小德可出入』？

（七）子游子夏論教育有何不同？

（八）何謂『如得其情則哀矜而勿喜』？

（九）叔孫武叔陳子禽皆謂子貢賢於仲尼，其說然否？

堯日篇

子張問於孔子曰：「何如斯可以從政矣？」子曰：「尊五美，屏四惡，斯可以從政矣！」子張曰：「何謂五美？」子曰：「君子惠而不費，勞而不怨，欲而不貪，泰而不驕，威而不猛。」子張曰：「何謂惠而不費？」子曰：「因民之所利而利之，斯不亦惠而不費乎？擇可勞而勞之，又誰怨？欲仁而得仁，又焉貪？君子無衆寡，無小大，無敢慢，斯不亦泰而不驕乎！君子正其衣冠，尊其瞻視，儼然人望而畏之，斯不亦威而不猛乎？」

子張問何如則可以從政。孔子告以「尊五美，屏四惡」。屏，去聲，除去也。子張不知何謂「五美」，故孔子列舉「惠而不費……」五語告之。子張仍不解其意，故孔子又逐句解釋之也。「因民之所利而利之」者，邢疏云：「民居五土，所利不同。山者利其禽獸，渚者利其魚鹽，中原利其五穀。人君因其

費．芳味反．
焉．於虔反．

所利，使各居所安，不易其利，則是惠愛利民，在政，且不費於財也。』『擇可勞而勞之，又誰怨』者，意思是揀擇可以使人民勞作之時，而又為人民所能夠勞作的事，去叫人民勞作，人民自然不生怨恨之心也。『焉』，平聲，副詞。一般的『欲』，總是貪財貨。但若以仁愛待民，爲己之『欲』，則只要能以仁愛待民，即得所『欲』，又那裏會有貪財貨的毛病也。常人之情，見人衆則怕，遇位高的大人則敬。君子則不然，無論衆寡小大，都不存輕視之心怠慢之意，如此，故常舒泰，而又並不驕傲也。把衣冠穿戴得端端正正，又能莊以蒞之，則觀瞻所及，自能令人尊敬；人見了他的威儀儼然，自然會畏敬他，但並不以凶猛威嚇人也。

子張曰：『何謂四惡？』子曰：『不教而殺謂之虐。不戒視成謂之暴。慢令致期謂之賊。猶之與人也，出納之吝，謂之有司。』

子張明白了五美，又問：『甚麼叫四惡呢？』孔子以下四語告之。不先以禮義教導百姓，見百姓犯了罪，便把他殺了；這叫做『虐。』叫百姓做事，不預先告誡百姓，閉着眼睛，等到事體做成以後再去下批評，加刑罰，這就是『暴。』慢其令於先，而刻期於後，百姓不能照着期限做成，就加以刑罰，這叫做『賊。』賊，殘害也。『猶之與人也，』言這筆錢，總是要給人的；而於出納之間，妄生吝惜之意，舍不得拿出去，這可說是『有司。』『有司，』皇疏謂是庫吏之屬。言爲政者於應當與人之款，若像庫吏的吝於出納，如軍旅之賞，遲之則敗徵見；災賑之需，延之則餓莩衆矣。故孔子以爲是四惡之一。

出・去聲・虐・謂殘酷不仁・暴・謂卒遽無漸・致期・刻期也・賊者・切害之意・緩於前而急於後・以誤其民・而必刑之・是賊害之也・猶之・猶言均之也・均之以物與人・而於其出納之際・乃或吝而不果・則是有司之事・而非爲政之體・所與雖多・人亦不

懷其惠矣・項羽使人有功當封・刻印刓忍弗能予・卒以取敗・亦其驗也・

尹氏曰・告問政者多矣・未有如此之備者也・故記之・以繼帝王之治・則夫子之爲政可知也・

〔問題〕（一）何謂『五美』？

（二）何謂『四惡』？

國家圖書館出版品預行編目資料

論語：廣解四書. 1 / 朱熹集註；蔣伯潛廣解. -- 初版.
-- 新北市：華夏出版有限公司, 2024.09
面； 公分. --（傳世經典；023）
ISBN 978-626-7393-81-9（平裝）
1.CST：論語 2.CST：注釋

121.222 113007615

傳世經典 023
論語：廣解四書之 1

集　註　朱熹
廣　解　蔣伯潛
出　版　華夏出版有限公司
220 新北市板橋區縣民大道 3 段 93 巷 30 弄 25 號 1 樓
電話：02-32343788　傳真：02-22234544
E-mail：pftwsdom@ms7.hinet.net
印　刷　百通科技股份有限公司
電話：02-86926066　傳真：02-86926016
總經銷　貿騰發賣股份有限公司
新北市 235 中和區立德街 136 號 6 樓
電話：02-82275988　傳真：02-82275989
網址：www.namode.com
版　次　2024 年 9 月初版一刷
特　價　新台幣 360 元（缺頁或破損的書，請寄回更換）

ISBN-13：978-626-7393-81-9